KB190690

하나님을 용서하라!

Forgive God!

지은이 | 박경하
펴낸날 | 2008년 12월 15일
펴낸곳 | 디자인셋
등 록 | 2000. 5. 29. No. 25100-2000-14호
주 소 | 700-081 대구광역시 중구 계산동 1가 82-4
전 화 | 053) 255-7572

ISBN 978-89-953382-7-8

하나님이 원망스러울때

하나님을 용서하라

박 경 하

헌 정 사 獻呈辭

더 넓은 세계관을 형성하고
"하나님을 용서하라"는 제목의 열매를 맺을 수 있도록
멘토가 되어주신 삼덕교회 김태범 목사님과
모든 교우님들께 진심으로 감사드리며
조금이나마 사랑의 빚을 갚는 심정으로
삼가 이 책을 드립니다.

저자 박경하 목사

이 책을 추천합니다.

5년 넘게 나와 함께 사역하던 박경하 목사님이 어느 날 공부 좀 하겠다고 홀홀 털고 미국으로 갔다. 그리고 그동안 어디서 무엇을 했는지 알지 못했다. 그러던 어느 날 원고가 든 봉투 하나가 날아왔다. 읽으면서 박목사님이 신앙생활의 가장 근원적인 질문에 매달려 씨름해 왔구나 생각했다. 원고 구석구석에서 뛰어난 감성을 가진 박목사님의 예민한 터치를 느낄 수 있었다.

인간관계가 존경과 애정으로만 이루어지지 않고 때로는 미움과 분노로 이어지기도 하듯이 하나님과의 관계도 이와 같을 때가 많다. 특히 하나님의 침묵, 하나님의 불합리하심, 하나님의 숨어 계심을 느낄 때 우리는 원망과 분노를 느낀다. 그러나 유교적 전통에서 자라난 우리는 하나님께 대한 원망과 분노를 표현하지 못한다. 그냥 묻어 두고 지낸다. 그러다 보면 어느덧 하나님과 냉담한 관계로 발전해 버리고 점점 관계가 회복되기 어려워진다.

박목사님의 글은 이런 문제로 남모르게 시달리는 사람에게 좋은 해답을 줄 것이다. 우리는 으레 용서는 윗사람이 아랫사람에게, 부모가 자식에게, 하나님이 사람들에게만 하는 것으로 인식되어 있다. 그러나 그렇지 않다. 자식도 부모를, 사람도 하나님을 용서해야 한다. 나는 한 때 아버지가 모든 내 문제를 해결해 줄 수 없는 무능하신 분으로 인식된 적이 있었다. 그러나 철이 좀 들면서 내 요구를 다 들어주지 못하실 뿐 아니라 그렇게 하지 않으신 아버지를 용서하고 사랑하게 되었다. 그 때 나는 아버지 사슬(?)에서 자유를 얻게 되었고 아버지를 더 사랑하고 존경하게 되었다.

하나님과의 친밀한 관계를 원한다면 꼭 한 번 읽기를 권한다.

김 태 범 목사
(삼덕교회 당회장, 대한예수교 장로회 증경총회장)

● ● ● 목사님께 원고뭉치를 내밀던 날, 나는 문득 어린 시절 한 날의 기억이 떠올랐다. 어머니는 하루 종일 나를 찾았다는데, 그동안 보이지 않던 애가 오후 늦게, 손가락에 상처를 입고 위험한 상태로 나타나는 것이 아닌가? 나는 그때 어디서 주워들었는지 연금술사에 대한 얘기를 듣고 아무도 없는 문중 정자에 들어가 위험스런 물질을 병에다 섞어서 흔들기도 하고 가열하다가 그만 폭발하는 통에 목재로 지은 정자를 홀랑 태워버릴 뻔했는데, 그 와중에 손가락을 많이 다친 것이다. 상처의 통증보다도 어머니가 이 모습을 어떻게 이해하실 지 몰라 그것이 더 염려가 되었다. 내가 목사님에게 실로 오랜만에 내민 것은 다소 엉뚱하고 위험스럽게 보일 수 있는 "하나님을 용서하라" 였으니, 얼핏 생각하기에 공부한다고 하더니 엉뚱한 소리나 하고 이상하게 변한 게 아닐까 라고 생각하실 까봐 내심 염려가 되었다. 하지만 자상하게 배려해주시고 관심을 갖고 읽고 공감하고 격려해 주셨는데 이는 마치 한동안 잊고 지냈던 옛날 어머니의 모습을 대하는 것 같았다. 이 시대에 그런 어머니 같은 순수한 목자 상을 지닌 목사님, 진한 감동을 준 영화의 대사가 저절로 흘러나온다. "I am proud of you!"

결코 만만찮은 주제를 예리한 통찰력으로 명쾌하게 풀이

「하나님을 용서하라!」는 제목을 처음 대하면 누구든지 저으기 놀랄 것입니다. 누가 누구를 용서한단 말인가? 하지만 책 내용을 읽어가면서, 참으로 적절하고 의미 깊은 제목임을 깨닫게 될 것입니다.

하나님을 향한 분노, 원망 및 불평이 마음속에 있는 한 하나님과의 관계는 결코 깊어질 수 없습니다. 따라서 하나님은 당신의 자녀들이 그러한 부정적인 감정을 신앙이라는 이름으로 억누르고 부정하기 보다 건강한 방법으로 해소하기를 원하십니다. 이것이 바로 이 책에서 설명하는 하나님에 대한 용서인데 결코 쉽지 않은 주제임에도 이 모든 과정을 누구나 이해하기 쉽도록 말씀과 심리학적 입장을 적절하게 적용하면서 풀어나가고 있습니다.

박경하 목사님과는 1996년 삼덕교회에서 청년사역을 하면서 처음으로 인연을 맺게 되었습니다. 당시 찬양을 사랑하고 청년들을 아끼며 감동 있고 은혜로운 기도를 인도하던 분으로 깊은 인상을 받게 되었습니다. 박경하 목사님은 한 영혼 한 영혼을 소중히 여기는 분입니다. 간절한 기도에도 불구하고 불쌍한 고양이를 죽게 허용하시는 하나님에 대해 뽀로통해진 초등부 아이를 생각하며 마음 아파하는 분입니다. 대학병원 원목으로서 환우들의 아픔과 죽음을 바라보며 가슴 아파하는 예레미야의 심정을 지닌 분이기도 합니다. 교회사역 중에 한 권사님의 젊은 아들의 죽음을 바라보며 나인성 과부 아들의 죽음을 슬퍼하셨던 주님의 심정을 느끼는 분입니다. 이런 사역경험과 목회경험으로 인해 욥의 고민뿐 아니라 욥 아내의 비탄도 헤아릴 수 있는 내면을 가지게 되었고, 제도화되고 형식화된 현대교회의 고민을 끌어안고 아파하는 목자의 심정과, 또한 사랑과 분노의 복잡한 메카니즘을 꿰뚫어 볼수 있는 통찰력으로 이어졌습니다. 이러한 깊은 내면세계와 혜안을 가지고하나님에 대한 분노와 원망을 어떻게 풀어낼 수 있는지 그 해결 방안을 말씀을 바탕으로 명쾌하게 풀어나가고 더 나아가 믿음을 새롭게 하고 재구성할수 있는 방안을 구체적으로 제시해주고 있습니다.

모쪼록 많은 분들이, 이 책을 통해 "침묵하시는 하나님", "숨어계신 하나님"을 만나는 기회가 되시길 바랍니다. 하나님을 향한 사랑과 분노가 창조에너지, 생명에너지로 승화되는 계기가 되시길 바랍니다. 이 책을 읽으시는분마다 하나님의 치유와 회복의 은총을 덧입는 기회가 되시길 기원하며 이책을 적극 추천합니다.

광나루 선지 동산에서

이 규 민 목사 (장신대 기독교교육학과 교수)

● ● ● 뛰어난 학식에다가 영적인 은사까지 고루 겸비한 목사님을 뵈면서 한 때 나는 그런 점에서 하나님이 참으로 불공평하다고 생각한 적이 있다. 하지만 하나님으로부터 사랑과 은혜를 충만하게 입으며 살아가는 목사님의 삶의 비결을 발견하기까지 그리 오랜 시간이 걸리지 않았는데, 그것은 바로 겸손이라는 한 단어로 요약이 된다. 그리스도인으로서 절실하게 요구되면서도 한편으로 잊기 쉬운 신앙의 덕목인데, 목사님을 대할 때마다 새롭게 깨달으며 그 의미를 되새기게 된다. 바쁘고 피곤한세상에 지극히 작은 자에게까지 관심을 기울이며, 세워주는 목사님의 진정한 겸손의 자세를 통해, 진정한 멘토로서의 역할과 자세가 어떠해야 하는지를 몸소 보여주고 계시는데, 이로 인해 선지동산의 후배들은 작은 예수로 거듭나고 있는 것이다.

혼자 유학와서 지내는 모습이 선배로서 애처롭게 여겨져 종종 식사에 초대할라치면 통 모습이 보이지 않을 때가 많았다. 찾아 보면 도서관 한쪽에 틀어박혀 있거나 아니면 시내 서점 한쪽 귀퉁이에 자리를 잡고 뭔가 골똘히 생각하며 책장을 넘기고 있었다. 다들 한인교회에 나가서 함께 어울리며 놀고 지내는데, 미국인 가정에서 지내며 미국학생들과 함께 교회활동을 하고 있는게 아닌가? 남들이 모두 하나님이 우리를 용서한다고 하는데, 거꾸로 하나님을 용서하라는 주제를 생각해 낼 수 있었던 것은 남과 다른 그러한 삶의 모습과 무관하지 않은 것 같다. 다음엔 남다른 어떤 작품이 나올지 벌써부터 기대가 된다.

박 홍 보 목사 (서울 늘푸른교회 담임목사)

● ● ● 목사님과 사모님을 통해 섬김이 무엇이며 그것이 얼마나 소중한 것인지 깊이 깨닫게 되었습니다. 매일 도시락을 준비하고 일일이 챙겨주고… 친형제 간이라도 그렇게까지 베푸는 것이 결코 쉽지 않은 일인데…

❋   ❋   ❋

함께 기숙사에서 흉허물 없이 지냈는데, 원어성서연구회를 섬기면서 독일어를 비롯 히브리어 헬라어 원전을 깊이 파고들던 모습이 눈에 선하다. 말씀에 대한 그러한 열정과 사랑이 없었다면 이 책은 빛을 보지 못했을 것이다. 무엇보다도 이 책은 간과하기 쉬운 신앙의 정서적인 측면을 강조하고 있다. 교회뿐만 아니라 학교 교육현장에서도 지적인 면에 치중하기 때문에 자신의 느낌을 부정하고 억누르는 가운데 더러 학생들이 극단적인 끔찍한 선택을 하는 안타까운 경우를 보게 된다. 이 책은 일반 신앙인들 뿐 아니라 그와 같은 비극적인 사태를 예방하는 데에도 좋은 자료가 될 것이다.

성 성 경 목사 (성명중 · 신명고 교목실장)

● ● ● 기숙사 식당밥이 부실했는지(우리는 아프기라도 하면 우스개 소리로 식당밥 탓을 하곤했다) 몸살로 열이 펄펄 끓어 앓아 누운 적이 있는데 넉넉지 않은 학생 부부 살림인데도 집으로 불러서, 며칠간 신세를 진적이 있었다. 나 같으면 병원가서 약 사먹으라며 그냥 지나쳤을 텐데…, 사랑의 큰 그릇입니다.

✤ ✤ ✤

사고를 당했을 때, 자동차 유리창이 산산조각나서 한동안 비닐로 창문을 막고 대신 부품을 구하러 다닌 기억이 생생합니다. 은혜 중 다행히도 목사님의 생명에는 아무런 지장이 없었지만, 그때 얼마나 놀랐는지 모릅니다. 그런데 그 총소리가 목사님 귀에는 하나님을 용서하는 내용의 책을 써야 한다는 신호탄으로 들렸다니요? 목사님 덕분에 신학을 하게 되었고, 여기 계시는 동안 미국 땅이 좁게만 느껴졌는데…

죠셉 김 전도사

✤ ✤ ✤

믿는다고 하면서도 막상 시련을 당하게 되면 하나님을 향하여 분노하며 원망할 때가 많다. 여러 가지 시련을 통하여 우리 자신을 다듬어 나가고자 하는데도 그러한 섭리를 깨닫지 못하고 자신도 모르는 사이에 하나님을 채무자로 세워놓고 따지고 원망하며 또한 하나님을 용서하는 과정을 통해서 친밀한 관계를 회복할 수 있다는 사실을 이 책을 통해서 새롭게 깨닫게 되었다.

　교회안에서 거룩한 분위기에 압도당한 나머지 "분노"를 아주 저차원적이고 부정적인 감정으로 터부시하며 표현하지 않는 가운데 여러 가지 내면에 부정적인 결과를 초래함에도 불구하고 이를 간과하는 한국교회의 일반적인 분위기를 새롭게 바꿀 수 있는 놀라운 방법을 제시하고 있다. 신앙인들은 분노라고 하면 무조건 나쁜 것으로 여기고 억누르거나 부정하기 쉬운데, 사실상 문제가 되는 것은 분노가 아니라 그것의 해소방법이라는 것을 깨우쳐주고 있다. 분노의 감정을 어떻게 성경적으로 적절하게 풀어나갈 것인지 사실 오래 동안 상담활동을 하면서 풀리지 않던 퍼즐이 한조각 씩 맞춰지면서 마침내 마지막 책장을 덮을 땐 건강한 신앙에 대한 멋진 그림이 눈앞에 펼쳐지게 되었다. 우리의 마음 속에 은밀하게 감춰진 하나님을 향한 원망과 분노의 원인과 처리방법이 무엇인지, 그리고 말씀을 통해서 분노가 일어난 상황을 새롭게 이해함으로써 분노의 감정에서 벗어나 하나님과 더 밀접한 관계에 이를 수 있도록 박목사님의 평소 성격대로 세심하게 풀어나가고 있다.

　봄날 가랑비에 대지가 촉촉이 적셔진 것처럼 이 책을 읽는 동안 믿음이 내 영혼에 촉촉이 젖어들어 한 단계 업그레이드 된 것을 깨닫게 되었다. 믿음이 재정비되는 은혜를 맛보게 해 주신 박경하 목사님, 하나님 감사 찬송 드립니다.

주 창 우 (한국노인 요양보호사 교육원 원장)
김 미 영 (문정 늘푸른 아동센타 소장)

● ● ● 부부 모두 사회복지사, 가정폭력상담사, 성폭력상담사로서 활동하며 어렵고 소외된 영혼들을 외면하지 않고 사재를 털어가면서 까지 은밀한 사랑의 수고를 아끼지 않는 모습이 너무나 아름답고 성경에 나오는 브리스길라와 아굴라를 떠올리게 합니다.

❄ ❄ ❄

하나님에 대한 분노의 해소라는 문제 외에도 사람들이 그토록 이야기하는 '복' 에 대한 성경적 해석이 정말 크게 와 닿았습니다. 신앙생활을 하다가 실망한 사람들에게 진실한 하나님의 뜻과 하나님이 주신 복의 의미를 깨닫게 하는 내용인 것 같습니다. 야곱의 이야기를 통해서 막연히 우리가 알던 기복적 복과는 정말 틀리다는 것을 일깨워 주었습니다. 하나님을 향한 분노의 감정을 어떻게 해소해 나가느냐에 따라 우리가 가인의 후손이 될 수도 의로운 셋의 후손도 될수 있다는 말씀이 크게 느껴집니다. 한번 읽고 끝내는 책이 아니라 두고 두고 보면 더 좋을 책인것 같습니다.

한근혁 · 김지영

● ● ● 어려움에 처할지라도 소망을 잃지 않고 항상 밝은 얼굴로 주의 나라를 위해 애쓰고자 하는 마음이 인상적입니다. 하나님의 위로와 격려의 세미한 음성을 통해 새롭게 도전하여 더욱더 큰 그릇으로 쓰임받기를…

차 례 CONTENTS

차 례 CONTENTS

하나님을 용서하라니?

"우리가 어떻게 하나님을 용서할 수 있어요?"

용서의 대상이 하나님이 된다는 사실에 많은 사람들은 일제히 거부반응을 나타냅니다. 일단은 도저히 이치에 맞지 않는다고 생각하고 그 다음부터는 아예 귀를 기울이려고 하지 않습니다.

우리가 어떻게 하나님을 용서할 수 있는가?

용서라고 하면 일반적으로 두 가지를 떠올리게 됩니다. 하나님이 우리를 용서한 것과 용서받은 우리가 이웃을 향해 용서를 베푸는 것입니다. 하지만 하나님을 용서하라는 말씀은 들어본 적도 없고 성경 어디에도 기록되어 있지 않기 때문에 이상하게 여겨질 수 있습니다. 남을 용서한다는 말씀도 많이 들어왔지만 사실 썩 내키지 않는 주제입니다.

"말씀대로 실천하긴 해야겠는데 미운 마음이 들고 내가 피해를 입은 만큼, 아니 그 이상으로 되돌려 주고 싶은 것이 누구나 가지는 솔직한 심정인데 용서를 꼭 해야 하는가? 생각만 해도 화가 치밀어 오르고 꼴도 보기 싫은데 그래도 하긴 해야겠고…" 이 정도로 생각하고 그 이상 구체적인 행동으로 이어지지 못하는 경우가 많습니다.

"그런데 하나님을 용서하라니? 하나님이 우리에게 무엇을 잘못했다는 말입니까? 절대적으로 선하고 의로우신 하나님이 어떻게 잘못할 수 있으며 우리가 무슨 권한으로 감히 하나님을 감히 용서할 수가 있습니까? 아니 어떻게 그런 마음을 품을 수가 있어요? 하나님은 경배와 찬양의 대상이지 용서를 받아야 하는 존재라니요?"

우리는 하나님의 선하심을 의심 없이 받아들이고, 고백하며 찬양 드립니다. 또한 태어나기도 전에, 나를 택정하고 사랑으로 인도하시는 그 섭리를 믿고 감사하며 신앙생활을 합니다. 하지만 어느 순간 하나님의 사랑에 의심이 들 때가 있습니다.

"정말로 나를 사랑하신다면 이럴 수가 있는가?"

"능력 많으신 하나님이 왜 우리 가족을 지켜 주지 않았는가?"

"내가 제일 필요로 할 때에 그토록 나에게 무관심할 수가 있는가?"

그 동안 믿었던 하나님의 사랑과 능력에 대해서 의구심이 생기고 신앙에 회의가 들기 시작합니다. 뜻하지 않은 피해를 입고 고통을 당하고 설상가상으로 계획하던 일이 차질을 빚거나 수포로 돌아가게 될 때, 마음 한 구석에서는 하나님을 향하여 분노가 치밀어 오르기 시작합니다.

"모든 일이 잘 풀려나가도록 해 주셔야지 이게 뭡니까?"

하나님은 분명 선하신 분으로 알고 있는데 뜻밖의 시련을 통해서 자신이 받은 하나님에 대한 느낌은 그 동안 믿어왔던 신앙의 내용과 정반대로 나타납니다. 하지만 그러한 느낌을 주위에 있는 교인들에게 그대로 드러냈다가는 믿음 없는 사람으로 비칠 수 있기 때문에 침묵해야 하는 사실이 더 괴롭습니다. 시련을 당한 그 자체도 견디기 힘드는데, 신앙이라는 명분으로 그것을 참고 억눌러야 하는 또 하나의 고통스런 짐을 져야 합니다. 이와 같이 마음 한 구석에 일어나는 갈등을 건강한 방법으로 해소시키고 하나님과의 관계를 이전 보다 더욱더 공고히 엮어 나가는 것이 바로 하나님을 용서하는 작업입니다.

하나님을 용서하는 것은 이제 더 이상 듣기에 거북한 표현이 아니라, 다음과 같이 학문적인 차원에서 진지하게 논의되는 주제가 되고 있습니다.

하나님이 실망스러울 때 : 하나님을 용서하는 어려움
및 하나님에 대한 용서가 부정적인 감정에 미치는 영향
When God Disappoints :
Difficulty Forgiving God and its Role in Negative Emotion

사회심리학자 줄리 및 피쳐버그 대학 암 연구 센터에 행동의학 및 종양학과의 앤 마리 교수와 스토니 브루크에 소재한 뉴욕 주립대학 심리학과 마르시 로벨 교수가 건강심리학술지에 위의 제목으로 하나님을 용서하는 문제에 대해서 발표했습니다. (Journal of Health Psychology, Jul 1999; vol. 4: pp. 365~379.)

연구결과 영혼의 건강을 위해서 하나님을 용서하는 것이 필요하다는 결론을 내렸습니다. 하나님을 용서하지 못하거나, 좋지 않은 일이 일어날 때 분노와 실망의 감정을 해소하지 못하게 되면 우울, 분노, 불안으로 이어진다고 했습니다. (The inability to forgive God and let go of anger or disappointment when bad things happen is linked to depression, anger, and anxiety.) 반대로 하나님을

용서하는 사람들은 불안과 우울의 정도에 있어서 훨씬 더 낮은 수치를 보여주고 있다고 했습니다.

이러한 연구는 200여명의 학부생들을 대상으로 진행되었는데, 이들은 60명의 남학생과 140명의 여학생들로 구성되어 있습니다. 연구에 참여자들 중 25퍼센트의 학생들이 적어도 한두 번 정도 하나님을 용서하는 문제에 어려움이 있었노라고 토로했습니다. 주된 이유는 가장 가까운 사람들이 갑작스레 사망하거나, 부모가 이혼하고, 관계가 깨어지고, 학대 받았던 기억 때문이었는데 모두 마음에 깊은 상처trauma를 남김으로 인하여 결코 쉽지 않았다는 것입니다. 대상자들은 다양한 종교를 갖고 있었는데 그 중에서 비신자들은 훨씬 더 하나님을 용서하는 데에 어려움이 있었으며, 하나님에 대한 분노로 인해 하나님의 존재를 믿는데 결정적인 장애가 되고 있다는 사실을 밝혔습니다. 따라서 하나님을 용서하는 것은 개인의 건강과 행복을 증진시키며, 영적으로나 정서상의 건강을 위해서 중요하다고 결론 내렸습니다.

보고서에서 함께 연구를 진행했던 줄리는, 하나님을 용서하는 것이 무엇을 뜻하는지에 대해서 다음과 같이 설명합니다.

"사람들이 고통을 당하거나, 또는 세상에 존재하는 악과 불공평에 대해서 생각할 때 사람들은 하나님에 대해서 분노하게 된다. 불행한 일을 당한 직접적인 원인이 하나님께 있거나 또는 그것을 허락했다고 사람들이 믿게 될 때, 하나님을 향해 분노를 터뜨린다. 물론 하나님이 실수하거나 고의로 해를 끼칠 거라고 믿지는 않지만 그럼에도 불구하고 분노가 일어나는 것이 사실인 것 같다. 이러한 상황에서 하나님을 향한 분노가 사라지게 하거나 해소시키는 것이 바로 하나님을 용서하는 것이다."

("People get angry at God when they suffer or when they think about all the evil and unfairness in the world. If they believe that God has caused or allowed these misfortunes, people can become intensely angry at God. This seems to be true even though many people do not believe that God makes mistakes or deliberately causes harm. Forgiving God means letting go or resolving one's anger towards God.")

용서가 뭐 길래

애틀랜타 소재 제일 침례교회를 담임하며 목회상담 분야에 많은 영향력을 끼치고 있는 찰스 스탠리 Charles Stanley 목사님은 '용서: 하나님의 은사恩賜' Forgiveness: The Gift of God 라는 책에서 용서를 이렇게 설명했습니다.

> 용서는 세 가지 요소를 포함한다. 상처와 그로 인해 비롯되는 빚, 그리고 그 부채를 탕감해 주는 것이다. 용서가 일어나기 위해서는 이 세 가지 요소가 필수적이다. 1)
>
> "Forgiveness, then, involves three elements: injury, a debt resulting from the injury, and a cancellation of the debt. All three elements are essential if forgiveness is to take place."

상처가 없다면 용서할 일도 없습니다. 누군가로부터 상처를 받았을 때 비로소 용서할 건지 아니면 복수를 해야 하는 건지를 생각하고 판단하게 됩니다. 따라서 상처라고 하는 것은 반드시 가해자가 있어야 합니다. 그렇다면 가해자가 누구일까요? 나에게 상처를 입힌 대상이 누구입니까?

가만히 생각해 보면 주위 사람뿐만 아니라, 때로는 본인 자신이 스스로에게 가해자가 되기도 합니다. 스스로 지나치게 엄격한 기준과 높은 목표치를 설정하고 도달할 것을 요구하며 계속 다그칩니다. 계획한 대로 이루지 못하고 실패하면 다음번에는 그것을 만회하고자 더 높은 기준을 설정하고, 이러기를 계속 반복하면서 자신을 몰아세우는 악순환이 되풀이 됩니다.

가해자에 때로는 하나님도 포함이 된다고 생각될 때가 있습니다. 언뜻 이해가 되지 않고 인정하고 싶지 않지만 하나님이 우리에게 상처를 주는 대상으로 여겨질 때도 있습니다. 주로 갑작스레 어려움을 당하고 큰 피해를 입게 될 때입니다.

"하나님이 왜 미리 막아 주지 않았는가? 말씀으로 천지만물을 지으신 능력의 하나님이 나와 가족이 시련을 당할 때 왜 그대로 방치했는가? 나를 진정으로 사랑하신다면, 오랫동안 계획하며 기도로 준비하던 일들을 순조롭게 잘 풀려 나가도록 하지 않고 왜 실패하게 하시는가?…"

하나님을 향하여 섭섭한 마음이 들고 원망과 분노, 불평이 쏟아져 나오고 침울한 분위기로 이어집니다.

상처를 주고받는 것은 마치 채무관계와 같습니다. 돈을 꾸어간 사람이 약속대로 채무를 이행하지 않으면 가만히 지켜보고만 있지 않습니다. 시간이 흐를수록 원금에다가 그동안 불어난 이자까지 요구합니다. 그럼에도 불구하고 해결되지 않을 때에는 법적인 조치를 취하고 갈수록 일이 점점 복잡하게 진행됩니다. 채권자가 빚을 갚으라고 요구하듯이 상처를 입은 사람도 마찬가지입니다. 이해가 되고 충분히 납득이 되어 마음의 고통이 사라질 수 있도록 상처를 준 사람에게 요구합니다.

그 동안 밀린 대금을 갚으라고 계속 요구하던 채권자가 어느 순간이 되면 더 이상 채근하지 않게 됩니다. 채무자가 정해진 금액을 다 갚거나 또는 그렇지 않더라도 채권자가 받은 셈치고 더 이상 요구하지 않게 되는 경우에 일어날 수 있는 일입니다. 그렇게 되면 이제 양쪽은 더 이상 채무로 얽힌 관계가 아니라 예전처럼 다시 정상적인 관계로 회복됩니다.

하나님을 용서하는 문제도 바로 이와 같습니다. 원치 않는 어떤 사건을 통해서 하나님에 대해서 섭섭함을 느끼며 상처를 받고 분노할 때, 우리는 하나님 앞에서 마치 채권자의 입장으로 돌아가서 따지게 됩니다.
"하나님, 너무 하시는 거 아닌가요?"
"내가 마땅히 받아 누려야할 복인데 허락하지 않는 이유가 뭐죠?"
"어떻게 이럴 수가! 내 아들 살려 주세요."

자신에게 일어난 사건이 믿음 안에서 이해가 되고 마음이 풀릴 때까지 하나님을 향하여 거세게 몰아붙입니다. 우리는 하나님 앞에서 당당히 요구하는 채권자가 되고, 하나님은 미안해서 얼굴도 들지 못하고 한 마디도 할 수 없는 빚쟁이로 내 몰리는 형국이 됩니다.

사건에 따라 하나님에 대한 채권의 액수는 달라집니다. 사랑하는 아들을 잃게 되었다면, 금액을 따질 수 없을 정도로 엄청난 액수의 채무를 하나님께 지웁니다. 하나 밖에 없는 아들이요, 평소에 끔찍이 사랑하고 사회적으로도 아주 유능했다면, 하나님께 요구하는 채무의 양은 셀 수 없을 정도로 불어납니다. 사소하게 요구하며 따지는 경우도 많습니다. 우리는 무심코 내뱉는 부정적인 말 속에도 따지고 보면 궁극적인 대상이 하나님인 경우가 많습니다.

하나님을 향한 크고 작은 불만과 원망을 그대로 다른 교인에게 나누게 될 때, 그것을 들은 사람들은 대개 다음과 같이 반응합니다.

"보세요. 신앙생활에는 그저 뭐니 뭐니 해도 감사가 제일입니다. 꼭 참고 인내하면서 열심히 기도하고 그저 그러다 보면 하나님이 복을 주시고⋯ 시간이 흐르면 다 잊혀지고 더 큰 복을 주실 줄 믿습니다."

하나님에 대한 분노가 일어날 때 크게 두 가지 입장을 취합니다. 시간이 지나면 저절로 모든 문제가 풀린다고 보는 것과 또 하나는 감정 따위는 아주 무시하고 억눌러 버리는 것입니다.

어릴 때 아버지로 부터 받은 상처로 인해서 괴로워하는 한 형제가 있었습니다. 사랑을 받고 자라야 할 어린 시기에, 아버지는 술에 취해서 걸핏하면 때리고 욕설을 퍼부으며 저주하고 갖은 학대를 일삼았습니다. 아무리 아버지의 처사가 이해되지 않고 불합리하게 여겨져도 혈연으로 맺어진 부자관계이기 때문에 뗄래야 뗄 수 없습니다. 하지만 아버지에 대한 존경심은 날이 갈수록 떨어졌습니다. 시간이 많이 흘러 성인이 되고 이해의 폭이 어릴 때보다 더 넓어진 것은 사실이지만, 여전히 아버지에 대한 응어리는 마음 한구석에 그대로 남아서 문득 섭섭한 마음이 울컥 치밀어 오르곤 합니다. 단순히 세월이 흐른다고 해서 저절로 아버지를 바라보는 태도가 더 나아지지는 않았습니다.

하나님과의 관계도 이와 같습니다. 하나님에 대한 분노와 섭섭한 마음이 남아 있는 상태에서 신앙생활을 계속하고는 있지만, 하나님을 신뢰하고 하나님으로부터 기대하고자 하는 마음이 약화될 수 있습니다. 아무리 세월이 흘러도 저절로 치유가 되는 것이 아니라, 여전히 마음 한 구석에서는 계속해서 하나님을 채무자로 세우고 따지고 듭니다.

하나님을 채무자로 닦아세우는 것이 신앙인으로서 올바른 자세가 아니라 여기고 이를 억누르게 되면 다른 대상을 대신 채무자로 세우게 됩니다. 이는 마치 부모에게 불만이 있어도 말하지 못하고 대신 자기 동생에게 화풀이하는 것과 비슷한 양상입니다. 평소에 부모가 자신을 대하는 것이 못마땅하지만 그것을 그대로 얘기하고 바로 잡으려 했다가는 자신에게 더 불리한 상황이 될 수 있다는 것을 알게 될 때 하는 수 없이 억눌러 버립니다. 그것으로 모든 상황이 끝난 것이 아니라 상처를 되갚을 상대를 찾기 시작합니다. 마침 그 때 자기 앞에 얼쩡거리는 동생이 보이게 되면 그를 향해 나쁜 감정을 그대로 쏟아냅니다. 이러한 경우는 가정에서 흔히 볼 수 있는 일인데 하나님과의 관계도 마찬가지입니다. 마치 종로에서 뺨맞고 한강에서 분풀이하는 식입니다.

이런 식으로 마음의 원망과 분노가 다른 대상으로 계속해서 전이轉移하게 되면, 문제의 뿌리를 찾아서 회복하기가 쉽지 않습니다. 부모에 대하여 좋지 않은 감정이 쌓여 있는데도 불구하고 그것을 그대로 억누르고 대신 그동안 동생에게 잘 못 대한 내용을 가지고 하나님께 계속 회개해 봐야 문제의 근원은 그대로 남아 있게 됩니다. 우리는 종종 회개를 이런 식으로 하면서 마음의 문제를 해결하려고 합니다. 하나님과의 근본적인 문제는 그대로 두고 엉뚱한 곳에서 해답을 찾으려고 합니다. 하나님에 대한 원망의 마음이 있음에도 그대로 마음속에 억누르고, 그동안 저지른 여러 가지 잘못된 행동을 가지고 회개하며 하나님과 더 깊은 관계를 모색해 보려고 합니다.

'문제마다 영적인 해결책이 있다' There is a Spiritual Solution to Every Problem 등을 비롯해서 여러 베스트셀러 저자로 유명한 웨인Wayne W. Dyer이 강연 중에 다음과 같은 예화를 든 적이 있습니다. 어떤 사람이 밤중에 집 앞에서 뭔가를 열심히 찾고 있기에 마침 지나가던 이웃이 궁금한 나머지 물어 보았습니다.

"뭘 잃어버렸는가 보죠?"

"아 예, 열쇠를 잃어버렸어요."

"그래요? 밤이라 어두워서 잘 안보이니까 같이 찾아보죠." 함께 열심히 이리 저리 찾아보았지만 열쇠가 보이지 않자 주인에게 다가가서 다시 물어 보았습니다.

"열쇠가 안 보이는데 어디쯤에서 잃어 버렸나요?"

"이거 참 수고를 끼쳐서 미안하네요. 사실은 집 안에서 잃어 버렸어요."

"아니, 집안에서 잃어버렸는데 바깥에서 찾다니, 실없는 사람이로세." 이웃은 도저히 이해가 되지 않는다는 듯이 혼잣말로 중얼거리며 자기 집으로 들어갔습니다.

그리스도인들도 이런 우를 범할 때가 많습니다. 문제를 푸는 열쇠를 하나님과의 관계에서 찾아야 하는데 엉뚱한 곳에 가서 계속 뒤지고 있는 꼴입니다.

하나님을 향한 크고 작은 마음의 상처와 그로 인해 마음속에 일어나는 원망과 분노를 신앙 안에서 올바로 해소할 때, 더 이상 우리는 하나님을 채무관계로 설정하지 않게 됩니다. 비 온 뒤의 땅이 굳어지듯이 하나님과의 관계는 이전 보다 더욱더 깊어지고 친밀해 집니다. 이것이 바로 하나님을 용서하는 작업입니다. 이것은 새로운 어떤 교리의 문제가 아니라 하나님과의 사이에 응어리를 풀어 나가는 마음의 문제입니다.

어떤 사이든지 서로 친밀한 관계가 되기까지는 수많은 갈등과 마찰이 있을 수 있습니다. 마찬가지로 하나님과의 관계가 더 깊어지고 성숙해지기를 원한다면, 여러 가지 오해와 갈등이 있을 수 있으며 그것을 통해서 하나님의 사랑과 섭리를 더 깊이 이해하는 계기가 된다는 사실을 받아 들여야 합니다. 시편의 기자나 심지어 예수님까지도 마음속에 일어나는 것을 그대로 고백한 것을 유념해야 합니다. 그렇게 함으로써 하나님의 뜻을 알게 되고 더 깊은 관계로 이어진 것을 볼 수 있습니다.

하나님은 우리를 향해, 서로 생각하는 바를 내어 놓고 얘기해 보자고 말씀하십니다. "오라 우리가 서로 변론하자"(사1:18) 여기서 '변론하다' 는 말은 원문에 '야카흐' יָכַח 로서 '서로 주장하며 따져 보다' argue with, 또는 '바로잡다' correct' 라는 의미를 지니고 있습니다.[2] 우리를 향해 일방적으로 잘

못했다고 꾸짖고 회개하라는 것이 아니라, 서로 얘기해 보자는 것입니다. 그래서 너와 나 사이에 있을 수 있는 문제를 바로 잡아 보자 Let's settle the matter! 라고 말씀하십니다. 하나님 앞에 우리가 그 동안 섭섭하게 느꼈던 문제도 꺼내 놓고, 답답하고 억울해 하며 가슴 아픈 것들도 얘기하고, 우리가 따지고 싶고 강하게 주장하고자 하는 것이 있다면 모두 들고 와서 보따리 다 풀어헤치고 진지하게 얘기해 보자는 것입니다.

"오라 우리가 서로 변론하자 너희의 죄가 주홍 같을지라도 눈과 같이 희어질 것이요 진홍 같이 붉을지라도 양털 같이 희게 되리라."(사1:18)

하나님 앞에 도무지 이해되지 않거나, 따지고 싶은 내용이 무엇입니까? 어쩌면 그 동안 잊고 지냈을 수도 있습니다. 이제 함께 하나님을 용서하는 과정을 진행하는 가운데 의식의 밑바닥에 가라 앉아 있는 그러한 내용을 발견할 수 있을 것입니다.

바로 이어지는 1부에서는 하나님을 향하여 분노하게 되는 이유를 4가지로 나누어서 살펴봅니다. 2부에서는 하나님을 사랑할수록 마음 한편에서 자신도 모르게 왜 하나님을 향해 분노하는 마음이 자라게 되는지, 성경의 인물들을 통해서 그 원인을 분석하고 분노의 감정을 건강한 방법으로 처리하는 법을 제시합니다. 분노를 감정의 측면에서 접근했다면 이제 마지막으로 남은 일은 믿음의 재구성을 통해서 분노의 상황을 새롭게 해석하는 것입니다. 따라서 3부에서는 앞서 1부에서 제기된 4가지 이유에 대해 각각 새로운 시각으로 정리함으로써 답을 찾아보고자 합니다. 검은 색안경을 끼고 있으면 세상을 온통 시커먼 것으로 받아들이듯이, 왜곡된 신앙의 내용으로 인해서 하나님의 뜻을 곡해하고 분노하게 되는 일이 없도록 믿음을 재구성하는 것입니다.

하나님은 마음에 부담이 되고 무거운 짐으로 여겨지는 것을 모두 맡기라고 말씀하십니다.

"네 짐을 여호와께 맡기라 그가 너를 붙드시고 의인의 요동함을 영원히 허락하지 아니 하시리로다." (시55:23) 여기서 '맡기다'는 원문에 '샬라크' שָׁלַךְ 이며, 마치 필요 없는 쓰레기를 버리듯이 '내던져 버리다 throw away' 라는 뜻이 있습니다.[3] 하나님을 향한 갈등과 분노로 인해 더 이상 마음 속 깊이 쓴 뿌리를 내리기 이전에 말끔하게 비우고 정리하는 작업을 시작해야 합니다.

1부 하나님에 대한 원망과 분노

1. 복을 주진 못할 망정
어찌 이런 일이!

"하나님이 계신다면 어떻게 이런 일이 일어날 수 있어요? 그런 하나님, 난 이해할 수 없어요…. 정말 욕하고 싶어요."

어느 날 텔레비전을 켜자 말자 생뚱맞게 하나님을 욕한다는 말이 흘러 나왔습니다. 기독교 방송도 아니고 공영방송에서 하나님이라는 말이 나오고 그 뒤에 듣기에 다소 거북한 말들이 이어 지기에 도대체 무슨 일인지 궁금해서 귀를 기울여 들어보았습니다. 하필이면 왜 하나님을 향해 욕하고 싶다고 했을까 자세히 들어보니 뜻밖의 사고로 사망한 아들을 둔 어머니가 인터뷰하는 내용이었습니다. 하나 밖에 없는 외아들인데 그 충격이 얼마나 컸을까요? 아침에 밝은 표정으로 인사를 나누고 대문을 나섰는데 갑자기 청천벽력과도 같은 소리를 듣게 됩니다. 급히 병원 응급실로 달려가 보니 아들은 싸늘한 시신이 되어 영안실에 말없이 누워 있습니다.

별 탈 없이 잘 자라서 감사했고 어엿한 중학생이 되어서 보기만 해도 대견스러웠는데 죽었다고 하니 믿어지지 않는 겁니다. 계속 아들의 이름을 불러 봅니다. 금방이라도 달려와서 안길 것 같은 녀석인데 도무지 대답이 없으니 그 심정을 누가 알겠습니까? 아들을 바라보며 오손 도손 꿈을 키우며 살아왔는데 너무나 허탈합니다.

가지 말아야 할 곳에 부모 몰래 갔다가 사고가 난 것이 아닙니다. 굳이 잘못을 따진다면 공연을 앞두고 질서 유지를 소홀히 한 어른들에게 있는 것이지 아들에게는 별 다른 과실을 찾아 볼 수 없습니다.

설령 아들이 아무리 주의를 기울이지 않고 더 나아가서 나쁜 짓을 하고 그래서 죽을 수밖에 없었다고 한들 어찌 원통하지 않겠습니까? 아무리 생각해도 왜 하필이면 자기 아들이 죽어야 했는지 도무지 이해할 수 없습니다. 하나님이 분에 넘치는 복은 허락하지는 않는다 할지라도 최소한 아들을 죽음에 이르게 하지는 말았어야 한다는 생각에 미치자 그만 하나님을 향하여 원망하는 마음이 불같이 일어났습니다.

하필이면 왜 내 아들이 죽어야 합니까?

"나에게 복을 주지 않는 이유가 뭡니까? 아무 잘못도 없는데 죽음에 이르도록 하나님은 어디 계셨습니까? 왜 이렇게 되도록 방치하셨습니까? 더군다나 나름대로 열심히 신앙생활 했는데 왜 이런 일이 일어납니까? 밤이나 낮이나 어딜 가든지 지켜 주신다고 했는데 내 아들이 죽어 갈 때 하나님은 무얼 하셨나요? 위기 가운데 하나님의 은혜로 어려움을 모면했다는 간증을 많이 들었는데 내 아들에게는 왜 그토록 무심하셨나요? 도대체 무얼 잘못했다고 하나님이 나에게 이럴 수 있습니까? 그래요, 좋습니다. 세상에는 크고 작은 사건들이 예고도 없이 많이 일어나고 그 가운데 희생자가 생기기 마련인 거 다 인정합니다. 문제는 그 많은 사람들 가운데 다른 아이들은 멀쩡한데 왜 하필이면 내 자식이 죽어야 하느냐는 겁니다. 어려운 우리 살림에 아침부터 저녁 늦도록 나가서 일하느라 힘은 들지만 그래도 그 자식이 있었기 때문에 오늘날 까지 참고 살아갈 수 있었는데…, 무슨 큰 복을 바라는 것도 아니고 우리 부부가 가장 소중하게 여기는 아들, 그 하나도 지켜 주시지 않는다면 더 이상 하나님을 믿어야 할 이유가 무엇이란 말입니까?'

시간 관계상 인터뷰는 짧게 끝났지만 나의 마음속에는 이와 같은 내용으로 그 어머니가 통곡하며 울부짖는 음성이 들려오는 듯 했습니다. 아들이 죽음에 이르게 되도록 하나님이 지켜 주지 못했다고 생각하니 하나님이 섭섭하고 원망스러웠습니다. 당연히 우리를 보호하고 인도해 주신다고 알고 믿었는데 결과가 그렇지 못하니 더 이상 믿어야 할 이유가 있겠느냐는 생각이 들게 된 겁니다. 신앙생활 하는 사람으로서 하나님을 불신하게 되고 믿음생활을 그만 두는 것 보다 더 큰 일이 어디 있겠습니까?

애절한 심정으로 통곡하며 울부짖는 소리를 우리는 자주 듣게 됩니다. 도처에서 사건 사고가 끊이지 않고 그 가운데 희생되는 사람들이 많이 생기기 때문입니다. 지금까지 그런 일이 나에게 직접 닥치지 않았기 때문에 그저 남의 일로만 여기다가 어느 날 갑자기 당하게 될 때, 우리도 또한 그와 같은 심정으로 돌아가게 됩니다.

"하나님은 너를 지키시는 자 너의 환란을 면케 하시며 … 너의 출입을 지키시리라." 많은 사람들이 즐겨 부르는 이 찬양은 시편 121편의 내용에다가 곡조를 붙인 것입니다. 하지만 어느 날 큰 재앙을 만나게 될 때, 도무지 하나님을 이해하지 못하고 마음속에 큰 혼란을 경험하게 됩니다.

"분명 하나님이 지켜 주신다고 했는데, 이게 웬일입니까? 왜 지켜 주지 않으십니까? 이건 옳지 않아요. 말이 안 됩니다."

남들은 애를 잘도 낳는데 난 왜?

믿지 않는 사람들도 결혼을 하고 별 탈 없이 아이를 갖게 됩니다. 그런데 열심히 신앙생활 하던 사람이 그토록 바라던 아이를 갖지 못하고 어려움을 겪게 될 때 어떤 마음이 들까요?

"세상 사람들이 기본적으로 누리는 것조차 우리 부부에겐 왜 허락지 않으시는가? 가정생활에서 가장 기본적인 자녀의 복을 왜 주시지 않는가?"

'용서하고 잊어라' Forgive & Forget의 저자인 루이스Lewis는 첫 아이를 잃었을 때 하나님에 대해 서운한 감정을 비로소 깊이 느끼게 되었다고 고백합니다.4) 루이스가 공부를 마치는 대로 결혼을 하고 아이를 갖기로 부부간에 계획했지만 생각대로 임신이 되지 않았습니다. 여러 군데 유명한 불임시술 병원을 찾아다니며 의사의 지시대로 수차례 임신을 시도했습니다. 이로 인해 달콤한 신혼의 즐거움은 모두 깨어지고 서로에게 정신적으로 육체적으로 피곤하고 고통스런 나날이 되어 버렸습니다. 공부하는 입장에서 물질적인 문제도 만만치 않았습니다.

천신만고 끝에 임신에 성공하게 되어 기뻐하며 하나님께 감사를 드렸습니다. 그토록 바라던 아이를 낳게 될 것을 생각하며 아이에게 필요한 여러 가지 품목들을 준비하던 어느 날 아내에게 응급사태가 발생했습니다. 갑자기 양수amniotic fluid가 쏟아져 나와 아내를 병원 응급실로 급히 이송했습니다. 응급조치를 받은 후 의사는 다행히도 아이에게 아무런 지장이 없으며 이는 기적이라는 얘기를 듣고 집으로 돌아와 감사기도를 드리고 잠자리에 들었습니다.

잠에서 깨어난 그는 기적을 베풀어 주신 하나님이 너무나 감사했습니다. 많은 사람들이 기적을 체험했다고 하더니 나에게도 그런 놀라운 일을 행하셨다고 생각하니 가만히 있을 수 없었습니다. 낮에 보았던 아이의 얼굴이 떠오르고 자신을 쏙 빼닮았다고 생각하니 너무나 흐뭇했습니다.

그동안 함께 염려 해주던 지인들과 함께 나누고 싶어 콧노래를 부르며 수화기를 들려던 찰라 전화벨이 울리고 병원에서 급하게 찾는다는 메시지가 들렸습니다. 허둥지둥 달려가 보니 신생아가 숨을 쉬지 않는 것이었습니다. 하늘이 무너지는 것 같았습니다. 그동안 얼마나 그 아이를 갖기 위해서 마음 고생하며 오랜 시간 고생했는데 하루아침에 물거품이 되고 말았습니다. "좋은 의사 선생님 만나서 임신하게 되어 하나님께 감사드렸는데 왜 이렇게 끝을 맺게 하시는가? 기적적으로 살아났다고 해서 감사드리게 하시고는 왜 이렇게 하루 만에 그 생명을 죽게 하시는가?"

아내가 응급처치를 받는 동안 밖에서 기다리는데 한 트럭 운전사는 벌써 세 번째 건강한 아이를 출산했다며 기뻐하는 모습을 보고 한편으로 더 속이 상했습니다. "저 사람에겐 별 탈 없이 나보다 더 어린 나이에도 세 아이를 주셨는데 왜 나에겐 한 명도 허락하지 않으시는가? 더군다나 우여곡절 끝에 임신된 아이까지도 죽게 하시다니? 저 친구는 보아하니 예수를 믿지도 않는 것 같은데, 건강한 아이를 세 명씩이나 얻게 되어서 기쁘다고 야단인데 난 나름대로 열심히 믿음 생활하는데도 왜 이토록 어려움을 겪어야 합니까?"

불쌍한 나의 고양이를 왜 죽도록 내버려 두시는 거죠?

자신이 생각하기에 중요한 일임에도 하나님이 전혀 관심을 기울이지 않는다고 생각하고 뽀로통해진 어린아이의 이야기입니다. 주일학교 초등부를 지도하는 전도사로 사역할 때의 일입니다. 한 아이가 보이지 않기에 알아봤더니 담당 선생님으로부터 의외의 얘기를 듣게 되었습니다. 그 동안 예배시간에 떠들지도 않고 얌전하게 출석을 잘 하던 아이가 나오지 않겠다고 하니 저로서는 충격이 아닐 수 없었습니다. 이유인즉 자기가 가장 아끼고 사랑하며 친구 삼아 함께 지내던 고양이가 죽었기 때문이었습니다. 교회학교에서 배운 대로 기도했는데도 고양이는 죽고 말았습니다. "골목길에 쏘다니는 도둑고양이는 돌봐주는 사람 없어도 멀쩡한데, 하나님은 왜 내 소원을 들어주시지 않나요? 왜 나의 불쌍한 고양이를 살려주시지 않죠?"

아이로서는 너무나 답답하고 안타까운 문제이며 신앙에 대한 중대한 도전이 될 만한 사건이지만 당시 나의 입장에서는 수많은 생각과 사건과 말들 속에서 별다른 의미나 문제의식을 갖지 못한 채 흐지부지 잊혀지고 말았습니다. 단지 그 아이가 계속 출석했으면 좋겠다는 정도로 일단락 짓고 그냥 넘겨 버렸습니다. 세월이 한참 지난 지금 문득 그 때의 일이 떠오르고 제대로 대처해 주지 못했다는 생각에 아쉬움과 죄책감이 몰려옵니다. "과연 그 아이는 지금도 하나님을 향하여 풀리지 않는 의문과 원망의 마음을 그대로 품고 있을까? 그 뒤로 영영 하나님과의 관계를 끊어버린 건 아닐까?"

2. 하나님이 이토록
불합리할 수가!

　　　　자식을 잃은 어머니의 인터뷰 내용을 들은 것은 공교롭게
도 욥기를 계속해서 묵상해 나가던 어느 날이었습니다. 졸지에 영문도 모른
채 끔찍한 일을 당한 욥의 내용은 단지 먼 옛날부터 전해지는 하나의 전설이
아니라 오늘 이 순간에도 끊임없이 일어나는 사건임을 다시 한 번 깊이 깨닫
게 되었습니다.

　　욥기를 대할 때 사람들은 그저 욥에게만 시선을 집중합니다. 아니 집중할
것 까지도 없습니다. 이미 욥에게 일어난 사건이 무엇이며, 그 과정과 결말
이 어떠한지 잘 알기 때문입니다. 그것은 한 문장으로 요약됩니다. 의인 욥
이 갑작스런 고난을 당했지만 참고 묵묵히 인내했더니 나중에는 복을 받았
다는 것입니다. 이미 다 드러난 주제이기 때문에 더 깊이 욥기를 들여다 볼
필요성을 느끼지 못합니다. 그러니 욥 이외의 등장인물에 대해서는 대개 생
각할 필요조차 느끼지 않습니다.

　　하나님을 욕하고 죽으라!

욥의 아내가 등장하지만 그녀를 주의 깊게 쳐다보는 사람은 거의 없습니다. 짧은 대사 한마디 겨우 나오는데다 그것도 하나님을 욕하고 죽으라는 말이기 때문에 아예 나쁜 사람으로 제쳐 두게 됩니다. 어거스틴도 그녀를 가리켜 '사탄의 보조자diaboli adutrix', 즉 사탄의 편에 서 있는 몹쓸 여인으로 단정했습니다.

> 어거스틴이 지적한 대로, 그녀는 부지불식간에 사탄의 편에 서서 협력하는, 사탄의 보조자 역할을 감당했다.
>
> Her function, as Augustine said, is to play the role of diaboli adutrix, the Satan's unwitting ally. 5)

어거스틴을 비롯해서 칼뱅과 같은 유명한 신학자들이 이와 같은 판단을 했기 때문인지는 몰라도 설교가 들은 욥의 아내가 죽어야 마땅한 사악한 사람으로 은연중에 처리해 버리는 경우가 많습니다. 욥의 자식과 가축이 다 죽을 때 그 아내도 죽게 되는 걸로 하고 나중에 복을 받아서 다시 회복될 때 젊고 아리따운 여자를 다시 얻는 것으로 설정해 버립니다. 그러한 판단의 밑바탕에 깔려 있는 생각이 무엇일까요? 오랫동안 함께 살면서 싫증날 법한 아내를 하나님이 적절하게 처리해 주시고, 마치 집을 리모델링하듯이 자식들을 비롯해서 재물이 새 것으로 모두 바뀔 때, 그런 분위기에 맞게 아내도 신선한 인물로 교체시켜 주는 것이 우리가 바라는 복의 내용이라면, 세상 속물들과 무엇이 다르겠습니까?

욥의 아내가 내뱉은 말이 거칠다고 해서 그것을 문제 삼아 바로 정죄해 버리고는 더 이상 그녀의 심정을 헤아려 보려고 하지 않습니다. 흔히들 생각하는 것처럼 그렇게 악한 사람이라면 하나님은 왜 그녀를 심판하시지 않았을까요? 성경에는 하나님이 그녀에게 죽음의 심판을 내렸다거나 다른 어떤 형벌을 주었다는 기록이 없을 뿐더러 가볍게 꾸짖었다는 말씀조차 없습니다.

차를 운전하던 중에 어느 연세 많은 목사님이 욥의 아내에 대해서 설교하는 것을 들었습니다. 그날따라 차가 얼마나 막히는지 피곤하고 졸려서 라디오를 켰는데 갑자기 무엇을 잔뜩 받는다는 말에 귀가 솔깃해졌습니다.

"따불로 받았어요. 여러분! 욥이 참고 인내했더니 복을 받는데요. 따불로 받았단 말이에요. 아내도 젊고 예쁜 처녀로 다시 얻고요(웃음소리)…." 물론 성경 어디에도 욥의 아내가 죽었다는 직접적인 표현이 없을 뿐더러 다시 처녀와 장가가는 내용 또한 기록되어 있지 않습니다. 아마 목사님이 분위기를 부드럽게 하려고 일부러 그랬을 거라고 보고 웃고 말았습니다.

집에 돌아오자 말자 성경의 본문을 다시 펼쳐 보았습니다. 그녀가 남편에게 "하나님을 욕하고 죽으라"고 한 말은, 아들을 잃은 어머니가 인터뷰하면서 던진 말과 다를 바 없었습니다. 사실 이전에는 욥에 대해서만 관심을 가졌지 그의 아내는 안중에 없었는데 욥기 말씀을 다시 묵상하는 가운데, 울부짖으며 애통해 하는 그 어머니는 자연스레 욥의 아내의 모습으로 이해되었습니다. 물론 성경에는 욥의 아내의 심정이 어떠했는지 나와 있지 않지만 동서고금을 막론하고 누구든 그처럼 엄청난 재앙을 만난다면 똑같은 느낌이

들 것입니다.

욥의 가족은 영문을 모른 채 끔찍한 재앙을 만나게 됩니다. 아들들과 종과 수많은 재물을 순식간에 모두 잃고 말았습니다. 그런 판국인데도 욥은 어쩌면 그토록 태연하게 이렇게 고백합니다. "내가 모태에서 알몸으로 나왔사온즉 또한 알몸이 그리로 돌아 가올지라 주신 이도 여호와시요 거두신 이도 여호와시오니 여호와의 이름이 찬송을 받으실지니이다." (욥기1:21)

너무나 충격적이어서 억장이 다 무너지는데도 욥은 하나님을 송축하고 있습니다. 많은 사람들은 바로 이 대목에서 욥의 신앙을 높이 평가합니다. 이 한마디로 인해서 욥은 단숨에 위대한 신앙의 챔피언으로 등극하게 됩니다. 환난 중에 본받아야 할 대상으로 어김없이 언급됩니다. 아무리 극한 시련을 당한 사람이라 할지라도 욥의 이 한마디를 언급하면 그만 기가 죽고 맙니다.

오래 전 어느 날 퇴근해 보니 다섯 살 먹은 딸아이가 누워 있었는데 얼굴을 못 알아 볼 정도로 긁히고 부어 있었습니다. 사연인즉 옆집에 사는 개구쟁이 오빠들이 귀엽다고 데리고 나가서 자전거를 태워줬는데 서로 자기가 하겠다고 다투는 통에 그만 딸아이가 탄 자전거가 내리막으로 굴러 길바닥에 심하게 부딪히고 말았습니다. 살펴보니 눈두덩이 심하게 벌겋게 부어있고 입술도 두텁게 부풀어 올랐습니다. 당연히 코도 성하지 못했습니다. 어른들은 아이를 볼 때마다 코가 더 오뚝했으면 좋겠다고 만지고 그러는데 그 딱딱하고 거친 콘크리트 길바닥에 부딪쳤으니…. 얼음찜질을 하면서 딴에는 참는다고 끙끙대는 모습이 귀엽기도 하고 한편으로는 안쓰러워 보였습니다.

"딸의 얼굴이 다시 이전처럼 돌아올까? 입술이 다 찢어지고 이마도 붓고 긁히고… 영영 저러면 어쩌지?"

나중에 원래대로 회복되고 난 다음에는 감사했지만 그 당시는 아빠로서 여간 안타까운 일이 아니었습니다. 빨리 낫기를 바라는 마음에 안절부절 야단이었습니다.

"욥은 어떻게 그 많은 재물 뿐만 아니라 일곱 아들을 몽땅 다 잃었는데도 하나님을 송축할 수 있단 말인가?"

그때의 일을 떠올리며 욥의 경우를 생각해 보았습니다.

욥의 위대한 고백을 옆에서 들은 그의 아내도 별일 아니라는 듯이 함께 "감사합니다. 하나님 할렐루야!" 했다면 욥과 함께 위대한 사람으로, 위대한 신앙인 부부로 길이 이름이 전해질 수 있지 않았을까요?

글쎄요. 만일 아내조차도 그런 식으로 말했다면 사람들은 욥기를 아예 읽으려 하지 않을지도 모릅니다. 그건 보통사람들의 이야기가 아니기 때문입니다. 우리네와 같은 일반인들이 공감하는 이야기가 아니라 감각기능이 우리와 다른, 신들의 세계에서나 있을 법한 이야기, 즉 신화로 받아들일 것입니다.

욥의 아내는 우리와 같은 보통사람이었습니다. 남편과 온 가족들 모두 경건하게 제사를 드리며 열심히 신앙생활을 했음에도 불구하고 끔찍한 일을 당했습니다. 하나님이 어떻게 우리에게 이렇게 하실 수가 있을까? 왜 이와 같은 끔찍한 일들이 계속 일어나는 걸까? 모두 이해할 수 없는 일들입니다. 그럼에도 남편은 별일 아니라는 듯이 거룩 거룩만 찾고 있고, 이제는 온 몸에 심한 종기가 생겨서 고약한 냄새가 나고 사람 꼴이 이게 말이 아닌데도 그러고 있으니 아내는 그만 화가 폭발한 것입니다. "하나님을 욕하고 죽으라!"

드라마로 친다면 욥의 아내는 이름도 없이 단 한마디 하고 들어가는 단역에 불과합니다. 만일 감독이라면 어떤 사람에게 그녀의 배역을 맡길까요? 잠깐 등장하지만 비중을 두고 주연급으로 할까요, 아니면 분량으로 봐서 신인에게 맡길까요?

찜질방에서 편안하게 휴식하며 여유 있는 사람들은 별일 아닌 것을 가지고도 몇 시간에 걸쳐서 얘기를 나눕니다. 아이 학원 보내는 단순한 문제인데도 그 대화는 길게 이어집니다. 마음 가는 대로 계속 이어집니다. 그 이야기 속에는 문제와 별로 상관이 없는 우리나라 대통령도 나오고 태평양 건너 미국 대통령도 언급됩니다. 사소한 일인데도 전 세계 문제를 다루는 유엔 사무총장도 나오고, 우리나라 입시 정책으로 이어지다가 주말 연속극 등장인물, 유명 탤런트, 등 끝이 없습니다.

하지만 긴급한 상황에 처한 사람은 말이 길지 않습니다. 길게 늘어놓을 여유도 없고 그럴 힘도 없고 기분도 또한 아닙니다. 나중에 사건이 일단락되고 정리된 다음에 차분하게 엮어낸다면 울고불고 소리치고 땅을 치며 몇 날을 두고 해도 풀리지 않을 정도로 길고도 긴 내용이 되겠지만 욥의 아내가 처한 상황에서는 그럴 수 없습니다.

비록 한마디에 불과하지만 그 말속에 녹아 있는 욥의 아내의 심정을 조금이나마 더 느낄 수 없을까 하는 맘으로 히브리어 원문을 살펴보았습니다. "하나님을 욕하고 죽으라." 에서 '욕하다' 는 말이 원문에는 '바라크' בָּרַךְ 인데 원래의 의미는 뜻밖에도 '무릎 꿇다', '축복하다' 이었습니다. 출애굽기 20장 24절 "내가 내 이름을 기념하게 하는 모든 곳에서 네게 임하여 복을 주리라" 에서 하나님이 복을 준다고 할 때 쓰인 단어입니다. 그런데 이것이 반어反語적인 의미로 저주하다 (with the antithetical meaning 'curse') 라는 뜻으로 쓰였다는 것을 사전에서 확인했습니다.[6] 이교도異敎徒들이 제단에 제물을 드렸는데도 불구하고 아무런 효험을 못 봤을 때 내뱉는 말이라는 것입니다. 따라서 욥의 아내가 남편에게 던진 말은 "하나님을 찬송하고 죽으라." 입니다. 남편에게 상스런 욕을 한 것이 아니라 하나님을 찬송하라는 것이었습니다.

왜 하필이면 다른 말 다 놔두고 찬송하고 죽으라고 했을까요? 전후 본문을 유심히 살펴보니 그녀는 욥이 그 앞서 1장 21절에서 한 말을 그대로 한 것이었습니다. "여호와의 이름이 찬송을(바라크) 받으실지니이다" 남편이 한 말을 그대로 옮겨서 욕을 하는 아내의 심정이 과연 어떠했을까요?

"여보, 생각 좀 해보세요. 우리가 그동안 예배를 소홀히 했습니까?" 아니, 분위기로 봐선 더 앙칼진 목소리로 따졌겠지요. 지금 이 순간에 남편을 존경하는 마음으로 찬찬히 얘기를 꺼낼 수 있을까요? "이게 뭐니 이게, 이런 분위기에서 하나님을 찬송한다(바라크)는 말이 나와? 지금까지 정성을 다해서 경배(바라크)했는데 더 이상 뭘 어떻게 한다는 거야? 때를 따라 빠짐없이 예배드리고 송축하고… 우린 힘껏 다 했잖아. 그런데 이게 뭐야. 그 결과가 이게 뭐냐고? 재물을 잃은 건 백번 이해해서 다시 모으면 된다고 치자 이거야. 그런데 자식은 그게 아니잖아. 생떼 같은 내 자식들 다 죽었는데(사실 세 딸들은 죽었다는 표현이 성경에 없다) 이런 판국에 뭐? 하나님을 찬송해(바라크)? 하나님이 그래 정말 살아 있다면 이럴 수 있는 거야? 아무 잘못도 없는 내 자식은 왜 죽게 내버려 두냐고? 뭐 "주신 자도 여호와시요 취하신 자도 여호와시오니 여호와의 이름이 찬송을 받으실지이다 (바라크)" 그래, 혼자 찬송(바라크)많이 해! 그런데 뭐야 온 몸에 부스럼까지 얻어 가지고 당신 다 죽게 되었잖아. 내 말 안 들려? 에이, 모르겠다. 죽든지 말든지…"

하나님을 찬송하고 송축하고 경배드렸지만 그 결과가 너무나 실망스러웠기 때문에 비꼬는 말로써 욕하고 저주한다는 뜻으로 바뀌어 버렸습니다. 하나님, 예수님을 뜻하는 말이 영어 문화권에서 "이런 젠장, 제기랄" 따위의 저속한 의미로도 동시에 쓰이는 것과 비슷합니다.

재물을 잃고 자식까지 다 잃고 남편마저 온몸에 몹쓸 병까지 얻어 가지고 흉측한 모습을 하고 있으니 그 심정이 오죽했겠습니까? 극도로 흥분되고 떨리는 상태에서 격앙된 어조로 내 뱉은 몇 마디 말을 놓고 욥의 아내를 간단하게 나쁜 사람으로 정죄할 수 있을까요? 욥을 의인으로 내세우고 온통 모든 조명을 집중해서 밝게 비추다보니 상대적으로 그 아내는 완전히 악한 사람으로 시커멓게 대비시켜 버린 게 아닐까요?

그러고 나서 얼마 후에 군대에서 안전사고로 인해 여러 명의 군인들이 사망하는 사건이 일어났습니다. 관을 두드리면서 죽은 아들을 부르는 어머니에게 기자가 인터뷰를 시도했습니다. 하지만 어머니는 아들이 죽었다는 사실에 극도로 분노하여 욕설을 마구 퍼붓는 바람에 인터뷰는 도중에 중단되고 말았습니다. 그렇다고 해서 과연 그 어머니를 교양이 없는 나쁜 사람으로 판단할 수 있을까요? 욥의 아내가 남편을 향해서 "하나님을 욕하고 죽으라"고 할 때도 마찬가지의 심정이 아니었을까요?

만일 우리도 이와 같은 입장이 된다면 어떤 마음이 들까요? 하나님이 어떻게 그럴 수 있느냐는 생각이 들지 않을까요? 그런 생각이 깊어지면 우리도 욥의 아내와 같이 생각하고 말하게 될 것입니다. 얼핏 듣기에는 참으로 험한 말로 들리지만 우리 입에서도 언제든지 불쑥 그와 같은 말이 나올 수 있습니다. 단순히 원통해서가 아니라 하나님이 그토록 불합리하게 대했기 때문에 마음의 깊은 상처를 입었다고 생각될 때 그럴 수 있습니다. 그러고 보면 욥의 아내는, 세상에 둘도 없는 사악한 여자가 아니라 평범한 우리 모두의 이름입니다.

욥기를 아무리 뒤져봐도 욥의 아내로만 간단히 기록되어 있고 그녀의 이름이 나오지 않습니다. 여자이기 때문에 이름이 따로 없다고 말하는 사람도 있지만 욥의 딸들의 이름이 별도로 언급되어 있는 것으로 볼 때(욥기 42:14), 이는 옳지 않다는 것을 알 수 있습니다. 이름을 따로 기록하지 않고 빈칸으로 남겨 둔 것은 아닐까요? 그래서 우리 각자의 이름을 거기에 집어넣도록 했는지도 모릅니다. 어떤 사건으로 인하여 하나님을 향해 원망과 분노와 비통한 심경을 토로하는 사람들은 모두 다름 아닌 욥의 아내로 봐야 할 것입니다. 언젠가 우리는 한 순간 어려운 일을 만나서 욥의 아내가 된 적이 있었고 앞으로도 또 그럴 가능성이 있습니다.

하나님을 고소합니다

어느 날 신문에서, 우스꽝스럽기도 하고 한편으로 황당한 보도 내용을 접하게 되었습니다. '네브래스카 주 상원위원이 하나님을 고소하다 Nebraska State Senator Sues God' 라는 제목의 기사였습니다. (Washington Post. Monday, September 17, 2007) 이것은 코미디에 나오는 내용이 아니라 실제로 입법 활동을 하는 어니 챔버스 Ernie Chambers 라는 상원위원이 더글러스 카운티 법원에 하나님을 제소했습니다. 하나님은 어디에나 존재하기 때문에 특정한 지역이 아니라 아무 법원에서도 그를 고소할 수 있다고 했습니다. 이 지구상에 수많은 의문의 죽음untold death과 테러리스트에 의한 공포와 자연재해에 대해서 자신뿐만 아니라 그의 유권자들이 고통과 두려움에 처해 있기 때문에 그는 하나님에 대하여 분노하며 그 책임을 물었습니다. 별난 사람 중의 하나로 보고 그냥 넘길 수도 있지만, 그가 법을 모르거나 정신적으로 문제가 있는 사람이 아니라 다수의 사람들에 의해서 선출된 입법위원이라는 점에서 다시 한 번 생각해 보게 됩니다.

하나님을 상대로 하는 소송이 911 사태 이전에 제기되었다면 그것을 눈여겨보는 사람도 별로 없을 것이고 주목을 끄는 기사거리도 되지 않았을 것입니다. 미국의 심장부에서 선량한 사람들이 한 순간 테러리스트들에 의해서 끔찍한 피해를 당한 사건은 미국인들의 자존심을 구기고 불안 심리를 부추기며 도대체 하나님은 어떤 분인지 어떻게 일을 처리하시는지 의문을 품게 하기에 충분했습니다. 뿐만 아니라 하나님이 계신다면 갑작스런 토네이도에 의해서 집과 자동차가 날아가고 사상자가 속출하는 일이 반복해서 일어날 수 있는지? 하나님의 부당한 처사에 대한 원망과 분노가 쌓이고 쌓여서 소송이라는 다소 엉뚱하게 보이는 행동으로 표출된 것입니다.

융의 '욥에 대한 답변'

정신분석학자 융(Carl Gustav Jung, 1794~1864)은 어릴 때 욥기를 읽은 후로 하나님에 대해서 회의를 품게 됩니다. 너무나 불공평하고 불합리하다는 것입니다. 오랫동안 이러한 문제와 씨름한 끝에 말년에 이르러(1952) 그동안 수많은 임상실험을 바탕으로 '욥에 대한 답변' Antworf auf Hiob이라는 제목으로 자신의 견해를 발표합니다.

"이 책에 대한 생각이 항상 마음속에 자리 잡고 있었지만, 40년을 기다린 끝에 비로소 쓰게 되었다. 어릴 때, 처음으로 욥기를 접하고 나는 너무나 큰 충격을 받았다. 야훼 하나님이 불공평하고 심지어 악을 행하는 존재라는 것을 욥기에서 발견했기 때문이다."

"This book has always been on my mind, but I waited forty years to write it. I was terribly shocked when, still a child, I read the Book of Job for the first time. I discovered that Yahweh is unjust, that he is even an evildoer." 7)

하나님이 어떻게 그토록 선한 욥을 무자비하게 시험할 수가 있느냐며 문제를 제기했습니다. 하나님은 선하기만 한 것이 아니라 선과 악이 공존하는 존재라며 나름대로 결론을 내렸습니다.

타당한 이유를 모른 채 불합리한 일을 당할 때 하나님이 너무나 불합리하게 여겨지고 자신에 대한 하나님의 처사를 도무지 이해할 수 없을 때 하나님을 향하여 분노가 일게 됩니다.

3. 내가 가장 필요로 할땐
왜 숨어계시는가?

"여호와여 어찌하여 멀리 서시며 어찌하여 환난 때에 숨으시나이까?" (시 10:1)

신학교를 졸업한 후에 대학병원에서 사역을 할 때에는 훨씬 더 심각하게 하나님에 대한 실망감이 마음속에 자리 잡았습니다. 어느 날 병실에 들어가니 중년의 남자 한 분이 나의 손을 꽉 잡고는 놓아주지 않았습니다.

하나님, 뭐라고 한 마디 말씀 좀 해주세요

"난 예수님을 믿고 지금까지 성실하게 살아왔는데 내가 왜 죽어야 하나요? 술, 담배를 입에 댄 것도 아니고 누구를 속인 적도 없고, 해롭게 한 적도 없어요. 게다가 틈틈이 운동하고 건강관리하며 그렇게 살아왔는데 왜 내가 이런 몹쓸 병에 걸려야 한단 말입니까? 하나님의 뜻이 어디에 있는지 알고 싶은데, 아무리 기도해도 왜 아무런 말씀이 없는거죠. 하나님, 뭐라고 한 마디 말씀 좀 해주세요."

나는 뭐라고 해 줄 수 있는 말이 없었습니다. 하루 이틀 지나면서 건장하던 몸이 차츰 홀쭉해지고 나중에는 병실에 들어가도 사람을 잘 알아보지 못했습니다. 하루 종일 할 수 있는 일이라곤 한 방울씩 떨어지는 링거병 너머로 보이는 병실 천장을 휑한 눈으로 쳐다보는 것이었습니다. 하나님이 원망스럽고 화가 난다는 직접적인 표현은 없었기 때문에 그 당시로는 그 환우의 마음을 잘 읽지 못했습니다. 그저 어떻게 하면 빨리 회복될 수 있을까 그 생각 뿐이었습니다. 그때의 일이 가끔씩 생각이 나면 내 자신이 참으로 엉터리였다는 생각에 스스로 부끄러워지곤 합니다.

"하나님은 왜 저 분에게 저 고통을 당하게 하셨을까? 어서 빨리 회복되고 싶은 마음에 저토록 처절하게 몸부림치고, 이유라도 알고 싶어 하는데 왜 저 분의 소원을 조금도 들어주시지 않을까?'

병환으로 몸져누운 사람에게 있어서 가장 큰 관심은 질병으로부터 회복되는 것이라고 우리는 얼른 생각하게 됩니다. 그래서 종일 병실에서 고통 가운데 부자연스럽게 누워있는 환우들이 속히 완쾌되기를 바라며 위해서 기도드립니다. 하지만 빨리 치유되는 것 이상으로 당사자가 원하는 것은 왜 이런 고통을 당하게 되었는지 그 의미를 알고자 하는 것입니다.

다른 병실에서는 30대의 한 자매가 죽음을 기다리고 있었습니다. 오직 주님이 살려주기만을 간절히 원하는데 시간이 흐를수록 몸은 점점 더 수척해지고 머리카락이 빠지고 얼굴에 생기를 잃어 갔습니다. 환자는 마침내 말할 기운조차 없어서 누워 있고 옆에서 간호하시는 어머니가 너무나 답답한 나머지 속내를 털어놓기 시작합니다. 지금까지 동생들 뒷바라지하느라 저렇게 나이가 들도록 시집도 못갔는데 도무지 일어날 기미가 보이지 않는다며 안타까워했습니다.

병실에 들어갈 때마다 함께 눈물을 흘리며 기도드렸습니다. 혹시 베드로와 바울에게 주셨던 그런 능력, 죽은 자도 살려낸 능력을 주신다면 기적이 일어나고 주위에 전도도 될 것이고 덕분에 나는 능력있는 종이 되는데 이거야말로 누이 좋고 매부 좋은 일입니다. 하지만 기대했던 일은 일어나지 않았습니다. 어느 날 무거운 마음으로 병실로 올라가는데 그녀는 하얀 천으로 싸인 채 영안실로 향하고 있었습니다. 거의 탈진 상태로 애절하게 통곡하는 노모를 바라보는 순간, 나도 모르게 다리가 풀리면서 더 이상 다른 환우들을 돌아볼 염치와 기력을 동시에 잃고 말았습니다.

행색으로 보아 시골에서 올라와 넉넉하지 못한 살림살이로 짐작이 되는데도 비용이 많이 드는 특실에서 요양하도록 조치하는 어머니의 마음, 밭고랑처럼 깊이 파인 이마의 주름 사이로 언뜻 언뜻 비치는 슬픈 기색, 점점 쇠약해져 가는 딸을 쳐다보며 가끔씩 눈물을 훔치며 한숨짓는 모습 등이 반복해서 떠올라 한동안 나의 마음을 어지럽혔습니다.

기도해도 웬일인지 하나님은 아무런 응답이 없고 간절한 소원을 외면한다고 생각하니 한동안 의기소침한 채로 지내야 했습니다. 당시에는 알지 못했지만 지금에 와서 그 때의 일을 돌아보면 그것은 내 마음 속에서 일어나는 하나님을 향한 분노 때문이었습니다. 막연히 답답하게 생각했는데 사실은 절박한 심정으로 간구하는 사람들의 소망을 외면하고 마음의 소원을 이뤄 주시지 않는 하나님에 대한 원망의 마음 때문이었습니다.

병이 낫고 안 낫고를 떠나서 그것보다 그 사람들이 왜 그렇게 죽어야 하는지 이유를 하나님께로부터 듣고 싶었습니다. 죽어가는 당사자와 간호하는 가족들이 저렇게 안타까워하는데 나에게 살짝 귓속말로 아니면 꿈 속에서 희미하게라도 들려주신다면 좋겠는데 하나님은 철저하게 침묵하셨습니다.

그 때 마침 우리 딸은 예쁘게 아장아장 걸으며 한창 재롱을 피울 때였습니다. 그 자매는 내가 누리는 이런 세상 즐거움도 못 누리고 세상을 마감했는데, "도대체 하나님은 왜 그렇게 하셨습니까? 답답한 마음에 눈인들 제대로 감았겠습니까? 하나님이 이렇게 하시면 내가 나가서 좋으신 하나님이라고 어찌 찬송하고 설교할 수 있단 말입니까?"

남을 교묘하게 이용해서 그 이득을 챙기고 떵떵거리며 거리를 활보하며 다니는 사람들은 가만히 두고 왜 이렇게 선한 사람들을 죽도록 내버려 두시는가? 힘들고 어려운 여건 속에서도 애써 선하게 살아 보려고 발버둥치는 사람들에게 왜 이토록 끔찍한 일을 당하게 하시는가? 과년한 딸을 간호하며 애절하게 기적을 바라고 기도하는 시골 노모의 기대를 저렇게 무참히도 저버리실 수가 있는가? 딸의 죽음을 애통해 하는 그 어머니와 주위 사람들에게 하나님은 왜 아무 말씀도 없는가? 과연 하나님은 우리가 믿고 기도하며 기댈 수 있는 분인가? 기도해도 분명히 나아야 할 사람이 낫지 못한다면 내가 기도하며 말씀을 전하는 것이 무슨 의미가 있는가?

그 후에 교회로 사역지를 옮겼습니다. 이제는 뭐 그렇게 힘들게 기도하면서 죽음의 문제로 매일 씨름할 일은 없을 걸로 여기고 한숨 돌렸다고 생각했습니다. 그러던 어느 날 한 권사님의 젊은 아들의 죽음 앞에서 한 번 더 깊은 좌절감을 느껴야 했습니다.

나의 죽음에 대한 하나님의 뜻은 무엇인가요?

나와 같은 나이대의 젊은 나이에 어린 자녀와 아내를 두고 죽어가는 형제를 위해서 간절히 기도드렸음에도 불구하고 하나님은 우리의 기도를 들어주시지 않았습니다. 임종을 얼마 앞두고 그가 던진 말이 예리한 비수처럼 나의 가슴을 후벼파는 것이었습니다.

"목사님, 내가 왜 죽어야 하나요? 하나님의 뜻이 어디 있나요?"

세상을 떠나기 며칠 전에 나에게 던진 형제의 말이 아직도 귓가에 생생한데 그는 지금 땅 속으로 들어갑니다. 도저히 믿기지 않았습니다. 기도하며 그를 살리지 못하고 마지막 순간까지 그 형제의 질문에 아무런 대답조차 들려주지 못한 무능한 나 자신이 너무나 부끄럽고 못마땅했습니다. 그를 살리지 못했다는 죄책감과 안타까운 마음이 더해지면서 너무나 괴로웠습니다. 형제의 어머니는 장례식 날 나의 손을 잡고 "왜 우리 아들은 죽어야 합니까?" 하며 오열하고, 그 옆에서 고인의 아내와 아이들은 말없이 눈물을 흘리는데 얼마나 이들을 보기에 죄스럽고 민망했는지 장례식을 집례하면서 나도 모르게 눈물이 쏟아지고 북받치는 울음이 터져 나왔습니다. 그 뒤에 장례식을 어떻게 진행했는지 기억나지 않을 정도로 나에겐 큰 충격이었습니다.

4. 하나님이 존재한다면
교회가 왜 이 모양인가?

　　　　요사이 교회에 대해서 많은 사람들이 비판의 도를 넘어 비난의 목소리를 높이고 있습니다. 신문 귀퉁이에 교회 관련 기사가 조그만 것이라도 하나 실리게 되면 보기에도 민망한 댓글이 인터넷에 마구 올라옵니다. 얼핏 보면 교회의 행태를 비난하고 목사를 비롯하여 교역자들과 교인들의 태도를 못마땅하게 여기는 내용이지만 그러한 말을 꺼내는 사람들의 내면 깊은 곳에서는 하나님을 향한 실망과 분노가 마음 속 깊숙이 앙금으로 가라앉아 있는 것을 확인하게 됩니다. 절박한 상황에서 하나님을 간절히 기대했으나 교회생활을 통해서 채워지지 않고 해결되지 않아서 깊이 실망하기 때문에 나타나는 현상으로 볼 수 있습니다. 한 마디로 교회가 하나님을 올바르게 드러내지 못하기 때문입니다. 교회의 이러한 모습들을 잘 나타내 보여주는 영화가 바로 '밀양' 입니다.

　　2007년 프랑스에서 개최하는 깐느 영화제에서 우리나라 배우가 주연상을 받았고 그 내용이 신앙과 연관이 있다고 해서 '밀양' 이라는 영화에 특별히 관심을 갖고 관람한 적이 있습니다. 영화를 제작한 감독의 의중이 어떠한지 확인해보지 않아서 분명하게 알 수는 없지만, 목사인 나의 시각으로는 오늘

날 교회가 되새겨 봐야 할 부분을 조목조목 지적해주는 영화로 보였습니다.

"종교영화도 아니고 이게 뭐야" 하면서 도중에 나가버리는 사람도 있고, 내용이 너무 무거워서 지루했다는 사람, 세계적인 영화제에서 상을 탔다는 사실 때문에 봤다는 사람 등 반응이 다양했습니다. 아무튼 그 중에서 나는 도대체 기독교 신앙이 어떻게 그려지고 있는지에 관심을 갖고 지켜보았습니다. 영화관에 가면 대개 잘 조는 편이기 때문에 딸이 옆에 앉았다가 종종 깨우거나 아니면 깨우기를 포기하고 나중에 줄거리를 얘기해 주기도 하는데, 그날은 시종 등을 곧추 세우고 관람했습니다.

전도연, 한국교회와 샅바싸움을 벌이다!

영화 속에서는 전도연(신애 역)과 기독교와의 한판 샅바싸움이 벌어집니다. 누가 이겼을까요? 당연히 오랜 보수전통과 한국교회 특유의 열심에다가 교리로 똘똘 뭉친 교회가 승리했다고 생각한다면 영화를 제대로 보지 않은 사람임에 틀림없습니다. 신앙이 뭔지, 교리가 뭔지도 잘 모르는 극중인물 신애는 보기 좋게 한국교회를 땅바닥에 메어쳐 버립니다. 그리고 "천하장사 만만세!" 하고 외치며 당당히 타이틀을 거머쥡니다.

극중에서 신애는 남편을 교통사고로 잃고 설상가상으로 어린 아들마저 유괴당해 살해되었습니다. 처음엔 내키지 않았지만 전도를 받고 차츰 신앙생활의 맛을 알게 되고 안정을 찾아 나갑니다. 어느 날 그녀는 아들을 죽인 살해범을 용서해야겠다는 마음을 먹게 됩니다. 용서가 신앙의 가장 완숙한 단계라고 보고 한편으로 그것이 얼마나 취약한 기반을 가지고 있는가를 폭로하고 있습니다. 용서는 상대방을 위해 베푸는 행위가 아니라 여기서는 어쩌면 자신을 세우는 방편으로 보입니다.

드디어 교인들과 함께 교도소를 찾지만 자신이 그동안 생각한 것과는 달리 범인이 너무나 평안을 누리고 있는 모습을 보고 주인공의 마음은 요동칩니다. 그 순간 주인공이 만난 사람은 피해자 앞에서 미안해하며 얼굴을 들지 못하는 범인이 아니라 회개라고 하는 희한하게 보이는 교리였기 때문입니다. 회개를 아전인수 격으로 잘못 이해하고 있는 한국교회의 모습을 그대로 노출시키고 있습니다.

자기 백성의 고혈膏血을 짜서 일부는 로마에 바치고 나머지로는 자기 배를 채우던 세관원 삭개오가 나중에 예수님을 만나서 피해자들에게 4배나 갚겠다고 한 것이 성경에 나오는 회개의 진정한 모습인데 한국교회 안에서는 말로 모두 때워 버립니다. 그것도 피해 당사자가 아닌 하나님께 회개한다고 말하기만 하면 모든 게 해결됩니다. 눈물 찔끔 흘리고 손들고 고함을 지르며 기도하고 나면 속도 후련하고 이로써 모든 회개의 절차는 말끔히 마무리됩니다. 교회 다니기 이전에 노래방에서 목청껏 노래 부르곤 했는데 그 때보다 웬일인지 마음이 더 시원해지는 것은 좀 더 거룩한 장소에서 거룩한 찬양을 드리고 기도했기 때문일까요? 아무튼 이 맛에 신앙생활을 한다고 생각합니다. 이제 넥타이 바로 고쳐 매고 교회 문을 나서면 아무 것도 거리낄 것이 없습니다.

회개하고 평안을 찾았다고 능청을 떠는 살인범을 대하고는 마음 밑바닥에서부터 울렁거리며 치밀어 오르는 참을 수 없는 거북함에, 그만 신앙이라는 소화되지 않는 내용물을 다 토해 버리고 맙니다. 그리고는 스스로 거울을 보며 머리 깎는 내용으로 끝이 납니다. 그러한 혼란 가운데 자신을 바로 세울 수 있는 것은 신앙체계가 아니라 자기 자신이라는 것을 말없이 그런 마임 mime을 통해서 보여주고 있습니다. 주인공을 통해서 차례로 접하게 되는 내용들, 즉 신앙이니 교회니 장로, 목사 등은 모두 제도의 틀 속에 있는 존재들로서 내면의 혼란을 진정시켜 주지 못합니다. 오히려 그러한 거추장스러운 것들로 인해서 주인공은 구토 증세를 보입니다.

신앙의 주관적인 체험을 극대화할 수 있는 기회인 부흥회 현장에 몰래 잠입해서 교묘하게 훼방을 놓아 버립니다. 부흥회 주 강사 목사의 기도와 말씀 대신 스피커에서 흘러나오는 "거짓말이야…" 라는 곡은, 경건의 모양은 있으나 능력은 사라지고 대신 위선 뿐이라는 것을 까발리는 주제곡으로 들립니다. 후에 다시 교회를 찾아가서 마침 은밀하게 기도하며 하나님을 간절히 찾는 사람들에게 뭐라고 말하는 대신 의자를 마구 두드립니다. 마치 앞서 길 가던 사람이 끊어진 다리 앞에서 뒤에 오는 사람들에게 다급한 나머지 말로 설명하지 못하고 마구 손짓하는 것을 연상케 합니다.

"더 갈 수가 없어, 가 봐도 별 볼일 없어, 길을 잘못 든 거야, 속고 있는 거야 가지마. 위험해…"

신앙? 하나님? 웃기지 마쇼!

밀양密陽이라는 도시의 한자 이름에서 풍기는 비밀스럽고 신비한 이미지에서 새로운 삶을 주인공은 기대하며 출발하지만, 결국 아무 것도 얻지 못했습니다. "밀양이라고 특별한 거 없심더 사람 사는 거, 다~아 똑같지예 뭐" 송강호(카센터 사장 역)의 말을 통해서 관람객들에게 밀양과 기독교를 정교하게 오버랩시키고 있습니다. 세상 사람들이 잘 모르는 신비로운 어떤 것이 기독교의 신앙 가운데 있을 것 같은데 뚜껑을 열고 보면 사실상 새로울 것이 아무 것도 없다는 것을 밀양이라는 지명을 통해서 강변하려고 합니다. 밀양과 기독교, 이 둘 다 주인공의 기대감을 채워주지 못하는 것들입니다.

이제 주인공은 자기의 길을 찾아야 합니다. 그리하여, 중도 자기 머리 깎지 못한다고 하는데 그리도 어려운 일(?)을 주인공은 능숙하게 처리하는 가운데 그 동안의 울렁거림증이 가라앉는 듯 조용히, 그리고 천천히 막을 내립니다. 밀양이나 교회가 해 주지 못하는 것을 주인공은 거울에 비친 자신의 모습을 보며 시원스레 자신의 머리카락을 싹둑 싹둑 잘라 냅니다. 마지막 등장인물 자막이 계속 나오고 캄캄한 무대 뒤편에서 조소하는 소리가 들리는 듯합니다. "신앙? 하나님? 웃기지 마쇼!"

교회생활을 하고 있는 이유가 사실은 확실한 뭔가를 붙들고 있기 때문이 아니라 "교회 안 나가면 찝찝하기 때문에" 라는 카센터 사장의 대사를 들을 때, 순간 경주에 있는 포석정이 떠올랐습니다. 원래는 화랑들이 빼어난 기상을 배양하던 곳인데, 천 년의 역사에 취한 나머지 비틀거리며 나중에는 후백제 견훤의 말 발굽 아래 무참히 짓밟힌 굴욕의 현장이 되어 버렸습니다. 당시 경애왕은 고려 태조 왕건에게 구원병을 요청했지만 그들이 당도하기 전에 견훤이 군사를 이끌고 먼저 습격하는 바람에 신라의 왕실은 처참하게 무너지고 맙니다.

왕을 비롯해서 재상宰相들과 상류계층의 남녀가 서로 어울려 질펀하게 술판을 벌이고 가무로 여흥을 일삼느라 적이 코 밑까지 다가오는지도 몰랐습니다. 마침내 왕궁을 접수한 견훤은 왕을 자진自盡케 하고 왕비를 범합니다. 그 직전까지도 경애왕은 설마 그 정도의 비참한 위기상황이 오리라고는 생각지 못했을 것이고, 그래서 신하들과 무희들 앞에서 "아무 문제없어!" 하며 호기를 부렸을 것입니다.

영화는 한국교회를 이와 같은 경애왕의 모습으로 그리고 있습니다. 천하의 왕건이 이끄는 정예부대가 오고 있는데 무슨 걱정이 있으리오. 왕건과 같이 허우대 멀끔한 카센터 사장이 교회에 나오지, 거기다가 많은 사람들이 오가는 역전에서 부끄럼 없이 전도를 위한 찬양도 하고 주차안내에다가, 십일조도 할테고, "아무 문제없어!" 그러한 일꾼들로 교회는 아직까지 가득 차고 있으니…

패망해가는 신라왕이 고려의 군사를 믿었듯이 교회는 카센터 사장을 보며 든든해합니다. 하지만 사실은 습관적인 신앙이고, 어느 날 주인공과 같은 비극적인 일이 벌어진다면 등을 돌릴 수 있는데 무사태평으로 지낼 수 있겠느냐는 메시지를 이 영화를 통해서 들으며 극장을 빠져 나왔습니다.

신애와 맞붙은 교회의 씨름 기술은 진부하고 실제적이지 못했습니다. 시련에 처한 주인공에게 약사 내외가 전도할 때 그녀는 느닷없이, "하나님이 살아 계신데 왜 남편이 죽고 아들이 유괴당해야 하느냐"는 공격을 합니다. 갑작스런 일격에 맞받아칠만한 아무런 기술이 그들에게는 없었습니다. 그들의 직업으로 보나 교회에서 역할과 위치로 볼 때, 무식해서 대답을 못했다고 보기는 어렵습니다.

교회에서 장로이며 구역을 이끄는 리더로 활약하고 세상에서는 약사인 그를 교회의 최고 엘리트의 전형으로, 으뜸가는 선봉장으로 내세우지만 그는 신애의 애정을 가장한 엉뚱한 공격에 맥없이 무너져 내립니다. 세상적인 쾌락을 누리며 즐길 용기도 능력도 없고 그렇다고 확실하게 자신을 지킬만한 신앙의 고갱이도 없는 참으로 얼간이 같은 존재로 관객들은 평가하게 됩니다. "교회 안에서 존경받는 직분자로서 신앙으로 유혹을 지킬만한 내용이 있든지, 그것도 없다면 화끈하게 세상적으로 즐기든지… 뭐야, 등신같이…"라는 말이 객석에서 저절로 흘러나오게 만듭니다. 교회 안에서는 대단한 존재로 보이지만 까발려 놓고보니 아무 것도 아님을 확인시켜 주고 있습니다. 그는 신애의 어설픈 공격에 너무나 쉽게 단숨에 KO패 당합니다.

전도에 응하고 신앙생활을 시작했지만 교회는, 그녀가 품은 근본적인 물음에 대한 답을 제공해준 것이 아니라 사실은 그녀로 하여금 이전에 약사 내

외에게 던진 궁극적인 질문을 유보시키도록 한 것뿐입니다. 고통스런 기억과 현실의 비극적인 충격 가운데 잠시 동안 종교는 그녀에게 아편이 되어 잊도록 하는 역할을 했습니다. 교인들과 함께 어울려 생활하는 동안 모든 의문이 사라졌다고 스스로 여겼지만 나중에 알고 보니 잠시 주의를 다른 데로 빼앗긴 것뿐이었습니다.

교회는, 신애가 목말라하는 것에 대해서 진지하게 해답을 찾아주기보다는 늘 익숙한 전통에 기대고 일방적인 도그마Dogma를 되풀이하는 게으른 모습을 보이고 있습니다. 그것도 회개의 경우에는 엉뚱하게 가공된 것이었기 때문에 용서를 통해 신앙의 완성으로 나아가려는 신애에게 극도의 분노를 촉발하게 하고 다시 묵혀두었던 의문으로 되돌아가게 했습니다. 신애의 마음 속에 내연기관은 분노로 활활 타올라 빠르게 폭발하며 엉뚱한 방향으로 쏜살같이 나아가는데 심방온 목사 일행은 너무나 한가하게 그녀의 주위를 맴돌 따름입니다.

주인공의 분노를 처리하는데 있어서도 교회는 너무나 무기력했습니다. 그녀가 아파하는 것은 실망과 분노라는 감정 때문인데 교회의 식구들이 심방을 가서 내민 것은 용서라는 교리에 관한 것이었습니다. 정서 상의 문제를 해결하지 못해서 출구를 찾느라 괴로워하는데 교회는 교리로 이를 틀어막으며 수습하려고 합니다. 이에 그녀는 화가 난 나머지 모두들 돌아가 달라고 소리칩니다. 감정의 문제를 교리로 처리하려고 하고, 때로는 역으로 냉철하게 말씀으로 되짚어 봐야 할 문제는 감정적인 차원으로 얼렁뚱땅 넘겨버리는 교회의 신앙 행태를 꼬집고 있습니다.

그녀를 찾아간 심방대원들은 마치 여름철 시골 동리 어귀에 자리한 큰 미루나무 그늘에서 부채질하는 노인네들을 연상하게 합니다. 내리쬐는 여름 햇살에 추-욱 처진 풀잎처럼 한쪽에서는 어느새 잠이 든 어르신도 계시고, 주고받는 이야기는 급할 것도 없고 들어도 안 들어도 그만이며, 더위 먹어 늘어진 테이프처럼 언젠가 수없이 들었던 것들을 흐느적거리며 되풀이하고 있습니다.

너무나 답답해서 폭발할 지경인 그녀에게 필요한 것은, 용서가 어렵느니 하는 따위의 푹푹 쉰내 나는 밥과 같은 것이 아니었습니다. 이를 지켜보는 관람객들은 마치 무더운 여름날 천천히 흘러가는 구름과 같은 지루함을 느끼게 됩니다.

"하나님이 살아 계시다면 왜…?" 주인공이 젊은 시절, 피아노를 전공하며 한참 신나게 건반을 두드리던 시기에는 전혀 문제 삼지 않았고 그럴 필요가 전혀 없었던 질문입니다. 설령 누군가 그런 심각한 문제로 고민하더라도 그저 강 건너 불구경하듯 자신과 전혀 상관없는 일로 여겼을 것입니다.

교회에 발을 들여놓았지만 교회의 신앙체계를 통해서 궁극적인 의문을 해소하지 못하고 잔뜩 실망한 채 카센터 사장이 신애에게로 들어가 혼자 머리 깎고 있는 그녀를 도와주는 내용으로 마무리됩니다. 이 영화는 비극적인 상황에서 외로워하는 신애와 사장 사이에 흔히 있을 법한 로맨스로 엮어 나가면서 초점을 흐리지 않고 있습니다. 결국 그녀가 받아들인 것은 목사를 비롯해서 엘리트 약사, 장로 등 안팎으로 내세울 수 있는 훌륭한 교회 체계나 교리가 아니라, 아직까지 그러한 것에 익숙지 않고 신앙이 뭔지도 모르지만 진정으로 그녀의 편에 서서 이해해주는 카센터 사장의 마음이었습니다.

마지막까지 그녀의 옆에 서 있는 그는, 흔히들 교회에서 하는 것처럼 묻지도 않은 질문에 주절주절 말하지 않고 묵묵히 거울을 받쳐 줄 따름입니다. 신애가 스스로 마음을 추스를 수 있도록 곁에서 함께 있어주는 그것이 바로 신앙인의 진정한 역할이라는 것을 소리 없이 강변하고 있습니다. 카센터 사장의 그러한 행위를 통해서 그리스도인들이 그 동안 잊어버렸던 중요한 한 가지를 일깨워주고 있습니다. 그것은 어떤 교리가 아니라 "즐거워하는 자들로 함께 즐거워하고 우는 자들로 함께 울라"(롬12:15)는 말씀입니다.

그 장면에서 나는 마치 둔기로 한 대 얻어맞은 느낌이었습니다. 이 땅에는 어딜 가나 말하는 사람들로 가득하고 그로 인해서 뿜어대는 소음 공해로 세상 사람들은 지쳐 있는데, 교회는 거기에다가 교리와 전통으로 더 시끄럽고, 그 가운데 목사인 내가 서 있으니 말입니다. 신애와 같은 처지에 있는 사람들에게는 이해하고 동정해주는 한 사람의 카센터 사장이 필요한데 나는 그와 같은 역할을 얼마나 잘 감당하고 있는가? 수많은 예배 가운데 잃어버린 한 영혼, 신애와 같은 사람을 살리지 못하고 쓸데없는 지식만 과잉생산하고 있지는 않는가? 오래 전 한 유행가 가사가 떠올랐습니다. "우리는 말 안

하고 살 수가 없나 나르는 솔개처럼…" 목사로서 한없이 부끄러운 순간이었습니다.

　그렇게 영화가 막이 내리고 나면 과연 그 이후에 교회가 그녀에게 무엇을 해 줄 수 있을까요? 이 세상의 슬프고 답답한 일은 그녀 이후로 모두 사라진 것이 아니라 계속 반복되는데 그럴 때마다 생명력 없는 교리를 앵무새처럼 되풀이하며 짜증을 더해 가다가 거절당하고 난감한 표정을 지으며 두 손 들고 물러 나와야 할까요? 주인공 신애가 개인적인 슬픔과 교회를 통해서 접하게 된 하나님에 대한 실망과 분노로 인해서 누군가 다가와 "교회 나갑시다." "예수 믿으면 복 받아요"라고 하면 아예 손사래를 치는 일이 되풀이 되는데도 무기력하게 이를 지켜보아야만 할까요?

2부 하나님을 향한 사랑,
그 안에 감춰진 분노

5. 하나님에 대한 분노?
난 아니야

"여러 가지 구체적인 사례를 들어보니 하나님을 향한 분노는 주로 크고 작은 사건과 연관되어 있군요. 원치 않는 비극적인 사건을 당한 사람도 많고, 앞으로도 그럴 개연성은 누구에게나 있다고 봅니다. 저뿐만 아니라 누구든지 지금까지 세상 살아오면서 나름대로 상실과 실망의 상처가 있는 것이 사실입니다. 하지만 저는 하나님을 원망하고 미워하는 마음이 남아 있지 않습니다. 아무리 생각해 봐도 뚜렷하게 떠오르는 것이 없습니다. 제가 정말 신앙이 좋아서 없는 걸까요. 아니면 마음 속에 그런 생각이 있음에도 불구하고 제가 잘 모르는 걸까요?"

누구나 겪게 되는 문제

하나님에 대한 분노는 어쩌다 비극적인 큰 사건을 당한 사람이나 믿음 없는 사람만이 갖게 되는 문제가 아닙니다. 그리스도인이라면 누구나 영적인 순례의 길에서 거치게 되는 하나의 과정임을 출애굽기를 통해서 확인할 수 있습니다.

출애굽기는 이스라엘 민족이 이집트에서 탈출하여 약속의 땅 가나안으로 들어가는 과정인 동시에 모든 신앙인들이 거치게 되는 신앙의 여정을 상징적으로 보여주는 기록입니다.

일부 모험심이 강한 몇 사람들이 새로운 개척지를 찾아 험난한 여행길에 오른 것이 아닙니다. 일부 투사들이 매일 바로의 관리들의 눈을 피해 지하에 모여 세를 규합해서 거사를 행한 것도 아니고 믿음이 강한 소수의 무리들이 주체할 수 없는 신앙심으로 충만해서 죽기 살기로 광야로 뛰쳐나간 것도 아닙니다. 그중에는 걷기에 불편한 노약자나 임산부도 있었을 것입니다. 하지만 이런 저런 사람 가릴 것 없이 모두 이집트를 떠났습니다. 따라서 출애굽의 과정은 오늘날 그리스도인들이 예외 없이 걸어가야 하는 길임을 알 수 있습니다.

그 모든 여정 가운데 하나님을 향한 분노가 빈번하게 나타납니다. 그들은 출애굽 시작부터 계속해서 원망하고 불평하고 분노하고 반역합니다. 겉으로는, 앞에서 인도하는 모세에게 한 것으로 보이지만 사실은 하나님께 하는 것이라고 성경은 기록하고 있습니다.

"너희의 원망은 우리를 향하여 함이 아니요 여호와를 향하여 함이로다." (출16:8)
"내가(하나님) 이스라엘 자손의 원망함을 들었노라." (출16:12)

그들이 분노한 것은 특별히 우리 보다 더 악해서가 아니라 그럴 만한 충분한 이유가 있었기 때문입니다. 그도 그럴 것이 어차피 막강한 바로의 세력으로부터 탈출하게 하셨다면 그냥 처음부터 아무런 갈등이나 어려움 없이 곧 바로 건너게 하실 것이지 하필이면 왜 홍해바다로 인도해서 오도 가도 못하게 하느냐는 것이 첫 번째로 기록된 분노의 이유입니다.(출14:10~12) 앞에는 홍해요 뒤로는 바로의 추격꾼들이 거리를 좁혀오고 있는데 그러한 위기 가운데 어찌 원망이 나오지 않겠습니까?

"선발된 병거 육백 대와 애굽의 모든 병거를 동원하니 지휘관들이 다 거느렸더라."(출14:7)

앞에 바다를 두고 더 이상 나아가지 못하는 답답한 상황에서 요란한 말발굽소리와 군사들의 함성이 모래 바람과 함께 이스라엘 백성들 귀에 전해질 때, 그들은 혼비백산 그 자체였던 것입니다. 전투에 필요한 그 어떤 준비도 갖추지 않은 이스라엘 백성들이 살아남기 위해서 선택할 수 있는 것은 아무것도 없었으니 그 순간에 어떤 생각이 들었겠습니까?

진퇴양난의 어려운 상황 속에 하나님은 바다를 가르고 새로운 길을 만들어서 무사히 건너게 하는 전무후무한 기적을 베풀어 주셨습니다. 그러면 그다음부터는 별다른 어려움 없이 일이 척척 진행되어서 가나안으로 직행하게 할 것이지, 곧 바로 이어서 마시는 물 문제로 애를 먹도록 할 게 뭐람? 그들 입장에서는 또다시 불평이 나오는 것이 당연하지 않겠습니까?

이런 내용을 읽어 가노라면, "어휴 저 사람들 어떻게 저럴 수가 있어 그래? 물이 있든 없든 그게 문제야? 어떤 문제가 있더라도 '믿습니다' 하면서 눈 딱 감고 가야지 어디 하나님을 향하여 원망하고 분개한다는 게 말도 안 되지요. 우린 그러면 안 됩니다. 무조건 순종합시다." 이처럼 쉽게 생각하고 판단해서 말할 수 있습니다. 하지만 입장 바꿔서 누구든 그 현장에 있었더라면 마찬가지로 원망과 불평이 터져 나왔을 것입니다. 아니 하나님이 홍해바다 건너게 하신지 불과 엊그제 일입니다. 그 동안 기적적으로 홍해바다를 건넌 사실에 대해서 너무 기뻐서 찬양하고 고함지르고 뛰고 밤새 그렇게 하며 돌아다녔는데 그러한 분위기에 얼음물을 확 끼얹은 격입니다.

월드컵이 한국에서 열리는 동안 한인회관에 모여서 우리 대표 팀의 경기 장면을 멕시칸 채널로 중계하는 것을 지켜보며 응원한 적이 있습니다. 그때는 한국인이라는 사실이 참으로 자랑스러웠습니다. 축구를 좋아하는 멕시칸들은 길에서 만나면 엄지손가락을 치켜세우고는 "당신 코리안이냐? 코리아가 이탈리아를 꺾다니?"

당시 한국에서는 군중들이 밤새도록 온 시가지를 돌아다니며 환호하는 열기가 대단했다는 얘기를 나중에 들었지만 말로만 들어서인지 그때의 분위기가 별로 실감이 나지 않았습니다. 모르긴 해도 홍해를 건넌 후에 환호하는 열기는 2002년 월드컵 때와 비교할 때 그 이상이 아니었을까요?

홍해바다가 갈라지고 맹렬한 기세로 자신들을 집어 삼킬 듯이 쫓아오던 막강한 바로의 정예병 들이 보기좋게 물에 빠진 생쥐처럼 허우적대며 바다 물속으로 빨려 들어가는 장면은 단연 압권입니다. 모두들 며칠 전에 일어났던 믿기지 않는 일들로 인해 들떠있고 흥분이 쉽게 가라앉지 않은 상태입니다. 그런데 마실 물이 없어서 서서히 짜증이 몰려오면서 한껏 고조되었던 기분은 바닥으로 추락하기 시작합니다.

건조하고 뜨거운 광야 길을 사흘씩이나 걸어가는데도 마실 물이 없습니다. 겨우 샘을 발견하고 들이키는데 물이 너무 써서 마실 수 없었습니다 (출 15:22~27). 어찌 화가 나지 않겠습니까?

무더운 여름철 3일 동안 물이 나오지 않다가 갑자기 물이 콸콸 쏟아지는 소리가 나기에 얼른 받아 마셔 보니 도저히 마실 수 없는 시뻘건 녹물이라면 사람들은 분통을 터뜨리지 않겠습니까? 아마 그날 수도국은 하루 종일 시민들의 항의 전화로 몸살을 앓게 될 것입니다.

"우리 애 분유 먹여야 하는데 녹물에 타서 마시라고요? 탈나면 당신 책임 질거요?"

지금 이와 유사한 일이 광야에서 벌어진 것입니다.

하나님을 향한 원망과 분노는 시간을 두고 계속 이어집니다. 물에 이어 그 다음에는 먹을거리로 원망하고(출16:2), 또 다시 물 문제가 등장합니다 (출17:1~7). 같은 문제가 반복되면 속된 말로 더 뚜껑 열립니다. 이때도 물론 모세를 향해서 원망했지만 성경은 그들의 원망의 대상이 하나님이라고 적고 있습니다. "그들이 여호와를 시험하여 이르기를 여호와께서 우리 중에 계신가 안 계신가 하였음이더라."(출17:7)

사막 길을 가는 사람에게 먹고 마시는 것 이상으로 중요한 것이 어디 있겠습니까? 그런데 물 문제로 연거푸 어려움에 빠지게 하는 하나님을 향하여 어떻게 불평과 원망이 나오지 않겠습니까? 수해로 물난리를 겪은 지역에 또 다시 침수 피해를 입게 되면 주민들은 격분해서 정부 지자체를 상대로 손해배상을 요구합니다. 하나님을 향해서도 마찬가지의 마음이 들었을 것입니다.

"전번에 물 때문에 지긋 지긋했는데 좀 신경 써 주셨어야죠. 이렇게 무관심할 수가 있어요?"

출애굽해서 광야생활 초기에 이르기까지 그들이 하나님에 대하여 원망한 기록을 보면 특정인이나 일부 세력을 지목해서 그들이 특히 더 악했기 때문이라고 하지 않았습니다. 하나님과의 관계에 있어서 모든 사람들이 겪게 되는 일반적인 문제임을 알 수 있습니다. 모든 사람들이 정도의 차이는 있지만 그와 같은 생각이었다는 것을 짐작케 합니다.

그런데 난 왜 잘 모르지?

그리스도인들이 모두 경험하는 것임에도 각자 마음속에 그러한 분노가 있는지 잘 모르는 이유는 무엇일까요?

오래 전 이스라엘 민족이 이집트에서 출발해서 가나안으로 들어갔던 그 길을 우리 모든 그리스도인들도 그대로 걸어가고 있습니다. 따라서 우리도 끊임없이 분노가 일어나는 일들을 경험하게 됩니다. 그 가운데 잊혀지지 않고 하나님을 향한 분노로 또렷하게 마음속에 남아 있는 것도 있지만 스스로 깨닫지 못하는 경우도 많은데, 그 주된 이유는 분노를 억눌러 버리기 때문입니다. 신앙생활을 시작하면서부터 계속해서 하나님을 향해 어떤 부정적인 감정도 품어서는 안되는 것으로 여기고, 또한 억누르고 부정하면 모두 해결되는 것으로 여깁니다.

따라서 다음의 몇 가지 점검사항을 통해서 우리의 내면 깊숙한 곳에 하나님을 향한 원망과 미움이 웅크리고 있는지 점검해 볼 필요가 있습니다. 물론 이것은 하나님에 대한 분노로 인해 나타날 수 있는 이상징후에 해당합니다. 다시 말해서 앞으로 보다 더 면밀한 분석이 필요하다는 것이지 100% 단정짓는 것이 아니라는 뜻입니다. 가령 두꺼비가 떼지어 이동하면 지진에 대한 이상징후 가운데 하나일 가능성이 있기 때문에 경각심을 가질 필요는 있을 수 있지만, 미리 지진이 일어날 것으로 속단해서 보따리 쌀 필요는 없는 것과 같습니다. 우리의 삶은 단순하지 않기 때문에 여러 가지 상황이 복잡하게 얽혀 있는 가운데 다양한 현상들이 나타날 수 있는 가능성이 있기 때문입니다.

- 주위의 사람은 일이 술술 풀리는데 나는 자꾸 꼬여만 가는 것 같다. (   )
- 나름대로 신앙생활을 잘 하고 있는데 왜 어려움을 당하는지 모르겠다. (   )
- 예수 믿으면 모든 일이 잘 풀리고 복을 받아야 하는데, 난 아니다. (   )
- 하나님은 나를 도와주시지 않는다. (   )
- 하나님은 너무나 멀리 떨어져 계시는 것 같다. (   )
- 과거에 지은 죄 때문에 하나님은 나의 앞길을 계속 막고 계신다. (   )
- 하나님은 나를 미워해서 벌을 주고 이대로 내버려 두셨다. (   )
- 나는 아무리 애를 써도 하나님은 기뻐하지 않으시는 것 같다. (   )
- 하나님이 보시기에 나는 사랑받을 만한 것이 하나도 없다. (   )
- 기도해도 응답이 없기 때문에 더 이상 기도하고 싶은 마음도 열정도 생기지 않는다. (   )
- 하나님은 내가 처한 문제에 대해서 별로 관심을 기울이지 않는다. (   )
- 하나님은 나를 사랑하지 않는 것 같다. (   )
- 주위 사람들의 모든 행동거지가 못마땅하게 보일 때가 많다. (   )
- 나는 매사에 지나치게 민감한 것 같다.
  사소한 것도 그냥 지나치지 못하고 비판적일 때가 많다. (   )
- 언제부터인가 성경을 읽고 묵상하는 일에 흥미를 갖지 못하고 있다. (   )
- 도저히 신앙으로 이해할 수 없는 충격적인 사건을 경험한 이래로 교회생활은 하고 있지만 하나님에 대한 신뢰가 많이 떨어진 것이 사실이다. (   )
- 신앙생활은 하고 있지만, 마음에 평안이 없고 기쁨이 없다. (   )
- 하나님에 대한 깊은 신뢰가 없고 순간 순간 나를 인도한다거나 삶의 현장에 임재하신다는 확신이 없다. (   )
- 지금 교회의 모습은 내가 생각하던 것과 너무나 다르다.
  교회에 대한 만족이 없다. (   )

하나님에 대한 원망과 분노를 인정하지 않는 이유

경건한 신앙생활을 하는 그리스도인들 중 상당수는 마음속에 사소한 원망과 분노 뿐만 아니라 어떤 사건을 통해서 하나님을 향한 분노가 일어나도 결코 표현하지 않으려고 합니다. 마음속에는 분명히 느끼는 것임에도 불구하고 절대로 인정하지 않으려고 합니다. 분노라고 하면 무조건 옳지 않은 것이요 죄이므로 피해야 하는 것으로 여기는 그리스도인들이 많습니다.

분노의 부정적인 측면만을 고려한 결과 일단은 하나님과 거리가 먼 것으로 결론을 내려 버립니다. 하지만 분노 자체는, 우리가 불합리한 점을 감지했을 때 느끼는 자연스런 반응으로써 결코 나쁜 것이 아닙니다. 뭔가 잘못되어 가고 있다는 것을 보여주는 일종의 신호로써 하나님께서 우리에게 주신 감정입니다. 심리학 사전을 보면 분노를 다음과 같이 정의하고 있습니다.

> 분노 : 일반적으로, 육체적으로 위해를 당하거나 간섭을 받거나 소유물을 빼앗기고 위협, 또는 공격을 받는 것 등과 같은 다양한 상황에서 매우 강하게 일어나는 정서적인 반응을 가리킨다.
> anger : Generally, a fairly strong emotional reaction which accompanies a variety of situations such as being physically restrained, being interfered with, having one's possessions removed, being attacked or threatened, etc. 8)

상담분야에서는 분노를 조금 다른 각도에서 바라봅니다. 러너 Harriet Lerner 는 누군가 눈여겨보고 귀담아 들어 주어야 하는 일종의 신호 a signal로 보았습니다.

> 우리가 느끼는 분노에는, 우리 자신이 상처받고 있으며, 권리가 침해당하고, 바램이나 욕구가 충족되지 못하고 있다거나, 또는 단순히 뭔가 옳지 않다는 내용의 메시지가 그 속에 담겨 있을 수 있다.
>
> Our anger may be a message that we are being hurt, that our rights are being violated, that our needs and wants are not being adequately met, or simply that something is not right. 9)

따라서 하나님으로 인해 일어나는 분노는, 하나님이 들어주었으면 좋겠다는 나의 속마음을 나타내는 것으로 해석할 수 있습니다.

그리스도인들 가운데에는 상당수는 이러한 분노의 의미를 잘못 이해하기 때문에 건강한 방법으로 해소하지 못하고 있습니다. 따라서 일상적으로 일어나는 분노 뿐만 아니라 하나님을 향한 분노를 처리하는 문제에 있어서도 대단히 서툽니다. 마음속에 일어나는 하나님을 향한 분노조차도 인정하지 않고 애써 억누르려고 합니다. 그 이유는 도대체 무엇일까요?

착한 아이 콤플렉스

해마다 성탄절이 되면 부르는 캐럴이 있습니다. "울면 안 돼, 울면 안 돼 우는 아이에겐 산타 할아버지가 선물을 안 주신대요." 우리는 은연중에 하나님을 그런 산타 할아버지 같은 분으로 이해하고 있습니다. 울고 싶어도 울면 안 되고 괴로워도 아픈 감정 그대로 하나님께 드러내어서는 안 됩니다. 무조건 참고 견디는 것이 가장 좋은 신앙 자세이며, 그렇게 해야 좋은 신앙인이 되고 복을 받을 수 있다고 믿고 있습니다. 그러므로 분노하는 모습은 착한 아이의 이미지와 맞지 않다고 생각합니다. 또한 화를 내는 모습을 누군 가 보게 되면 모범적인 성도로서 자신의 모습이 좋지 않게 비춰질 것을 염려 해서 드러내 놓고 다른 사람과 분노의 감정을 나누는 것도 꺼립니다.

착한 아이 콤플렉스를 가진 사람들이 즐겨 부르는 주제가는 "하나님 한 번도 나를 실망시킨 적 없으시고"로 시작되는 찬송입니다. 그 가사의 내용 이 개인의 신앙고백이며, 하나님의 신실하심을 결코 의심하지 않는다는 믿 음의 결의로 부른다면 귀한 고백의 찬양이 될 수 있습니다. 하지만 때를 따 라 전혀 실망을 느끼지 않아야 한다는 뜻으로 받아들인다면 실망감이 일어 날 때 마다 이를 모두 억눌러 버리게 됩니다.

신앙의 완벽주의

착한 아이 콤플렉스는 신앙의 완벽주의를 부채질합니다. 완벽에 이르도 록 노력하는 자세는 바람직하지만, 자신이 완벽해야 한다는 강박관념 가운 데 살아가는 완벽주의는 경계해야 합니다. 완벽주의는 필요 이상으로 높은 기준을 설정합니다. 실망, 원망, 분노 등 지극히 건강하고 정상적인 상태에 서 느끼는 감정들을 모두 죄로 여깁니다. 부정적으로 보이는 것이 자신에게 조금도 있어서는 안 된다고 생각합니다. 따라서 완벽주의자는 겉으로 보면 대단히 경건하게 보이지만 사실은 신앙의 질병을 앓고 있는 것입니다.

무조건 억누르고 열심을 내기만 하면 하나님이 기뻐하고 자신에게 유익할 것 같지만, 그것이 완벽주의에서 비롯된 것이라면 문제가 됩니다. 한 예로 바리새인들을 들 수 있습니다. 누가복음 18장에 나오는 바리새인들의 신앙생활상에서 우리는 완벽주의의 전형적인 모습을 찾을 수 있습니다. 로마에 주권을 빼앗긴 암담한 상황에서 저들이 택한 것은 죄를 멀리하고 율법과 전통을 철저하게 지키는 것이었습니다. 그렇게 하는 것이 하나님의 은혜를 입는 길이라고 생각했습니다. 7일에 2번 금식하고 십일조에다 기도와 예배 생활 등 나름대로 완벽한 표준을 설정해서 철저하게 지켜 나갔지만, 예수님은 그들을 칭찬한 것이 아니라, 오히려 "독사의 자식들아"라고 하시며 혹독하게 비판하셨습니다(마 23장).

그들은 왜 비판 받는 자리에 서게 되었을까요? 완벽주의에서 실마리를 찾을 수 있습니다. 완벽주의는 나름대로의 철저한 신념을 낳습니다. 원칙을 정하고 삶의 규칙을 세워 나갑니다. 처음에는 아주 순수한 마음으로 시작하지만 신념이 자리잡게 되면 마음의 상처나 피해의식, 실망, 고통 등을 하나님께 고백하고 의지하기 보다는 인간적으로 해결해 나가려고 하는 자세를 취하게 됩니다. 따라서 그들의 신앙양태로 봐서는 가장 신앙적인 모습으로 비치지만 하나님과의 관계는 점점 멀어져 가는 상태가 되어 버립니다.

완벽주의자의 시각으로 봤을 때 그들은 예수님을 구세주로 인정할 수 없었습니다. 자신들 보다 가문이나 학벌, 출신, 재산 등에서 월등하게 뛰어났다면 혹시 인정했을지도 모르겠지만 아무리 봐도 그들의 완벽주의 기준에 예수님은 미치지 못했습니다.

바리새파 출신 비밀 요원의 X-File

- 수   신 : 메시아 검증위원회
- 조사대상자 : 나사렛출신의 예수
- 조사 항목
- 가   문 : 아버지 요셉은 목수, 모든 사람이 우러러 보는 직업은 아님
- 특이사항 : 마리아와 혼전에 예수를 낳았는데도 몰매 맞지 않은 점, 주위에선 성령
   으로 잉태되었다고 얘기하는데 뭔 소린지… 추가 조사 필요
- 학   벌 : 조기유학이나 수도 에루살렘에 있는 명문교에 다닌 적도 없고 어머니 마리
   아가 그를 남 보다 더 나은 자식으로 키우기 위해 일류학교 보내려고 위장
   전입한 사실도 없음. 호적 상으로 깨끗함
- 출   신 : '나사렛' 이라 고라 참말로 깝깝하네 거기서 선한 거시기가 나오것냐?
- 공직자 재산신고 내역 : 차명계좌 없음, 12제자 및 조직 운용에 관한 비용 모두 유다
   가 관리, 오래된 사안이라 계좌추적 불가. 집도 절도 없는 관계로 아예 종합
   부동산세 과세 대상자에 해당 안됨. 추종자들은 많은데 자가용은 보잘 것 없
   음. 값비싼 외제도 아니고 가끔 나귀 타고 다닌다고 함
- 성   격 : 거룩한 성전에서 환전상換錢商의 좌판을 휙 뒤엎어 불고, 위매 우리 바리새
   인 조직을 보고 감히 독사의 새끼들 이라고 하는 걸로 봐선 한 성깔 한다고
   보임. 평판이 좋지 않은 창녀, 매국노, 세관원 등과 잘 어울리며 포도주도 홀
   짝거리고 안식일 규정도 잘 안 지켜 불고 돌아다니는 등 좋게 표현하면 자유
   분방하고 개혁성향이 있다고 볼 수 있으나 우리 식으로 볼 때 막가파 기질
   이…, 자신이 메시아라며 죽었다가 다시 산다는 등 과대망상 증세까지….
- 참모진 : 유학파 하나도 없음, 그렇다고 학벌을 속이는 구라쟁이도 없음, 전직 고위
   관리 출신 없음. 한 자리 한 사람이라곤 세관원 마태 정도, 어부출신이 다
   수, 요한은 성질이 급하고, 베드로라는 자는 기혼이며 푼수 끼도 조금 있다
   고 보임
- 조사결론 : 병자를 고치고 기적을 행하는 등 그런 능력은 탁월하나 여러 가지 면을
   살펴볼 때, 도저히 메시아? 고건 아니지라!

아무리 봐도 메시야로서의 완벽함이 엿보이지 않습니다. 그들은 메시아를 고대했지만 완벽주의적인 시각으로 바라보았기 때문에 인간의 몸을 입고 온 메시아를 부인하고 십자가의 처형에 이르도록 몰아 세웠습니다.

완벽주의는 자신이 세운 신념을 강화해 나갑니다. 신념으로 인해서 마음속에 일어나는 분노 따위의 부정적인 감정을 죄로 여기며 결코 용납하지 않습니다. 골타이어William Gaultire는 경건한 크리스천 내담자들과 상담하는 가운데 한 가지 중요한 사실을 발견했는데, 그들 마음 깊숙이 하나님에 대한 분노가 깔려 있음에도 불구하고 그것을 하나같이 부인하더라는 것입니다. 분노라는 것 자체가 명백하게 죄가 된다면 하나님을 향하여 분노하는 것은 더 큰 죄가 된다고 알고 있기 때문에 마음속에 일어나는 분노를 인정하지 않았습니다. [10)]

완벽주의자가 갖는 신념으로 인해서 마음속에 분노 따위의 감정은 오로지 극복해야 할 문제로 여기게 됩니다. 뿐만 아니라 신앙생활의 모든 문제들도 마찬가지로 억누르고 싸우고 극복해야 하는 문제로 받아들입니다. 마귀도 때려잡아야 할 대상이고 시련도 싸워 이겨야 하고, 유혹이 와도, 환란이 닥쳐도 맞서 싸워 이겨야 한다는 생각이 머릿속에 꽉 들어차 있습니다.

매사에 힘겹게 싸워야 하고, 모조리 이겨야 하고, 그 어떤 것이든 극복해야 한다고 생각할 때 그 사람의 마음속에는 평안이 없습니다. 머릿속은 언제나 크고 작은 전투를 치르는데 무슨 평안이 있겠습니까? 늘 무엇인가 극복해야 한다는 강박관념 속에 살아간다면 그 인생이 얼마나 피곤하고 힘들겠습니까?

이렇게 되면 신앙이라는 이름으로 더 무거운 짐을 지고 가게 됩니다. 너무 힘이 들기 때문에 환각제와 같은 효과가 있는 신앙 활동을 추구합니다. 문제와 그로 인한 고통이 있어도 없다는 식으로, 신앙을 빌어 마음속에 최면을 겁니다. "주님이 함께 하시기 때문에 나는 아무 문제가 없어요. 할렐루야 감-사합니다." 그래야 남에게 믿음 좋은 신앙인으로 보일 수 있고 하나님도 그러한 노력이 기특해서 복을 내려 줄 것으로 생각합니다. 괴로운 일이 있으면 냉철하게 그 원인을 찾고 하나씩 해결해 나가야 함에도 불구하고, 하나님이 나를 큰 인격으로 다듬어 나가기 위해서 주신 것으로 이상하게 받아들이고 불필요한 고통까지 감수합니다. 죄를 지어도 하나님이 나의 처지를 아시기 때문에 나에게 특별히 허락한 것으로 받아들입니다. "고르반"처럼 책임을 져야 하는 상황에서도 묘한 신앙논리로 회피해 버립니다. ("너희는 이르되 사람이 아버지에게나 어머니에게나 말하기를 내가 드려 유익하게 할 것이 고르반 곧 하나님께 드림이 되었다고 하기만 하면 그만이라 하고 자기 아버지나 어머니에게 다시 아무 것도 하여 드리기를 허락하지 아니하여" (막 7:11,12))

마찬가지로 하나님에 대한 원망과 불평이 마음속에 생길 때에도 건강하게 처리하는 것이 아니라 그러한 마음과 싸워 극복하려고 하다 보니 이를 부정하고 억누르게 됩니다. 마음속에는 하나님에 대한 원망과 불평이 일어나는데도 없는 체 하며 감사하다고 해버리고 아무 일도 없었다는 듯이 생각합니다.

신앙생활 가운데 무엇보다도 분노의 문제는 억누르고 극복해야 하는 것이 get over 아니라 통과해야 get through해야 합니다. 건강한 방법으로, 성경적으로 해소시켜 주어야 합니다.

사실 신념 자체는 나쁜 것이 아닙니다. 다만 그것으로 인해서 자신의 부정적인 감정을 하나님께 드러내지 않거나 연약함을 인정하지 않게 되는 것이 문제가 됩니다. 신앙의 굳은 결단을 하며 믿음이 있는 사람으로 비치지만 결과적으로 하나님을 의지하지 않게 되고 마음 중심에 하나님을 모시기보다는 신념으로 가득 채웁니다.

부정적인 감정을 억누르지 않고 그대로 고백하느냐 그렇지 않느냐 하는 것은 단순히 마음의 문제로 그치는 것이 아닙니다. 경우에 따라서는 하나님과의 관계가 완전히 멀어질 수 있는 결과를 낳을 수도 있다는 점을 깊이 유념해야 합니다.

하나님에 대한 오해
"하나님과의 관계에 문제가 생긴다." 친한 친구 간에도 어떤 문제로 인해서 화를 내게 되면 그 다음 둘 사이가 서먹서먹해지고 마침내 관계가 소원해지게 되는 경우를 지금까지 살아오면서 많이 지켜보았기 때문에 그런 생각을 하게 됩니다. 하지만 우리가 다른 사람들과 맺는 관계와 하나님과의 관계는 엄연히 질적인 차이가 있습니다. 아무리 친한 사이라 하더라도 상대방의 생각을 완전히 이해하기 어렵습니다. 거기다가 상대방에게 화를 내게 되면 상처를 입히고 오해가 쌓여서 관계가 깨어질 가능성이 높습니다. 하지만 우리가 생각한 바를 어떻게 표현하든지 하나님은 우리가 진실로 바라고 의도하는 것이 무엇인지 그대로 다 아시기 때문에 하나님과의 관계는 깨어지지 않고 오히려 더욱 밀접한 관계로 발전할 수 있습니다.

성경에 등장하는 많은 신앙의 위인들은 이와 같이 자신의 화난 감정을 그대로 하나님께 전달했습니다. 그런 태도를 보고 하나님이 격노해서 무시무시한 벌을 내렸다는 기록은 찾아 볼 수 없습니다. 엘리야는 자신이 생각하기에 부당한 점을 하나님께 토로합니다. 자신은 오직 하나님만을 섬기며 살아왔는데 이스라엘 사람들이 주의 언약을 버리고 주의 제단을 헐며 다른 모든 선지자들을 죽이고 자신마저도 죽이려고 혈안이 되어 있는 상황을 얘기합니다. 그 지경이 되도록 내버려 두는 것은 너무나 부당하다는 것입니다. (열왕기상 19장 10,14절) 이에 하나님은 엘리야에게 몇 가지 표적과 사명과 약속의 말씀으로 격려해 줍니다. (19장 15~18절)

"하나님은 잘못하는 일이 없기 때문에 우리가 분노해서는 안 된다." 우리가 분노하는 것은, 우리의 제한된 사고 작용에 근거해서 판단한 결과입니다. 우리가 상황을 파악하는 데에는 인간적인 한계가 있기 때문에 일시적인 오해로 인하여 분노할 때가 많습니다.

남편이 생일을 맞았는데 아내는 그날따라 귀가 시간이 넘었는데도 집에 들어오지 않았습니다.

"아무리 바쁜 이민생활이라도 그렇지 어떻게 남편의 생일을 잊어버리고 이렇게 무관심할 수가 있단 말인가?'

화가 나서 텔레비전 채널만 돌리고 있는데 늦게 아내가 들어왔습니다. 섭섭한 감정이 쌓이고 쌓여서 순간 베개를 집어 던지며 분노를 폭발하고 말았습니다. 이를 본 아내는 다소 의아스럽다는 듯이 남편을 쳐다보며 생일 선물 꾸러미를 건넸습니다.

"퇴근해서 바로 쇼핑몰로 달려가서 당신 생일 선물 고르느라고 늦었단 말이에요. 생각보다 시간이 많이 흘렀네."

자초지종을 다 듣고 나서 비로소 남편은 자신이 오해했다는 것을 알고 화가 풀렸습니다.

우리의 제한된 사고로는 하나님의 오묘한 섭리를 다 파악할 수 없습니다. 종종 하나님의 인도하심을 이해하지 못해서 의아하게 생각할 때가 있습니다. 믿음의 용장 다윗도 때때로 하나님의 섭리를 모두 이해하지 못하고 불평을 늘어놓을 때가 많았습니다. 하지만 하나님을 원망하는 그러한 태도는 오래 가지 않고 오해가 풀리면서 바로 찬양으로 이어집니다. 시편 10편 1절을 보면 자신이 어려울 때 하나님은 왜 바로 옆에 가까이 있지 않고 멀찍이 떨어져 있으며, 숨어버리느냐며 따지지만 시의 후반부에서는 하나님을 신뢰하는 믿음의 고백과 더불어 하나님께 영광을 돌립니다.

"하나님은 사랑의 대상이지 분노의 대상이 아니다." 성경말씀에 하나님을 사랑하라고 했지, 어떻게 분노 따위의 불경스런 태도를 취할 수 있느냐는 것입니다. "너는 마음을 다하고 뜻을 다하고 힘을 다하여 네 하나님 여호와를 사랑하라."(신6:5) 하나님이 우리의 사랑의 대상인 것은 분명하지만 그것은 어느 한쪽의 일방적인 짝사랑이 아니라 서로 나누는 사랑입니다. 관념적으로, 생각으로 그치는 사랑이 아니라 모든 것을 나누는 사랑입니다. "그가 내 안에, 내가 그 안에"(요15:5) 이와 같이 서로 사랑하는 사이라면 서로의 내밀한 감정을 나누는 것은 지극히 자연스럽고 당연한 것입니다. 진실로 사랑하는 사이라면 비록 부정적인 감정이라 할지라도 거리낄 필요가 없이 모든 것을 나눌 수 있어야 합니다.

"모든 일에, 합력하여 선을 이루시는 하나님을 신뢰하고 감사해야지 그렇지 않고 분노하는 것은 인내가 부족하고 믿음이 없는 것이다." 우리가 분노하는 것은 교리와 믿음의 문제가 아니라 정서상의 문제입니다. 이 두 가지를 혼동하는 데서 오해가 생깁니다. 하나님의 말씀을 믿지 않는다거나 하나님을 신뢰하지 않기 때문에 분노하는 것이 아닙니다. 신앙 중심에는 다음의 구절을 고백한 바울과 같은 자세가 분명 필요합니다.

"우리가 알거니와 하나님을 사랑하는 자 곧 그의 뜻대로 부르심을 입은 자들에게는 모든 것이 합력하여 선을 이루느니라."(롬8:32)
"내가 확신하노니 사망이나 생명이나 천사들이나 권세자 들이나 현재 일이나 장래 일이나 능력이나 높음이나 깊음이나 다른 어떤 피조물이라도 우

리를 우리 주 그리스도 예수 안에 있는 하나님의 사랑에서 끊을 수 없으리라."(롬8:38-39)

좋은 일이든 궂은 일을 만나든 그 가운데 우리가 알지 못하는 하나님의 깊은 섭리가 있음을 믿고 고백해야 합니다. 다만 우리가 믿음을 지켜 나가는 과정에서 느끼는 감정을 어린아이가 엄마에게 이야기하듯 그대로 솔직하게 고백할 따름입니다.

하나님을 변호하는 사람들의 영향

하나님을 향한 원망, 분노… 등의 말이 나오면 단호히 부정하는 사람들이 있습니다.

"신앙인으로서 그게 무슨 소리에요? 하나님께 무슨 원망이니 분노니 하는 말을 어떻게 할 수 있어요? 그런 불신앙적인 말은 아예 입 밖에도 내지 마세요. 무조건 믿고 기도하면 좋은 결과가 오는데 무슨…"

"용기를 내세요! 로마서 8장 28절에 뭐라고 쓰여 있나요. 모든 일이 합력하여 선을 이룬다고 했죠? 믿음으로 인내하며 기다리세요. 그러면 복 받습니다."

이처럼 하나님의 입장에서 사건을 해석하고 해답을 제시하는 사람들이 바로 하나님을 변호하는 사람들입니다. 마치 법정에서 피고인의 입장에 서서 말하는 변호사처럼 하나님을 변호합니다. 아무리 어려운 일이 터지더라도 어떻게든 하나님께 조금도 혐의가 없다는 사실을 주지시키기 위해서 애를 씁니다. 결국 시련의 모든 원인은 하나님이 아니라 당사자에게 있는 것이 됩니다. 주로 교회 안에서 심방대원들이 이런 역할을 담당합니다. 이들로 인해서 정상적으로 일어나는 분노의 감정을 억누르게 됩니다. 거기서 그치지 않고 죄책감에 사로잡히도록 합니다. 하나님이 잘못한 게 없으니 문제의 원인은 단 하나 죄 때문에 일어난 것으로 결론짓고 죄인으로 몰아세웁니다.

욥이 시련에 처하게 되었을 때에도 마찬가지로 경건한 그의 친구들이 찾아갑니다. 그들은 모두 하나님을 변호하는 사람들이었습니다. 욥기 3장에서 욥이 너무나 괴로운 나머지 차라리 태어나지 말았으면 좋았을 텐데 왜 태어나서 이렇게 고통을 겪느냐며 생일 자체를 저주하는 내용이 나옵니다. 욥이 넋두리를 늘어놓자 이를 참지 못하고 엘리바스가 먼저 말을 시작합니다. 욥기 4장에서 5장에 걸쳐 기록되어 있는데 이는 세 가지로 요약됩니다.

"생각하여 보라 죄 없이 망한 자가 누구인가?" (욥4:7)

"하나님 앞에서 죄 없는 사람이 어디 있느냐?" (욥4:17)

첫째, 선하고 죄 없는 자가 고통을 받을 리가 없다.

둘째, 고통 받는 사람은 과거에 지은 죄 때문에 보응을 받기 때문이다.

셋째, 지금 욥이 고통을 받고 있기 때문에 하나님의 눈으로 볼 때에는 분명 잘못한 것이 있다.

"나라면 하나님을 찾겠고 내 일을 하나님께 의탁하리라" (욥5:8).

하지만 이러한 엘리바스의 지적에 욥은 회개할 마음이 생기지 않았고, 고통 중에서 위로가 되지도 않았습니다. 그의 말을 다 들은 욥의 첫 마디는 이러한 그의 심정을 잘 나타내 주고 있습니다.

"이보게, 나의 슬픔과 괴로움을 저울 위에 달아볼 수만 있다면 아마 저 바다의 모래보다도 무거울 걸세, 그래서 내가 자네들 앞에서 너무나 고통스런 나머지 말이 좀 거칠게 튀어 나온 것 같네… 하지만 말이야 난 지금 불평할 수밖에 없는 상황이라는 걸 알아줬으면 좋겠네. 내 마음은 지금 마치 배고파서 우는 짐승들과 같아. 들나귀가 뜯어 먹을 풀이 있다면 어찌 소리치겠나? 소도 마찬가지로 꼴이 있는데, '음메' 하고 울겠나? 나도 마찬가지야 이 사람아!' (욥6:1~5 의역)

욥은 자신의 답답한 심경을 쏟아놓는데, 친구들은 교리로 숨을 턱턱 막고 있으니 마침내 그들을 향해서 쓴 소리를 합니다.

"다 죽어가는 친구에게, 엘리바스 자네는 그게 할 소린가? 내가 온통 잘못되었다고만 꼬집고 있으니, 하나님을 눈꼽만큼도 두려워하지 않고 마치 하나님이 하신 말씀인양 자네는 그렇게 말할 수가 있느냐 말이야? 미안하게도 자네는 시냇물처럼 믿을 수 없는 사람일세. 시냇물 한번 생각해 보라고, 겨우내 얼었다가 녹으면 강물이 불어 넘치지. 그런데 땡볕이 내리쬐면 다 말라 버리잖아. 그러면 대상隊商들이 길고 긴 사막 길을 가기 위해 물을 따로 저장해 두어야 하는데, 이걸 어쩌나 물이 있어야지. 그러니 얼마나 답답하겠나. 마실 물이 없으니 가다가 죽고 말지. 내가 그 꼴이란 말일세. 목을 축여주지는 못할망정 이럴 수가 있는가? 이러다가 나 죽겠네. 이 사람아!' (욥6:

14~18 의역)

이어서 욥은 하나님과의 의, 즉 올바른 관계를 맺으며 살아간다는 것을 강조합니다. 따라서 욥은 자신에게 필요한 것이 죄에 대한 교리를 누군가 일깨워주는 것이 아니라 아픔을 함께 나누는 것이라고 목소리를 높입니다.

"내가 뭘 잘못했는지 좀 가르쳐 주게나. 그러면 입 다물고 조용히 듣겠네. 옳은 말은 당연히 신뢰가 가지만 자네는 말이 안 되는 소리를 하고 있잖은가? 내가 고통과 절망 가운데 울부짖는데도 자네는 전혀 아랑곳하지 않는데, 그러고도 자네의 말이 내 귀에 들린다고 생각하는가? 이 시대의 사람들이 고아를 종으로 쉽게 팔아 치우듯이 나를 아예 도매금으로 죄인 취급해 버리는구면… 나는 죄인이 아니야, 지금까지 하나님과 올바른 관계를 맺고 살아가고 있어. 그래, 내가 무엇이 옳고 그런지 따위의 교리 정도를 모른다고 생각해서 나한테 죄 어쩌고 그런 얘기만 잔뜩 늘어놓는가 말이야?" (욥 6:24~30 의역)

엘리바스의 말은 결코 욥에게 위로가 되지 못했습니다. 처음부터 그는 욥의 처지에서 아픔을 함께 나누기보다 하나님을 변호하는 입장에 섰기 때문입니다.

그래도 욥의 친구들은, 악창으로 흉측한 몰골을 하고 있는 욥에게 찾아가 처음부터 온갖 말로써 욥으로 하여금 번민에 빠지도록 하지는 않았습니다. 7

일 동안은 아무런 말없이 그와 함께 울며 고통을 나누었습니다.

그런데 우리는 이런 과정 없이 곧 바로 건너뛰어 말씀을 선포하려고 합니다. 함께 진지하게 고통을 나누지 않고 던지는 말씀은 대개 하나님을 변호하는 말씀으로 당사자에게 들립니다. 하나님은 전지전능하시고 우리를 사랑하시며 보호하시기 때문에 하나님 편에서는 조금의 실수나 잘못도 있을 수 없다는 전제 하에서 문제를 나름대로 다음과 같이 진단하고 해결책을 내놓습니다.

하나님을 변호하는 사람들의 진단

- 문제의 원인은 복을 받지 못했기 때문이며 그것은 또한 자신의 죄로 인한 것이니 회개해야 한다.
- 하나님은 전지전능하기 때문에 잘못을 회개하고 기도하며 신앙생활 열심히 하면 회복시켜 주신다.
- 만일 회복되지 않더라도 하나님의 다른 뜻이 있다.
- 그러므로 우리가 해야 할 일은 믿음으로 참고 묵묵히 기다리는 것이다.

이건 누가 보더라도 경우에 합당한 말로 들립니다. 하나님 편에서는 전혀 문제가 없는 건 당연할 테고 모든 건 당사자의 문제로 돌아오니 마음이 어떻겠습니까? 위로가 되고 힘이 되고 새롭게 용기를 얻는 것이 아니라 은근히 부아가 치밀어 오릅니다. 불행한 사건을 통해서 명백하게, 믿음이 부족한 사람이며 죄인인 것이 만천하에 들통이 나버렸습니다. 그렇지 않아도 마음 한 구석에는 혹시 이 모든 고통이 내가 뭘 잘못해서 그런 게 아닐까 하고 죄의식이 머리를 들곤 하는데, 확실하게 말씀을 통해서 죄인으로 낙인찍거나 아니면 믿음이 부족한 사람으로 평가해 버리니 마음이 편치 못하고 사람들 앞에 얼굴을 들기 어렵게 됩니다. 같은 교우들을 대하는 것이 부담이 되어서 교회에 나가지 않는 경우도 많습니다.

하나님을 변호할 때 사용하는 말들은 마치 구구단을 외는 것처럼 바로 튀어나옵니다.

"하나님은 고통당하는 자와 함께 하십니다."

"회개하세요."

"모든 것 다 하나님의 뜻이에요."

"참고 기도하세요."

"지금은 고통스럽지만 훗날 복을 받게 됩니다."

"갑자기 세상을 떠났지만 천국에 간 거니까 울지 마세요. 좋은 곳에 갔잖아요."

"바울을 보세요. 온갖 어려움을 당했지만 주님만을 바라보면서 참고 '뒤에 있는 것은 잊어버리고 앞에 있는 것을 잡으려고 푯대를 향하여 그리스도 예수 안에서 하나님이 위에서 부르신 부름의 상을 위하여 좇아가노라'(빌 3:13,14)고 했잖아요. 빨리 잊어버리세요."

이런 말씀들은 시련 가운데 있는 당사자에게 어떻게 들릴까요?

"그래요 난 지금까지 그런 걸 왜 몰랐을까요. 말씀해 주셔서 감사합니다." 가 아니라 "그럼, 내가 지금 믿음이 없다는 말이야? 뭐야? 나는 그런 말씀들

을 모른다고 생각하는 거야? 그런 거야?' 말씀을 듣는 순간 은근히 자존심이
상하고 그래서 의기소침해집니다.

우리 주위에는 이처럼 하나님을 변호하는 사람들이 많습니다. 그래서 "즐
거워하는 자들과 함께 즐거워하고 우는 자들과 함께 울라(롬12:15)."고 했지
만 우는 자가 위로받기 보다는 공개적으로 망신을 당한다고 느끼는 경우가
많습니다. 구역의 식구 중에서 분명 허리에 질병으로 인해서 고통을 느끼는
어떤 집사님이 계셨는데, 그분은 한사코 아무렇지 않다고 얘기합니다. 아픈
게 분명한데도 괜찮다는 겁니다. 드러내 놓고 얘기 해 봐야 좋을 게 없다는
판단에서 입을 다물어 버립니다. 계속 아프다고 하면 믿음 없는 사람이요,
기도하지 않는 사람으로 비쳐진다고 생각하기 때문입니다.

하나님을 변호하는 사람은 자신이 하나님을 대신해서 믿음의 수호자가
되기를 원합니다. 어떤 사람이 뜻한 대로 일이 풀리지 않아서 의기소침해 있
다면 이는 하나님의 편에서 볼 때 결코 바람직한 모습이 아닌 것으로 판단을
내립니다. 그 사람에게 있어서 가장 바람직한 모습이 무엇인지를 생각해서
일러주고 고치도록 하는 것이 곧 하나님의 일이라고 생각합니다.

그들의 권면은 모두 틀린 말이 아닙니다. 문제는 신앙을 북돋우는 것 같
지만 사실은 당사자의 느낌을 무시하는 결과를 초래한다는 데에 있습니다.
당사자가 느끼고 괴로워하는 것은 아무런 가치가 없는 것으로 여기도록 은
연중에 강요합니다. 물론 상대방을 무시하고자 하는 의도로 말한 것은 아니
지만 감정을 있는 그대로 느끼는 것이 결과적으로 믿음 없는 것으로 되어 죄

책감을 심어 줍니다. 그러다 보니 감정을 부정하고 드러내지 않아야 교회 안에서 믿음 좋은 사람인 것으로 행세할 수 있습니다. 훌륭한 그리스도인은 내면의 감정을 부인해야 하는 것으로 잘못 인식시킵니다.

하나님은 우리에게 상황에 따라 희로애락을 느끼게 하셨지만 이를 부정함으로써 항상 경직되고 엄격한 태도를 취하게 됩니다. 어려운 상황에서 약한 모습을 보이지 않음으로 해서 잠시 신령한 사람으로 비쳐질 수는 있을런지 모르지만 이것이 만성이 되면 더 큰 문제를 초래합니다. 하나님은 때로 고통을 통해서 더 깊은 신앙의 세계로 이끌고자 하는데, 이것을 사전에 차단시켜 버리는 우를 범하는 것입니다.

하나님을 변호하는 사람들이 흔히 쓰는 상투적인 표현들

"울면 안돼"
- 강해야 돼요. 울지 마세요.
- 애들 앞에서 약한 모습 보이면 안돼요.
- 다른 사람들도 툭툭 털고 일어서는데 뭘, 당신도 할 수 있어요.
- 믿음으로 일어서야 되요.
- 평신도도 아니고 집사님이 이러시면 안되죠.

"빨리 잊어 버려요"
- 이미 엎어진 물인데요 뭘 빨리 잊어버리세요.
- 시간이 해결해 줄 거예요. 이제 곧 괜찮아질 거예요.
- 아직 젊잖아요, 지난일 잊어버리고 얼마든지 새롭게 출발할 수 있어요.

- 인생사 새옹지마에요. 나쁜 일 있으면 좋은 일도 있는 법이지요.
- 이미 지난 일인데 자꾸만 집착하지 마세요.

"믿음을 가져야 돼!"
- 주님을 그 동안 가까이 하지 않았기 때문이에요, 그러니 마귀가 가만두겠어요? 그래서 어려운 일 생기는 거예요!
- 지금까지 지은 죄를 이번 기회에 모두 회개하세요.
- 잃은 것만 생각하지 말고 그 동안 주신 복을 세어 보세요.
- 기도해야지 왜 탄식하고 절망하세요? 오늘부터 철야기도 하세요.
- 지금은 어렵지만 이건 분명 축복이에요.

"모두 하나님의 뜻이야!"
- 우리가 감당할 시험밖에는 허락하지 않는다고 하셨잖아요. 이겨야 합니다.
- 하나님의 뜻이니 감사하세요.
- 하나님이 필요해서 천국으로 데려 가신 거예요. 지금쯤 천국에서 행복하게 지낼 거예요.
- 하나님이 이 모든 일에 합력해서 선하게 해주십니다.
- 하나님이 앞으로 큰 복을 주시려고 연단하시는 거예요.

"그 정도 가지고 뭘 그래"
- 자네 심정 나도 다 알아.
- 주위를 한 번 돌아봐 당신보다 훨씬 더 어려운 사람들이 많아. 그까짓 일로 뭘 울고불고 그래?
- 아직 나이가 있으니 자식 하나 더 낳으면 되잖아.
- 나는 옛날 너 보다 더 했어 이건 거기 비하면 아무것도 아니야.
- 사고 나서 다친 것 가지고 뭘 그래 죽은 사람도 있는데.

6. 하나님을 사랑하는 만큼
분노가 깊어지는 이유

하나님을 향하여 분노하는 사람들의 이야기를 들으면서 한편으로 공감하면서도 마음 한 구석에는 왠지 마음이 개운치 않습니다. 하나님과의 관계가 사랑으로 계속 이어져야지, 뜻하지 않는 어떤 일을 당했다고 해서 미워하고 분노가 치밀어 오르고 관계가 깨어질 위기가 닥친다는 사실 때문입니다.

사랑하는 사람과의 관계가 깨어질 때 파경이라는 말로 표현합니다. 뜻을 그대로 풀이한다면 깨뜨릴 파破 거울 경鏡, 즉 거울을 깨뜨리는 것입니다. 두 사람 사이의 아름다운 이미지가 산산조각이 나서 다시 원상태로 복구하기 어려울 때 사용합니다. 그럴 때 두 사람은 흔히들 이렇게 중얼거립니다.

"한 때는 너무나 사랑한 나머지 죽고 못 사는 관계였는데 우리가 어떡하다가 이 지경이 되었지?"

지난 날을 뒤돌아보면서 곰곰이 생각해 보지만 여러 가지 얽힌 것 때문에 실마리를 찾기가 쉽지 않습니다. 원인을 찾는다고 해도 그 동안 서로 간에 주고받은 상처로 인해서 관계를 원점으로 되돌리기가 쉽지 않습니다. 차라리 헤어져서 각자 새로운 길을 찾는 것이 좋겠다고 생각하고 발길을 돌리는 경우가 많습니다. 아무리 이해되지 않고 섭섭하게 느껴진다고 하더라도 하나님과의 관계에 있어서 제각기 갈 길을 간다는 것은 신앙인으로서 심각한 문제가 아닐 수 없습니다. 어떤 경우에도 결코 그런 결과에 이르지 않도록 사전에 주의를 기울여야 합니다. 그렇다면 하나님과의 관계에 있어서 파국으로 치닫게 되는 근본적인 원인은 과연 무엇일까요? 여러 가지 다양한 상황에서 분노하게 되지만 근본적인 문제는 단 하나, 즉 사랑의 문제로 귀결됩니다.

사랑과 분노는 괘종시계와 같다

어릴 때의 기억으로 시골 안방 벽에는 커다란 괘종시계가 걸려 있었습니다. 미국의 동요작가 H. C. Work의 '나의 할아버지 시계' My Grandfather's Clock 라는 노래가 나온 이후로 미국사람들은 괘종을 가리켜 할아버지 시계라고 부른다고 하는데, 나의 경우에는 어머니 시계라고 하는 것이 더 적절한 표현입니다.

어머니는 시집와서 예수를 영접한 이후로 줄곧 교회의 새벽종을 치며 기도하는 것을 사명으로 알고 묵묵히 감당해 나왔습니다. 시계가 귀하던 시절 새벽종소리는 동리에서 새벽을 깨우고 하루의 시작을 알리는, 신뢰할 수 있는 정확한 방송시보와도 같았습니다. 새벽종 치는 시간이 일정하지 않으면 하나님께는 물론이요 마을 사람들에게도 교회가 신뢰를 잃을 수 있는 문제입니다. 시간의 오차가 생기지 않도록 하기 위해서 교회에서는 시계를 새로

구입하면, 예배당 뒤편에 걸려 있던 시계가 고가高價로서 가장 정확하고 고장이 나지 않는다고 보고 종치는 사역을 위해서 우리 집 안방에 걸어 주었습니다.

부주의로 시계가 조금 기울기라도 하면 멎어 버리기 때문에 아예 그 근처에 접근하면 안 되는 것으로 알고 있었습니다. 내가 태어나기 이전부터 시계는 언제나 그곳에 걸려 있었기 때문에 왠지 신성하게 여겨졌습니다.

어쩌다 시계가 멈춘 날이면 어머니는 새벽종 시간을 놓칠까봐 아무리 추운 겨울이라도 아랑곳하지 않고 담요를 들고 초저녁에 교회에 나가서 기도하며 밤을 지새우셨습니다. 잠이 들면 시간을 놓치기 때문에 종각 밑에서 여름에는 모기랑, 겨울에는 추위와 싸우면서 새벽 별을 바라보며 시간을 가늠해가며 새벽이 밝아올 때까지 그렇게 보내셨습니다. 일찍 교회에 가실 때 마다 왜 두툼한 옷이랑 이불 보따리를 들고 가시는지 그 이유를 철이 들고 난 다음에 비로소 알게 되었습니다.

디지털 시대를 살아가는 지금에 와서 돌이켜 보면 참으로 미련하게 들립니다. 요즘에는 새벽종 치는 일도 없을 뿐더러 있다손 치더라도 몇 번의 조작으로 수고하지 않고 기계가 알아서 정확한 알람 시간도 예약할 수가 있고 원한다면 얼마든지 제시간에 화려한 음색의 종을 칠 수 있는 시대가 되었기 때문입니다.

그런데 어느 날 시계가 멎는 일이 벌어졌습니다. 이는 국가적으로 대한민국의 자랑인 반도체 공장이나 조선 공장이 멈추는 것 보다 더 큰일이었습니다. 어김없이 화살은 나에게로 돌아왔습니다. 지금 생각해보면 나로서는 억울하게 생각되는 부분이 없지 않습니다. 사실 그 시계는 내가 태어나기 전부터 걸려 있었고, 그 전부터 가다 서다를 반복했기 때문에 수명이 다 되었지 않았을까 짐작이 가는데 그럼에도 내가 전적으로 다 뒤집어 쓴 면이 없지 않았기 때문입니다. 하지만 공교롭게도 내가 어떻게 하다가 건드리면서 일어난 사태이기 때문에 당시로서는 달리 뭐라고 할 말도 없고 야단을 맞을 수밖에 없었습니다.

시계태엽을 돌리고 몇 번이고 바로 세워도 보지만 시계는 며칠째 감감 무소식입니다. 그럴 때 마다 나는 속이 탔습니다. 생각다 못해 주일이 돌아오고 부모님 모두 예배드리러 간 사이에 나는 드디어 시계를 고쳐 보리라 마음먹었습니다. 시계, 그까짓 것 뭐 겉으로 보이는 거라곤 시침, 분침밖에 없었기 때문입니다. 예배가 끝나고 어른들이 돌아오기 전까지 충분하게 수리할 수 있을 거라고 생각했습니다.

부모님이 돌아와서 시계가 정상적으로 작동하는 것을 보면 얼마나 흐뭇해하실까 생각하며 흥분을 가라앉히고 시침 분침을 차례로 하나씩 뜯어냈습니다. 이렇게 쉬운 일인데 진작 해 볼 걸 하며 뚜껑을 열어 보니 겉으로 보이는 것과는 달리 수많은 톱니바퀴가 맞물려 있었습니다. "와, 거참 복잡하네" 하고 생각하는 순간, 감아두었던 태엽이 확 풀리면서 톱니바퀴는 방안으로, 마당으로 사방에 튕겨 나가버렸습니다.

우선 태엽을 주워다가 끼워보려고 애썼지만 용수철이 얼마나 억센지 어린 나로서는 도저히 역부족이었습니다. 그 외에 톱니바퀴도 어디로 다 흩어져 버렸는지 더러 주워보았지만, 어디에 뭘 끼워야 하는지 통 뒷수습이 되지 않았습니다. "시간은 자꾸 흐르고 이러다 어른들이 돌아오시면 안 되는데…", 하고 중얼거리면서 조급한 마음에 다시 있는 힘껏 하나씩 부품을 끼워 넣으려고 씨름하다가 지쳐서 그만 잠이 들어 버렸습니다. 나중에 깨어나보니 어머님이 나의 얼굴에, 당시에 만병통치약으로 통했던 뻘건 물약을 바르고 계셨습니다. 일어나 거울을 보니 눈두덩이 긁히고 부어있었습니다. 부품들이 튕겨 나가면서 얼굴을 친 것입니다.

사랑과 분노의 복잡한 메커니즘

괘종의 겉모습처럼 사랑과 분노는 얼핏 보면 매우 단순합니다. 하지만 속을 들여다보면 단순한 감정의 상태가 아니라 여러 가지 복잡 미묘한 원인과 결과가 맞물려 분노로 이어집니다. 마치 서로 정교하게 맞물려 돌아가는 톱니바퀴처럼 사랑과 분노 안에는 복잡한 메커니즘이 있습니다. 그 속으로 들어가 보면, 왜 사랑이 분노로 바뀌게 되는지 이해할 수 있습니다.

사랑과 분노는 동전의 양면처럼 서로 하나를 이루고 있습니다. 사랑과 분노는 그 의미가 정반대이기 때문에 전혀 상관없는 별개의 것으로 생각하기 쉽습니다. 하지만 이 둘은 언제나 함께 하기 때문에 사랑은 엄밀히 따진다면 애증愛憎의 상태를 가리킵니다. 상황에 따라서 사랑과 미움이 번갈아 나타납니다. 사랑이 깊어질수록 자신도 모르는 사이에 그 이면에 분노도 강하게 자리 잡고 있다가 사랑의 조건이 충족되지 않을 때 순식간에 폭발하며 나타납니다. 갑작스레 어려움을 당하게 될 때, 과연 하나님이 자신을 사랑하는지 의심이 들게 되면서 분통을 터트립니다.

하나님의 사랑에도 분노가 함께 있습니다.
"하나님은 의로우신 재판장이심이여 매일 분노하시는 하나님이시로다." (시7:11). 그리하여 시편기자는,
"여호와여 주의 노하심으로 나를 책망하지 마시고 주의 분노하심으로 나를 징계하지 마소서" (시38:1) 라고 간청하고 있습니다. 이사야 선지자도 마찬가지로 하나님의 분노 가운데 자비를 구합니다.
"여호와여, 너무 분노하지 마시오며 죄악을 영원히 기억하지 마시옵소서. 구하오니 보시옵소서 보시옵소서 우리는 다 주의 백성이니이다." (사64:9)
하나님이 분노하지만 다른 한편의 사랑으로 인해서 우리로 하여금 그의 품으로 돌아가게 합니다. 하지만 반대로 하나님을 향한 인간의 분노는 그것이 해소되지 않고 깊어질수록 하나님과의 관계에 위기가 올 수 있다는 데에 문제의 심각성이 있습니다.

분노는 사랑의 한 과정입니다. 서로를 향하여 단순히 좋아하는 감정에서 끝나지 않고 그 다음 기대의 단계로 나아갑니다. 시간이 흐를수록 사랑하는

만큼 기대 수준이 높아집니다. 기대한 대로 상대방이 채워주면 만족하지만 그렇지 못하면 실망하기 시작합니다. 우리는 하루를 살면서도 하나부터 열까지 기대하는 바가 얼마나 많은지 모릅니다. 사소한 것에서부터 자신이 스스로 생각하기에 중요하다고 여기는 것까지 우리의 욕심은 끝이 없습니다. 하나님은 우리의 생각대로 행하는 로봇이 아니기 때문에 하나님과의 관계에서 실망은 많을 수밖에 없습니다.

"여호와의 말씀에 내 생각은 너희 생각과 다르며 내 길은 너희 길과 달라서 하늘이 땅보다 높음 같이 내 길은 너희 길보다 높으며 내 생각은 너희 생각보다 높으니라."(이사야55:8)

실망은 분노로 이어지고 자신의 기대했던 것에 미치지 못할수록 분노는 더욱 더 깊어집니다. 따라서 하나님을 사랑하기 때문에 우리의 마음 속에는 언제든지 분노가 자리할 수 있다는 사실을 염두에 두어야 합니다.

"예수 믿으면 구원받고 축복을 받습니다."
"어렵고 힘들 때에는 기도하세요. 응답해 주십니다."
신앙생활을 처음 시작할 때 이러한 말들을 많이 듣게 되면서, 내가 기도하며 열심히 신앙생활하면 자신이 마음먹은 대로 일이 척척 잘 풀려나가게 될 것으로 기대합니다. 새해가 시작되면 새롭게 기대하면서 새벽기도회도 참석하고 금식도 해 보고 열심을 내어 봅니다. 그 결과는 어떻습니까? 기대한 대로 이뤄주셨다고 감사하며 간증하는 사람들도 있지만 시큰둥한 반응을 보이는 경우도 있습니다. "졸린 눈 비벼가며 새벽기도회에도 열심히 참석해서 기도도 해봤고 철야기도, 금식기도 다 해 봤어요. 하지만 아무 소용도 없는걸 뭐."

미스 코리아가 되고 싶어서 기도했는데 안됐다거나, 기도하며 일류대학을 바라보았는데 떨어진 경우에는 자신의 소원을 이루지 못한 것이 하나님의 섭리와 도우심 외에 다른 요인이 더 있다고 스스로 충분히 생각할 수 있습니다. 하지만 갑작스런 사건 사고로 죽음에 이르게 된 경우에는 이야기가 달라집니다. 하나님이 당연히 인도하고 보호해 주어야지 왜 죽도록 내버려두었느냐는 생각이 들면서 우리는 하나님에 대하여 크게 분노하게 됩니다.

선악과를 따먹은 이후에 인간의 사랑은 지식의 차원이 되어 버렸습니다. 최초의 인간에게 하나님께서 금지한 내용이 "나쁜 짓 하지 말라"든가, "다른 신을 섬기지 말라"로 시작되는 십계명처럼 우리가 생각하기에 익숙하게 느껴지는 계율이 아니라 왜 하필이면 선악과일까요?

선악과善惡果는 글자 그대로 선과 악이 무엇인지 알게하는 나무(The tree that gives knowledge of what is good and what is bad)입니다. 그러한 지식을 얻는 것이 왜 그토록 문제가 되는 걸까요? 오늘날 우리는 지식을 얻기 위해서 아이들은 어릴 때부터 밤늦도록 공부에 매달리고 이를 감당하느라 부모들은 험한 일, 궂은 일 가리지 않고 합니다. 이 때문에 엄마는 노래방 도우미도 마다하지 않고, 기러기 아빠가 되는 것도 기꺼이 감수하는 세상이 되었습니다.

지식에 따라서 우열이 나눠지고 신분과 경제력도 차이가 납니다. 그렇다면 선과 악에 대한 지식을 얻는 것도 마찬가지로 뭐가 나쁘냐고 고개를 갸우뚱할 만도 한데, 여기에 대해서 우리는 별로 이의를 제기하지 않습니다. 선악과라고 하면, 더 이상 깊이 생각하지 않고 먹어서는 안 되는 금단의 열매로써 이를 구원의 문제로만 연관 지어서 생각하기 때문입니다.

선악과의 의미는 어디로 가버리고 없고 단지 왜 먹었느냐, 왜 불순종했느냐 하는 것만 문제 삼습니다. 불순종으로 인해서 선악과를 범했고 그것이 단지 구원에만 문제가 된다면 그냥 어떤 금단의 열매라고 하지, 선악을 알게 하는 나무라고 따로 이름을 붙일 이유가 없습니다.

선악과를 먹고 타락한 이후로 지식이 하나님과의 관계에 있어서 문제가 된다는 것을 우리는 간과하고 있습니다. 하나의 상징으로서 그것을 먹지 말라고 한 것은, 하나님과의 관계가 지식의 차원으로 떨어지는 것을 원치 않으셨기 때문입니다.

지식은 서로 간에 거리감을 느끼게 합니다. 우리는 선악과의 영향으로 지식에 근거해서 생각하고 판단하는데 익숙하기 때문에 상대방에 대한 지식이 많아야 더 사랑할 수 있다고 생각합니다. 하지만 서로에 대해서 알면 알수록 주체主體인 인간 자신과 객체客體인 하나님 사이가 뚜렷이 구분이 되고 전혀 본질이 다른 이질적인 존재임을 확인하게 됩니다. 그로 인해 결코 하나가 될 수 없다는 것을 또한 느끼게 될 따름입니다. 일이 잘 풀릴 때에는 가까이 계신 것 같다가도 이해할 수 없는 일을 당하면 한 없이 멀게만 느껴집니다.

지식의 세계에서 본다면 하나님은 언제나 나와 떨어져 계시기 때문에 항상 하나님을 향하여 나아가야 합니다. 아무리 믿음의 열정을 갖고 있어도 거리감을 완전히 제거할 수 없습니다. 힘껏 노력해서 나아가도 하나님은 여전히 어딘가에 멀찌감치 떨어져 계시는 분으로 느껴집니다. 이 때문에 마치 무지개를 찾아 가는 것처럼 아무리 노력해도 끝도 없고 피곤하고 때로는 오해로 말미암아 실망과 분노가 일어납니다.

하지만 예수님이 오셔서 구원의 역사를 이룬 후에는 지식의 독초로부터 우리를 회복시켜 주셨습니다. 이제는 막연히 어느 곳에 계시는 하나님을 향하여 내가 나아가는 것이 아니라 나에게 찾아오신 주님을 모셔 들이게 했습니다.

"볼지어다. 내가 문 밖에 서서 두드리노니 누구든지 내 음성을 듣고 문을 열면 내가 그에게로 들어가 그와 더불어 먹고 그는 나와 더불어 먹으리라." (계3:20)

예수님의 구원은 단순히 '예수 믿고 천당'이라는 교리의 문제에서 그치는 것이 아니라 선악과로 인한 지식의 차원에서 진정한 사랑의 차원으로의 회복을 의미합니다. 예수님의 포도나무 비유는(요15장) 지식에서 회복된 하나님과 우리의 관계를 나타내고 있습니다. 비록 우리가 이 땅에 살고 있지만, 포도나무와 그 줄기처럼 '그가 내 안에, 내가 그 안에' 거하는 신비한 사랑의 세계로 다시 돌아가는 것을 뜻합니다.

하나님과 나누는 인간의 사랑은 불안정합니다. 어제나 오늘이나 영원토록 동일하신 하나님의 사랑은 변함이 없지만, 인간의 사랑은 잘 변합니다. 사랑하다가도 금세 토라지고 삐치고 미워합니다. 사랑의 대상이 하나님일 때에는 절대로 변하지 않을 것 같지만 실상은 그렇지 않습니다. 아주 먼 옛날부터 이 세상을 창조하고 지금까지 줄곧 사랑으로 섭리해 오신 것과, 하나님의 말씀은 변함이 없고 오류가 없다는 지식을 우리가 갖고 있기 때문에 하나님을 향한 우리의 사랑이 흔들리지 않을 거라고 생각합니다. 더군다나 열심히 신앙 생활하는 사람이라면 하나님을 향한 사랑의 확신은 아주 강합니다. 하지만 사랑의 대상이신 하나님은 우리의 눈에 보이지 않고 손에 잡히지 않으며 우리를 향한 하나님의 섭리를 다 헤아리지 못하는 한계가 있기 때문에 우리는 하나님과 불안정한 사랑을 하고 있는 것입니다. 이 모든 사랑의 한계를 믿음으로 메워 나가야 하는 신앙의 어려움이 우리 앞에 놓여 있습니다. 자신의 생각대로 일이 풀려지면 기뻐하고 그렇지 않으면 하나님을 향하여 분노하게 됩니다.

사랑은 단지 하나의 관념이 아니라 에너지를 지니고 있습니다. 사랑이 깊어질수록 에너지는 더욱 더 강렬해져서 구체적인 사랑의 행동으로 이어지게 합니다. "하나님이 세상을 이처럼 사랑하사" 너무나 사랑하시기 때문에 구원을 행하셨습니다. 사랑으로 인하여 천지만물을 창조하시고, 독생자 예수 그리스도를 보내어 십자가의 고난을 통하여 우리를 구원하셨습니다.

사랑이 분노로 바뀔 때에도 마찬가지로 그 속에 에너지가 있습니다. 예루살렘 성전에 들어가신 예수님은 그 안에서 행해지는 갖가지 모습들을 지켜

보고는 크게 분노하셨습니다. 순수하게 경배 드리는 장소로서의 성전의 순수성을 잃어버리고 인간의 욕심과 편의주의에 따라 상행위를 일삼는 장소로 전락한 것을 보시고 채찍을 들어 성전을 정화해 나가셨습니다. 이처럼 의로운 분노일 때에는 그 에너지가 사태를 올바른 방향으로 바로잡는데 쓰입니다. 하지만 우리가 사사로이 분노함으로 인해서 생기는 에너지는 부정적인 결과를 낳게 됩니다.

이 사실을 간과하고 사랑을 관념적으로만 이해하는 그리스도인들이 많습니다. 실망스런 사건을 당하여 분노가 일어나는데도 머릿속으로 이해하면 모든 것이 다 해결되는 것으로 믿고 말합니다. 하지만 아무리 신앙으로 이해하고 용서해도 마음속에 분노로 인해서 생긴 부정적인 에너지가 남아 있기 때문에 이를 올바른 방향으로 해소시켜 주지 않으면 여러 가지 문제를 일으키게 됩니다.

서로 사랑하는 관계에서 분노하는 상황이 벌어져도 관계를 유지시켜주는 것은 서로에 대한 깊은 신뢰를 바탕으로 하는 서약commitment입니다. 그러므로 사랑에 있어서 문제가 되는 것은 분노의 감정이 아니라 서약입니다. 관계가 유지되지 않고 깨어지는 것은 어느 한쪽이 화를 내기 때문이 아니라 서로에 대한 서약이 흔들리기 때문입니다. 굳게 서로 서약한 관계라면 일시적인 분노의 감정은 문제가 되지 않습니다. 따라서 이를 두려워하거나 회피할 필요가 없습니다. 얼마든지 함께 풀어나갈 수 있기 때문입니다.

7. 하나님이 분노의 대상이 되기까지의 과정
- 기도의 사람 엘리야는 왜 죽고 싶다고 했는가? -

신앙인으로서 우리는 항상 기도에 힘써야 된다고 알고 있습니다.

"모든 기도와 간구로 하되 무시로 성령 안에서 기도하고 이를 위하여 깨어 구하기를 항상 힘쓰며 여러 성도를 위하여 구하고"(엡6:18)

신앙생활에 있어서 기도가 무엇보다도 중요하기 때문에 기도해야 한다는 생각은 많이 하면서도 기도할수록 하나님이 미워질 수도 있다는 점에 대해서는 미처 생각하지 못하는 경우가 많습니다.

우리는 대개 기도를 열심히 할수록 응답을 많이 받고 그로 인해서 하나님을 깊이 사랑하게 되고 친밀한 관계로 이어질 것이라고 생각합니다. 그런데 기도를 많이 할수록 도리어 하나님을 원망하고 마음속에 분노가 쌓이게 된다고 한다면 대개 놀랄 것입니다. 만일 기도에 열심인 분이 이런 이야기를 듣게 된다면 놀라서 펄쩍 뛸 것입니다.

"아니, 기도 많이 하는 것이 문제가 된다면 그럴 바에야 무엇 때문에 기도합니까?"

엘리야처럼 기도에 열심일수록, 기도를 통해서 많은 응답을 받고 큰 역사를 경험한 사람일수록, 마음 깊숙한 곳에서 하나님에 대한 원망과 미움이 자리 잡을 가능성이 높습니다. 그 이유는 뭘까요? 기도의 사람 엘리야를 통해서 하나님을 향한 마음이 차츰 바뀌어 원망으로 이어지는 과정을 살펴보고자 합니다.

하나님에 대한 분노는 어느 순간 갑자기 일어나는 경우도 있지만 서서히 진행되기도 합니다. 그러한 경우에는 대개 네 가지 과정을 거칩니다. 마음의 변화가 한 순간에 일어날 때에는 우리가 쉽게 알아챌 수 있지만 조금씩 진행될 때에는 잘 의식하지 못합니다.

기대감　/　실망감　/　배신감　/　고독감

이스라엘 사람들에게 있어서 엘리야는 신앙의 위대한 인물입니다. 구약에서 가장 위대한 인물로 모세와 함께 쌍벽을 이루고 있습니다. 모세는 이스라엘 민족이 출애굽 할 때 선두에 선 지도자요, 율법을 백성들에게 전한 사람이라면, 엘리야는 예언자의 대표적인 상징입니다. 예수님이 변화산에 올라갔을 때 구약을 대표하는 이 두 사람이 나타나 함께 대화를 나눴다는 기록에서 그가 차지하는 비중을 알 수 있습니다. (마17:1~13, 막9:2~8, 눅9:28~36)

그는 기도의 능력을 이야기할 때 상징적으로 언급되는 대표적인 인물입니다.

"엘리야는 우리와 성정이 같은 사람이로되 그가 비가 오지 않기를 간절히 기도한즉 삼 년 육 개월 동안 땅에 비가 오지 아니하고 다시 기도하니 하늘이 비를 주고 땅이 열매를 맺었느니라."(약5:17~18)

그가 단신單身으로 우상신 바알을 섬기는 선지자 450명과 일전을 벌여 이긴 후에 이들을 모두 쓸어버린 것과, 그의 기도로 하늘에서 불이 내려 하나님만이 참 신임을 증명한 사건(왕상18:1~40), 이스라엘 역사상 가장 악행을 행하는 아합 왕(왕상16:30)을 두려워하지 않고 담대하게 대적한 점(왕상18:15~19), 사르밧 과부의 아들을 살린 것(왕상17:8~24) 등 영적으로 탁월한 능력의 대표적인 인물로 성경에 묘사되어 있습니다.

예수님이 십자가 상에서 고통 가운데 부르짖을 때에도 "엘리야가 와서 구원하나 보자"라며 군중들이 빈정대면서 엘리야의 이름을 거명했습니다. (마27:49) 그들의 마음속에 엘리야는 위대한 기적의 대명사로 각인되어 있었기 때문입니다. 다른 선지자들과 달리 그에 대해선 자세한 배경이 나와 있지 않습니다. 단지 "디셉사람 엘리야"(왕상17:1)라고만 기록되어 있어서 사람들은 더욱더 그에 대해서 신비감을 가졌던 것 같습니다.

누구든지 엘리야가 행한 일들을 하나씩 되짚어 본다면, 그는 차돌같이 단단한 사람일 거라는 생각을 저절로 갖게 됩니다. 어떤 일이 있어도 마음이 흔들리지 않고, 누구를 대하든지 흔들림 없이 초지일관하는 사람으로 비칩니다. 하지만 많은 사람들이 떠올리는 강직한 이미지와는 달리 정서상의 기복이 심한 것을 성경에서 확인할 수 있습니다. 때로는 죽고 싶다고 말할 정도로 너무나 감정의 낙차 폭이 큰 것을 볼 수 있습니다. "여호와여 넉넉하오니 내 생명을 거두시옵소서."(왕상19:4)

 기도의 사람으로서 누구보다도 하나님의 능력을 크게 체험했던 그가 왜 이토록 마음이 흔들리며 마침내 하나님을 향하여 부정적인 감정을 토로하는 단계까지 이르게 되었을까요?

기대감

 엘리야에게 있어서 갈멜산의 사건은 하나님에 대한 기대감을 갖기에 충분한 요소를 갖고 있습니다. 갈멜산을 배경으로 일어난 놀라운 사건은 어린이 주일학교 시절에 빠짐없이 등장하는 이야기 소재입니다. 서로 대결하는 선과 악의 갈등구조, 하늘에서 불이 내려야 이기는 절체절명의 위기상황, 마침내 제물에 불이 떨어짐으로써 클라이맥스에 도달하고 이어 바알신을 섬기는 제사장들을 섬멸하는 결말에 이르기까지 드라마의 각 요소들이 잘 짜여진 구조 속에서 팽팽한 긴장 가운데 진행됩니다. 하나의 이야기로서는 완벽한 구조에 흥미요소가 곁들여 집니다. 이처럼 이야기를 전해 듣는 입장에서도 흥미진진한데 직접 참여하는 엘리야의 입장에서는 얼마나 박진감이 넘치는 사건이었는지 우리는 어렵지 않게 짐작할 수 있습니다.

 물론 기적을 행한 것으로 친다면 갈멜산에 오르기 이전에도 사람들의 관심을 끌기에 충분히 놀라운 사건들이 있었습니다. 홀로 지내는 사르밧 여인의 죽은 아들을 살린 적도 있었습니다. 하지만 그보다 엘리야의 마음을 더욱더 기대감으로 부풀어 오르게 한 것은 갈멜산의 사건입니다. 이것은 단순히한 가정이 흥분하고 기뻐하는 것으로 그치는 사건이 아니라, 예언자로서 이스라엘을 새롭게 하는 중대한 문제를 풀어가는 신호탄으로 당시의 모든 사람들에게 비쳐질 수 있기 때문입니다.

어느 신이 참인지 진위를 가리는 시험방식에 백성들이 모두 동의하였다는 것을 볼 때(왕상18:24), 양쪽 모두 응답을 기대할 만한 나름대로의 확신이있었다고 봅니다. 엘리야 측에서는 당연히 하나님이 불을 내려 주실 것으로믿었을 것이고, 상대방도 마찬가지로 그들이 믿고 떠받드는 바알이 태양신이기 때문에 이글거리는 태양의 불덩이로부터 최소한 작은 불똥 하나쯤 떨어뜨려 주는 정도는 충분히 가능하다고 보았을 것입니다.

우리가 엘리야의 입장에서 현장으로 돌아가 직접 참여해 본다면, 그가 어떻게 하나님에 대해서 기대감을 갖게 되었는지 더욱더 생생하게 느낄 수 있을 것입니다. 이제 갈멜산 정상에서, 우상을 섬기는 수백 명의 선지자들과 대결하는 장면을 떠올려 봅니다. 하늘에서 하나님이 주신 불이 내려와 제물을태워버리면 "상황 끝!"입니다. 하지만 혹시나 그런 일이 일어나지 않으면 어쩌나 하는 조마조마하고 불안한 마음이 없지 않았을 것입니다. 엘리야의 입장에서는 하나님의 응답에 대한 확신도 있지만, 한편으로 볼 때 두려움이 앞설 수도 있는 상황입니다. 우선 상대방은 제사장을 비롯해서 바알을 섬기는 자들이 다 모였습니다. 수적으로도 비교가 안 됩니다. 상대방은 바알선지자들만 해도 450명입니다. 또한 상대의 배후에는 아합 왕과 왕비 이세벨이라는 실세가 버티고 있습니다. 엘리야는 오랜 기간 동안 도피하면서 궁색하게 지냈지만 그들은 막강한 최고 권력자의 비호 아래 호의호식하며 생활하던 사람들인데 지금 그들과 목숨을 건 일전을 치러야 합니다. 그리고 엘리야는 따지고 보면 예언자이지 제사장이 아니었습니다. 이전에 전혀 제사와 관련된 직무를 수행한 적이 없었습니다. 제사장이라고 하더라도 혼자 그 일을 감당하는 것이 아니라 레위인들의 도움을 받는데 엘리야는 그러한 보조자도 없었습니다. 갈멜산은 회막도 성전도 없었고 양쪽이 모이기로 지정한 곳도 특별히 성별된 장소가 아닙니다. 따라서 그곳에서는 불이 내린 적이 한 번도 없었습니다.

그런데 놀랍게도 기다리던 불이 하늘에서 내렸습니다. 그는 여러 가지 미사여구로 기도하지 않았고 중언부언하지도 않았습니다. (왕상18:36~37) 바알의 종교처럼 광적으로 날뛰지도 않았습니다.(26~28) 이에 현장에 모여든 군중들은 일제히 "여호와 그는 하나님이시로다!"(39)라고 외치며 하나님을 인정했습니다. 그들을 모두 멸하라는 엘리야의 말이 떨어지는 즉시 모두 합세해서 바알 선지자들을 붙잡아 엘리야에게 넘겼습니다. 뿐만 아니라 그날 엘리야의 기도로 3년 반 동안의 오랜 가뭄에서 해갈되었습니다. 일이 이쯤 진행되면 나름대로 기대감이 생기는 것은 당연합니다.

"전국이 가뭄으로 오랫동안 타들어 가는 상황에서 비를 내렸으니 이는 과거에 요셉과 버금가는 업적으로서 아합 왕과 왕비 이세벨 모두 자신을 인정하며, 요셉처럼 총리대신으로 앉히지 않을까? 아직도 귀에는 수많은 백성들의 환호소리가 귓가에 쟁쟁한대 이제 가는 곳 마다 왕에 버금가는, 아니 그이상의 존재로 환대하지 않을까?'

이와 같은 인간적인 생각보다도, "왕을 비롯해서 모든 백성들이 이제는 우상을 버리고 하나님 품으로 돌아올 거야. 바알과 아세라 신을 믿는 잔당들을 모두 몰아내고 거국적인 영적 대각성운동이 벌어지겠지. 이제 곧 왕을 비롯해서 모든 관리들, 아이 어른 할 것 없이 회개운동을 벌이게 될 거야. 지금까지 죽을 고생을 했지만 사태가 급반전하니 그런 고생쯤이야 아무 것도 아니지. 무엇보다도 하나님이 기도에 응답하시고 갈멜산에서 놀라운 승리를 이끌어 주셨기 때문에 앞으로도 내가 생각했던 대로 일을 척척 진행시켜 나갈 것이 분명해!'

엄청난 사건 배후에 하나님이 계셨기 때문에 그것으로 모든 일이 흐지부지될 거라는 생각은 아무도 하지 않을 것입니다. 하나님이 큰 일을 시작하셨으니 그 여세를 몰아 눈에 확연히 드러나는 결과를 기대하는 것은 당연합니다.

실망감

우리는 하나님을 전능하신 분으로 알고 있습니다. 인간이 문제를 처리하는 능력을 도스Dos 시절의 컴퓨터에다 비교한다면 하나님은 최신, 아니 슈퍼컴퓨터 그 이상이라는 생각을 누구나 갖게 됩니다. 능력과 지혜가 뛰어나신 분이기 때문에 우리와는 도저히 비교대상이 안 된다는 생각이 듭니다. 그런데 아주 뛰어난 슈퍼컴퓨터가 비교적 간단한 연산 작용도 하지 못한다는 생각이 들 때 사람들은 실망하고 흥분하게 됩니다.

기상대에서 수백억을 들여서 슈퍼컴퓨터를 도입했지만 여러 차례 예보가 빗나가 난데없이 물난리를 겪게 될 때, 사람들은 "슈퍼컴을 도입했다더니 나아진 게 뭐냐?" 라고 하면서 불평을 늘어놓습니다. 잦은 기후변화로 인해 피해가 속출하면서 이전에 쓰던 장비보다 더 탁월하다는 느낌을 받지 못하기 때문입니다.

하나님에 대한 생각도 마찬가지입니다. 하나님은 언제나 말씀하시고 어디든 안 계시는 데가 없고 언제나 지켜 주시고 머리털까지도 다 세신바 되었다고 알고 믿고 고백합니다.
"너를 지키시는 이가 졸지 아니 하시리로다." (시121:3)
"너희에게는 심지어 머리털까지도 다 세신 바 되었나니 두려워하지 말라." (눅12:7)

하지만 어떤 사건을 당하고 보니 어찌된 영문인지 그때까지 알고 있던 것과는 전혀 다르다는 생각을 하게 될 때, 문제가 심각해집니다. 탁월한 능력으로 우리의 모든 문제를 해결해 주실 줄 알았는데, 하나님의 슈퍼컴에 바이러스가 침입했는지, 지독한 악성코드가 들어왔는지 이상한 결과가 빚어질 때 하나님에 대한 깊은 실망과 원망과 분노가 차례로 일어난다는 것입니다.

이전에 하나님에 대한 기대와 신뢰가 깊으면 깊을수록 그것이 깨어질 때 느끼는 실망감은 커질 수밖에 없습니다.

기대한대로 일이 진행되지 않을 때 우리는 실망하게 됩니다. 한껏 부풀어 올랐던 기대감이 일순간 바람 빠진 풍선처럼 푹 꺼져버릴 때 일어나는 마음이 바로 실망감입니다. 이세벨로부터 전갈을 받았을 때의 엘리야의 심정이 바로 그러합니다. 기대가 크면 실망이 크다는 말은 지금 이 순간 엘리야의 마음을 가장 잘 드러내는 표현입니다. 엘리야가 기대했던 것과는 정반대로 돌아갔습니다.

이스라엘의 오랜 가뭄의 문제를 해결했다면 국왕은 나라의 최고 지도자로서 마땅히 우상을 섬기던 자신의 과오를 인정하고 회개하며, 원만한 국정 운영을 위해서 엘리야를 통해 하나님의 뜻을 물어야 마땅할 것입니다. 만일 우리가 엘리야라면 바깥에서 조금이라도 부스럭거리는 소리만 들려도 혹시 자신을 태워 가려고 왕실전용마차를 보내지 않았을까 하는 마음에 방문을 자주 열어서 확인해 보지 않겠습니까?

드디어 왕실에서 보낸 사람이 왔습니다. 하지만 아무리 봐도 예를 갖춰 자신을 모시러 온 것 같지는 않았습니다. 자세히 보니 이세벨이 보낸 사자使者였는데 그가 전한 것은, 엘리야를 환대하겠다는 내용이 아니라 내일까지 살해할 것이라는 이세벨의 독기서린 경고였습니다.

여기서 한 가지 의문점이 생깁니다. 만일 이세벨이 정녕 엘리야를 제거하기를 원했다면 미리 사자를 보낼 필요없이 바로 자객을 보내어 처치했을 것입니다. 극도의 불안감을 심어주기 위함인지 아니면 벌써 백성들 사이에 소문이 파다해서 임의로 처리하기가 용이하지 않기 때문에 협박해서 더 이상 활동을 하지 못하게 할 의도였는지, 아니면 유명인사가 되어 버린 엘리야를 제거했을 때의 정치적인 부담을 고려해서 그에게 도피할 시간을 준 것인지는 분명치 않습니다.

우리가 엘리야의 입장이라면 이때의 심정이 어떠했을까요? 갈멜산에서 벌어진 놀라운 이벤트는 성공적이었습니다. 통쾌하게 불의 응답이 떨어졌습니다. 그 여세를 몰아 바알 선지자들을 멸했습니다. 이를 지켜본 백성들은 모두들 하나님을 인정하였습니다. 하지만 세상은 아무 것도 변하지 않았습니다. 사악한 아합 왕과 왕비 이세벨은 여전히 건재하고, 게다가 자신을 죽이려고까지 합니다. 만일 그들의 손에 죽는다면, 나름대로 어렵게 수행한 갈멜산의 미션은 도대체 무슨 소용이 있단 말입니까? 뭔가 대단한 반전이 일어날 것 같았는데 그대로입니다.

아합 왕은 갈멜산 현장에서 불이 내리는 것을 지켜보다 전신화상을 입어서 중태에 빠지든지, 그것이 인간적으로 너무 심한 설정이라면 그냥 까무러치는 바람에 119불러서 응급실에 실려 가든지 아니면 하다못해 머리카락이나 옷자락의 일부라도 살짝 불에 그슬리든지, 어느 정도 타격을 입어야 심경의 변화를 기대할 수 있지 않겠습니까?

현장에서 자신의 충복忠僕인 바알 선지자 수백 명이 떼죽음 당했는데도 눈도 꿈쩍하지 않고 이 소식을 들은 이세벨은 분한 마음에 펄펄 뛰고 이전보다 더 기세등등합니다. 우상을 섬기던 백성들도 태도의 변화를 보이지 않습니다. 아무 일 없었다는 듯이 잠잠한 상태입니다.

이런 상황에서는 누구든지 하나님의 섭리에 대해서 의문을 던질 것입니다.

"하나님, 일이 뭔가 잘못되어가는 것 아닙니까? 갈멜산에서 그토록 놀라운 일이 벌어졌다면 바로 이어서 일을 매듭 지어 주셔야지 이게 뭡네까? 지금까지 도피생활을 많이 해봐서 도망 다니며 숨는 데는 이골이 난 사람이지만 이번에는 그게 아니죠. 아합이든 이세벨이든 이제는 한풀 꺾어서 이 땅에 뭔가 영적인 변화가 일어나야죠."

엘리야는 우상을 타파하고 모든 사람들을 하나님께로 돌이키는 역할을 맡아서 훌륭하게 처리해 나왔는데, 이제 그 뜻이 완전히 실현되기는 커녕 생각과 달리 상황이 악화되고 있으니 실망감은 더 컸을 것입니다. 우상숭배를 배후에서 조장한 이세벨 일당이 권좌에서 물러나기는 커녕 오히려 기세등등하여 자신을 해치려고 위협하고 있으니 극도의 무력감과 모멸감을 동시에 느꼈을 것입니다. 이처럼 우리가 어떤 대상으로 인해 실망하게 될 때 몇 가지 마음의 변화가 일어납니다.

시각이 달라지기 시작합니다. revision of vision 친구로 인해서, 또는 남편이

나 아내로 인해서 실망하게 되었다면 이전과 달리 미심쩍은 눈으로 바라보게 됩니다.

"내가 사람을 잘못 본건가? 원래 그런 사람이었나?"

실망의 대상이 하나님일 때에도 마찬가지입니다. 어릴 때 주일학교에서 배운 온갖 좋은 이미지는 하나씩 깨어져 버리고 회의가 들기 시작합니다.

감정의 변화입니다. 이전까지는 관계를 맺고 만날수록 기쁨이 더했지만 실망하게 된 이후로는 그렇지 못합니다. 기쁘기는 커녕 마음이 상한 나머지 더 이상 반갑게 대면하고 싶지 않습니다.

상대방을 대하는 태도의 변화입니다. 이전에는 아무런 조건을 따지지 않고 만났지만 한번 실망을 느끼게 되면 그런 태도가 바뀌어 집니다. 실체를 완전히 파악하고 싶은 마음에 상대방을 유심히 관찰합니다.

배신감

기대한 것과 다르게 일이 진행될 때 실망하게 되는데, 그래도 아직 그 일로 인해서 화를 내기까지는 여지가 남아 있습니다. 상대방이 얼마든지 다른 태도를 취할 수 있고 따라서 다른 모습으로 다가올 수 있기 때문입니다. 하지만 시간을 두고 관찰해 본 결과 상대방의 태도나 모습이 완전히 자신의 생각과 정반대로 굳어질 때 배신감을 느끼게 되고 또한 분노가 동반됩니다.

'배신' 이라고 하면 의리를 중시하는 건달의 세계를 우선 떠올립니다. 대다수의 선량한 소시민들과 별로 상관없는 얘기로 들리지만 사실 우리가 경험하는 배신의 종류는 참으로 다양합니다.

20대가 느끼는 배신감 중에서 가장 으뜸인 경우는 오랜만에 친한 친구를 만나서 고민을 서로 진지하게 나누고 있는데 그 친구가 여자로부터 전화를 받자 말자 중요한 약속이 있다며 나가버릴 때라는, 흥미 있는 조사 결과를 본 적이 있습니다.

친구를 옆에 두고서 애인과의 전화통화가 계속 길어지게 되면 차츰 실망이 들게 됩니다. 아무리 자기가 사랑하는 여자 친구에게서 전화가 오더라도 적당히 둘러 대고 끊어야지, 오랜만에 친구와 진지한 대화를 나누고 있는데 계속 통화를 하게 되면 내심 화도 나고 차츰 실망감을 느끼게 됩니다.

전화를 끊고서 "친구 옆에 두고 통화가 길어져서 미안해"하며 사과하게 되면, 모든 게 없던 일이 됩니다. 하지만 심각한 고민에 빠져 있는 친구를 홀로 버려두고 여자 친구에게로 훌쩍 가버리고 나면 이제는 상대방에 대해서 달리 생각할 여지가 없습니다. 친구를 두고 가버리는 몰염치한 사람으로 완전히 판단이 기울면서 얼굴빛이 바뀌게 됩니다.

우리가 엘리야의 입장이 된다면 그와 같은 배신감을 느끼고도 남음이 있습니다. 갈멜산 사건 이후로 신앙적으로 타락한 북이스라엘 사회가 새롭게 변화되리라고 기대해보지만 한 순간의 해프닝으로 끝나버리고 잠잠합니다.

실망스럽긴 하지만 갈멜산에서 그토록 놀라운 일을 이루셨기 때문에 그래도 하나님이 후속타를 준비하셨을 거라는 생각을 해볼 수 있습니다. 하지만 어찌된 영문인지 하나님은 잠잠히 계시고, 상황이 반전될 만한 어떤 조짐도 보이지 않습니다. 하는 수 없이 엘리야는 생명의 위협을 느끼며 도망하는 처지에 놓이게 됩니다. 누구든지 그와 같은 입장에 처하게 된다면 도피하는 와중에 마음속에 하나님에 대한 배신감이 몰려오게 될 것이 뻔합니다.

하나님은 자신과 함께 계속 일을 진행해 나가기는커녕 도리어 아합과 이세벨의 손을 들어주는 듯이 보입니다. 그들은 멀쩡한데 반대로 자신은 그들로부터 협박을 받고 도망을 가야하니 말입니다. 하나님이 자신을 저버렸다고 생각될 때 더 이상 신뢰할 수 없다고 느끼는 것입니다.

이세벨이 보낸 전갈의 내용을 확인한 엘리야는 겁을 집어먹고 북이스라엘 지경을 벗어나 브엘세바까지 도망을 칩니다. (왕상19:3) 당시의 브엘세바는 남 왕국 유다의 선한 왕 여호사밧이 통치하는 지역으로 아합의 손길이 미치지 않는 안전한 곳입니다. 함께 데리고 간 사환을 그곳에 머물게 하고 엘리야는 다시 하룻길을 더 걸어 광야로 들어갔습니다.

어느 한 쪽이 배신하게 되면 잠자코 가만있는 것이 아니라 그 사람을 향해 비난하고 싶은 마음이 일어나게 됩니다. 그동안 참았던 섭섭한 감정을 그대로 표현합니다. 친한 친구나 가족과도 허물없이 지내는 사이일 경우에는 쉽게 밖으로 표출합니다. 생각나는 대로 험한 말이 오가기도 하지만 하나님일 경우에는 다를 수 있습니다. 직설적으로 표현하는 경우도 있지만 완곡하게 말하기도 합니다. 엘리야는 광야의 로뎀 나무 그늘에 쉬면서 하나님을 향하여 자신의 심경을 에둘러 표현합니다.

"지금 내 생명을 거두시옵소서."(왕상 19:4)

이런 표현은 단순히 피곤하고 지치고 만사가 귀찮다는 정도가 아니라 하나님을 향한 원망과 분노가 그 속에 깔려 있습니다. "이제 하나님은 저와 아무런 상관이 없지 않습니까?"라며 항변하고 있습니다. 그것은 불신앙을 드러내는 것이 아니라 간절한 기대가 어긋나면서 더 이상 하나님을 신뢰하며 자신을 맡기는 것이 무의미하게 느껴질 때의 답답한 마음을 담고 있습니다.

만일 누구든지 그러한 상황에 처하게 되었다면 다음과 같이 생각했을 것입니다.

"내가 지금까지 도피생활한 게 한두 번도 아니고 얼마든지 또 그런 생활을 반복할 수 있습니다. 하지만 지금은 경우가 다르죠. 실컷 긴장하게 하고 어렵게 생명의 위협을 무릅쓰고 왕도 만나고 바알 선지자들도 다 정리하게 한 마당에 다시 나를 도망하게 하다니요. 그럼 사람들을 불러놓고 하나님이 갈멜산에서 불꽃놀이 축제를 한 겁니까? 대관절 무엇 때문에 그런 쇼를 한 겁니까? 표독스런 이세벨은 나를 죽이려고 합니다. 어렵게 하나씩 일을 처리해 왔는데 일이 이렇게 진행되니 이제 더 이상 무엇을 할 수 있는 힘도 없고 용기도 없습니다. 지쳐 쓰러져 죽을 수밖에 없습니다. 아무런 변화도 일어나지 않고 다시 원점으로 돌아가 이세벨로 인해 이리 저리 구차하게 숨어

다니다가 죽느니 차라리 절 죽여주세요. 그렇게 죽는 게 낫지, 이세벨에게 죽게 되면 그건 또 무슨 꼴이 됩니까?'

엘리야는 앞서 두 차례에 걸쳐 마음 졸이며 긴장되는 사건을 경험했습니다. 갈멜산에서 제물에 불을 내리도록 기도하고 바알 선지자들을 무찌른 것과 이어서 비를 내리게 하기 위해 간절히 기도드린 것입니다. 이 두 가지 일을 무사히 마친 후에 긴장이 풀린 데다가 이세벨로 인하여 허탈감까지 더했을 것입니다. 마침내 엘리야는 자신의 생명을 거두어달라고 합니다.

이러한 심정은 단지 엘리야에게만 국한된 것이 아니라 다른 선지자들도 공통적으로 겪게 되는 문제였습니다. 비슷한 이유로 요나도 엘리야처럼 죽고 싶다고 말한 적이 있습니다. (욘4:3) 자신들을 괴롭힌 적국을 철저하게, 풀 한 포기 남김없이 심판해야 하는데 하나님은 도리어 그들의 생명을 구하게 하셨습니다. 하나님이 오히려 그 동안 악행을 일삼았던 그들의 편을 들어주는 듯이 보이니 일종의 배신감을 느끼게 됩니다. 요나가 생각할 때 이는 결코 이해할 수 없는 정서 상의 문제입니다. 앗수르의 소행으로 봐선 괘씸하기 짝이 없기 때문에 요나에게 힘이 있다면 분이 풀릴 때까지 되갚아 주고 싶은 심정인데 하나님은 아랑곳하지 않고 용서와 복을 선포하게 하셨습니다. 게다가 그 일을 위해서 하필이면 자신을 가라고 한 것입니다. 이에 요나는 차라리 "내 생명을 취하소서." 라고 하며 불편한 심기를 드러내었습니다.

하나님을 향하여 죽기를 바라는 고백

- 모　세 : "주께서 내게 이같이 행하실진대 구하옵나니 내게 은혜를 베푸사 즉시 나를 죽여 나로 나의 곤고함을 보지 않게 하옵소서."(민11:15)

- 엘리야 : 스스로 광야로 들어가 하룻길쯤 행하고 한 로뎀 나무 아래 앉아서 죽기를 구하여 가로되 여호와여 넉넉하오니 지금 내 생명을 취하옵소서. 나는 내 열조보다 낫지 못하니이다 하고 (왕상19:4)

- 욥　 : 어찌하여 곤고한 자에게 빛을 주셨으며 마음이 번뇌한 자에게 생명을 주셨는고 이러한 자는 죽기를 바라도 오지 아니하니 그것을 구하기를 땅을 파고 숨긴 보배를 찾음보다 더하다가 (욥3:20~21)

- 예레미야 : "어찌하여 내가 태에서 나와서 고생과 슬픔을 보며 나의 날을 수욕으로보내는고"(렘21:18)

- 요　나 : "여호와여 원컨대 이제 내 생명을 취하소서 사는 것보다 죽는 것이 내게 나음이니이다"(욘4:3)

고독감

고독이라고 하면 여러 가지 이미지가 떠오릅니다. 가을 들녘 저쪽 너머에 고요한 달빛을 받으며 외롭게 서있는 허수아비, 마지막까지 힘겹게 버티며 바람에 대롱거리다가 힘없이 떨어지는 나뭇잎 하나, 음산한 날씨에 달갑지 않게 내리는 겨울비로 인해 마음속까지 스며드는 냉기, 커피잔으로부터 전해지는 온기로 몸과 마음을 가누고자 애쓰는 모습 등 주로 낭만적인 분위기에서 쓰여지는 어휘입니다. 하지만 여기선 그런 감상적인 의미가 아니라 마음속에 남아 있는 쓰라린 상처를 뜻합니다.

너무 막연하게 들릴 수 있기 때문에 앞에 20대 두 친구의 예를 다시 들어 봅니다. 함께 깊은 고민을 나누던 A는 여자 친구로부터 걸려온 전화를 받고, 옆에 있는 B를 의식하지 않고 휑하니 나가버렸습니다. 지금까지 자신의 이야기를 들어주고 관심을 기울여주는 사람이 떠나고 혼자 덩그러니 남았습니다. 이것이 바로 B가 느끼는 고독감과 허탈감, 즉 일종의 혼자 버려진 느낌a sense of abandonment입니다.

다음의 시는 하나님에 대한 고독감을 잘 나타내 주고 있습니다.

> 신은 무한히 넘치어
> 내 작은 눈에는 들일 수 없고
> 나는 너무 잘아서
> 신의 눈엔 끝내 보이지 않았다.   - 김현승 의 '고독의 끝' 중에서 -

이 시에서 시인은 하나님의 존재에 대한 빛바랜 의문을 던지는 것이 아닙니다. 서로 관계하는 접촉점을 찾지 못하고 철저하게 혼자가 되어 원망하는 마음을 엿볼 수 있습니다. 나름대로 하나님을 갈망했지만 그동안의 노력과 열정에 비해서 상대적으로 하나님으로부터 돌아오는 것이 없는데서 오는 서운하고 야속한 마음이 "끝내…" 라는 표현에서 진하게 묻어나옵니다.

시인이 하나님을 대하는 느낌은 아주 냉소적입니다. 설령 길에서 만나게 되어 하나님이 먼저 말을 붙이는 일이 일어난다손 치더라도 "저를 아세요? 무슨 일이시죠?" 라고 말할 정도로 분위기는 아주 싸늘합니다. 엘리야의 마음의 상태가 어느덧 이렇게 되어 버렸습니다.

불과 며칠 전까지 하나님은 엘리야와 함께 아주 가까운 관계를 유지했었는데 이제 시인의 고백처럼 하나님은 이제 그와 전혀 상관없이 궤도를 돌고 있는 듯이 느껴집니다. 이때 하나님을 바라보는 그에게 돌아오는 것은 고독감입니다.

그렇다고 해서 하나님이 그를 덩그러니 내버려둔 것이 아니라 문제는 자신이 그렇게 느꼈다는데 있습니다. 하나님은 로뎀 나무 아래에서 잠들어 있는 그를 어루만지며 음식을 공급하여 힘을 얻게 했습니다. (왕상19:5~7) 하지만 그것만으로는 엘리야의 마음이 온전히 회복되지 못했습니다. 다시 꼬박 40일을 주야로 걸어서, 오래 전에 모세가 하나님을 만났던 호렙산에 도착하여 굴속으로 들어갑니다.(9절) 그곳은 철저하게 외부세계와 단절된 곳이지만 하나님은 그곳까지 찾아갑니다.

호렙산으로 갈 때의 엘리야의 심경이 10절에 잘 나타나 있습니다. 모세가 하나님을 만나기 위해서 40주야를 머문 곳이기 때문에 이스라엘 백성들에게는 나름대로 거룩한 장소로서의 의미를 지니고 있습니다. 엘리야가 다시 그 산으로 향했지만 하나님을 만나면 좋겠다는 부푼 꿈을 갖고서 기대감을 안고 찾아간 것이 아닙니다. 엘리야의 말에는 전혀 그런 기색이 나타나지 않습니다.

"나는 지금까지 오직 전능하신 하나님만을 섬겼습니다. 그러나 이스라엘 백성들은 하나님과의 언약을 깨뜨리고, 제단을 헐며, 주의 모든 선지자들을 죽였습니다. 이제 저 혼자 유일하게 남았는데 그들은 나마저도 죽이려고 합니다." (왕상19:10의역)

그는 하나님께 그간의 일어난 사태를 보고하며 하나님의 도우심에 감사하는 것이 아니라 말투로 봐선 도무지 이치에 맞지 않는다며 따지고 있습니다.

엘리야가 하나님을 못마땅하게 여기는 점 (왕상19:10)

- 지금까지 나는 열심을 다해 하나님만을 섬겼습니다.
- 하지만 그 결과 아무런 변화가 일어나지 않았습니다.
- 이젠 나 홀로 남았는데, 그것도 언제 죽을지 모르는 위급한 상황입니다.
- (도대체 이게 뭡니까?)

결국 엘리야가 하고자 하는 말의 요지는 이제 나 홀로 남았다는 것입니다. 하나님과 함께 북이스라엘의 영적 정화작업에 앞장서서 싸웠는데, 하나님은 어느 순간부터 자신과 함께 하지 않는다고 느끼는데서 오는 고독감을 드러내고 있습니다. 함께 일하다가 하나님이 떠나 가버렸다는 생각이 들 때, 앞으로 무엇을 해야 할지 뚜렷한 계획이 떠오르지 않습니다. 굳이 동굴이라는 물리적인 공간에 들어가지 않더라도 이런 상태에 이르면 사방이 캄캄한 벽속에 갇히는 듯 한 느낌을 갖게 됩니다.

혁명군이 거사를 행하고 순조롭게 반대세력을 진압해 나가다가 강력한 저항에 부딪치면서 생명의 위협을 느끼게 될 때, 일이 뭔가 잘못 진행되고 있다는 판단을 하게 됩니다. 이세벨로 부터 살해의 위협을 받고 있는 엘리야가 바로 그러한 상태에 놓여 있습니다. 엘리야는 지금까지 북 이스라엘의 영적인 혁명을 일으키는 주역이었습니다. 그런데 어떻게 된 일인지 갈멜산에서 강력한 화력으로 지원사격을 하던 하나님으로부터 별다른 조치가 취해지지 않습니다. 그 순간부터 엘리야는 외부 세계로 향하는 문을 하나씩 닫으며 차단해 나갔습니다. 자신의 근거지이자, 영적인 정복의 목표인 북이스라엘을 떠나 남왕국 브엘세바로 옮겼고 거기서는 가장 가까운 종복從僕과도 헤어졌습니다. 이제 다시 호렙산으로 이동하고 다시 아무도 없는 굴속으로 자신을 숨겼습니다. 이는 마치 아이들이 화가 단단히 나거나, 또는 뜻한 바대로 일이 풀리지 않아서 기분이 좋지 않을 때 방문을 닫고 들어가 버리는 것과 모양새가 비슷합니다.

마음의 빗장을 걸어 잠그고 돌아앉은 엘리야에게 하나님은 어떻게 대했을까요? 11절에 보면 "너는 나가서 여호와 앞에서 산에 서라"고 했습니다. 동굴에서 나와서 이제 하나님이 모종의 조치를 취할 테니 잘 보라는 것입니다. 그리고 하나님 그의 앞을 지나가셨습니다. 이어서 몇 가지 초자연 현상이 나타났습니다.(11~12절) 태풍이 불었는데 얼마나 강했던지 산이 갈라지고 바위가 부서질 정도였습니다. 온 산천이 다 흔들릴 정도로 강력한 지진이 일어나고 바로 이어서 불이 보였습니다. 이는 오래 전 같은 산에서 하나님이 모세가 있는 곳에 강림하기 직전에 나타났던 현상과 비슷합니다.(히12:18)

모세의 때에 일어났던 그와 같은 현상들을 엘리야는 잘 알고 있었을 것입니다. 그런데 동일한 일이 눈앞에서 벌어지고 있습니다. 하지만 그러한 현상들 가운데 하나님이 계시지 않았다고 기록하고 있습니다.(11절) 하나님이 직접 엘리야더러 굴 밖으로 나오라고 하고 그 앞으로 지나가면서 몇 가지 자연현상들을 보게 하셨는데 그 가운데 하나님이 안 계신다니 도대체 이게 무슨 뜻일까요?

당시의 엘리야의 입장으로 돌아가 본다면, 태풍과 지진과 불이 일어날 때마다 나름대로 기대하는 바가 있었을 것입니다. 모세 당시에는 하나님이 임재할 때 위엄을 드러내기 위해서 잠시 동안 그런 현상이 나타났다 사라졌지만 엘리야는 처한 상황이 다르기 때문에 그와 같은 자연현상을 보고 느끼고 기대하는 바가 달랐을 것입니다.

맨 처음 강한 바람이 불 때, "옳거니! 이제 하나님이 지나가시면서 강력한 바람이 일고 산천초목이 흔들릴 정도니 하나님이 드디어 행동을 개시하시는구나. 진작 이렇게 심판하실 것이지. 하나님을 대적하고 특히 나를 해하려는 자들, 이제 모두 날려가겠구나. 어디 한번 지켜봐야지…" 하지만 아무런 일도 일어나지 않았습니다.
"그 가운데서 여호와께서 계시지 아니하며…"

강력한 바람으로 인해서 높은 산이 갈라지면서 지진이 일어났지만 여전히 변화가 없었습니다.
"갈라진 땅속으로 요런 못된 자 들, 다 빠져버려라! 어이구 시원하다"라고 말하고 싶은데 생각한대로 일은 벌어지지 않았습니다. "하나님이 또 쇼를 하시나? 쓸데없이 바람을 동원하고 지진을 일으키고…"

하지만 바로 이어서 불꽃이 보였을 때엔 느끼는 바가 분명 달랐을 것입니다. 이미 갈멜산에 불을 내린 하나님을 체험했기 때문에 또 그와 같은 큰일을 행하실 거라고 생각하지 않겠습니까?

"다 태워라 태워! 이제 극적인 반전이 드디어 시작되는구나."

마음속에 주체할 수 없는 감격과 희열이 일어났을 것입니다.

"내가 얼마나 바라던 일인가? 이제 나는 세상에 나가면 전할 내용이 많아. '여러분, 포기하지 마세요, 한두 번 기도해서 응답이 없다고 포기하면 안돼요! 끝까지 인내하며 기도하다 보면 그 다음에 불의 응답이 있어요. 중요한 건 불이야 그때 까지 참아야 돼요. 나를 보세요. 40일을 걸어서 호렙산에 갔고 거기서 처음엔 응답이 없었지만 인내했더니, 그랬더니 응답받았잖아요. 할렐루-야! 꿈은 이뤄집니다.'"

엘리야의 심정이 그러하지 않았을까 추측해 보는 바이지만 사실 이것은 또한 우리가 흔히들 간증할 때나 설교할 때 사용하는 하나의 틀이기도 합니다. 우리는 하나님을 그러한 틀 속에 가두어 두고서 언제든지 그러한 패턴에 따라 응답하고 행하실 거라고 생각합니다. 이러한 공식에 따라 일이 풀려지면 "할렐루야"하며 간증하는 것이고 그렇지 않으면 풀이 죽은 채, 뭔가 잘못된 것으로 여깁니다.

우리도 때로 엘리야의 심정으로 돌아가서 마지막까지 기대하며 오두방정을 다 떨어보지만, 자신의 생각대로 아무 것도 일어나지 않을 때가 많습니다.

"그 가운데서 여호와께서 계시지 아니하며…"

핫바지 방귀 새듯이 소리만 온통 요란했지 싱겁게 모두 끝나버리고 말았습니다.

엘리야의 마음은 다시 한 번 크게 무너져 내렸을 것입니다. 하나님으로부터 자신이 기대했던 응답은 모두 물거품처럼 잔뜩 부풀어 올랐다가 이내 푹 꺼져 버리고 말았습니다. 태풍, 지진, 불, 등 난국을 타개할만한 메가톤급의 재료들이 다 사용되었지만 세상은 자신이 바라는 대로 뒤집어지지도 않고, 악의 세력들은 여전히 건재했습니다. 그동안 아무런 일도 일어나지 않았다는 듯이 모든 것이 평온합니다. 이제 더 이상 무엇을 기대할 수 있을까요?

그 때 하나님으로부터 들려온 것은 뜻밖의 "세미한 음성"(왕상19:12) 이었습니다. 그것은 엘리야가 기대한 것이 아니었습니다. 지금까지 태풍, 지진, 불 등이 차례로 지나가면서 요란스런 굉음과 지축을 뒤흔드는 충격이 가해져도 별일 없었는데, 아무리 하나님의 음성이라도 해도 부드러운 음성, 아니 그토록 약한 음성이 들리니 그것을 통해서 무엇을 기대할 수 있겠습니까?

이리하여 그가 앞에서 언급한 10절의 내용을 똑같이 반복하면서 자기 혼자뿐이라는 것을 강조하는 것을 볼 때, 얼마나 분노가 치밀어 오르고 허탈해했는지 짐작해 볼 수 있습니다.

"나는 지금까지 오직 전능하신 하나님만을 섬겼습니다. 그러나 이스라엘 백성들은 하나님과의 언약을 깨뜨리고, 제단을 헐며, 주의 모든 선지자들을 죽였습니다. 이제 저 혼자 유일하게 남았는데 그들은 나마저도 죽이려고 합니다."(14절)

"이제 와서 어쩌라고요? 태풍이 불고, 지진이 일어나고 불덩어리가 나타날 때 모종의 조치를 취했어야제. 이 판국에 "세미한 음성"a gentle whisper으로 칭얼대는 아이 잠재우는 것도 아니고 대관절 뭐 하자는 것이여, 시방?"

지금까지 우리는 엘리야의 사역을 통해서 하나님에 대한 분노의 감정이 쌓여가는 과정을 지켜보았습니다. 그가 믿음이 부족하거나 나태해서가 아니라 너무나 열심히 하나님이 명하신 일을 감당하는 가운데 그러한 부정적인 감정이 마음속에 자리잡게 되었습니다.

엘리야처럼 간절한 마음으로 하나님을 열망하거나, 열심히 신앙생활하고 있다면, 이처럼 마음속에 우리 스스로 알지 못하는 가운데 분노가 쌓이는, 원치 않는 결과에 이를 수 있습니다.

하나님은 태풍이나 지진이나 불덩어리 등의 초자연적인 수단을 동원해서 엘리야의 기대감을 충족시키거나 분노를 달래려고 하지 않았습니다. "인생은 한방이야!" 하면서 기도를 통해서 기적을 바라며 자신의 기대감을 충족하고자 하는 사람들이 많지만 하나님은 그토록 사랑하는 기도의 종 엘리야에게 조차도 그런 방법으로 채워주지 않았습니다.

8. 예수님 방식으로
감정을 처리하라

　　　　마음속에 일어나는 실망감을 처리하지 않고 그대로 억누르거나 방치하게 될 때, 원망과 분노로 이어지기 때문에 적절하게 다스릴 필요가 있습니다. 먼저 시편의 저자의 경우를 살펴보겠습니다. 우리는 자신의 속내를 터놓고 솔직한 감정을 나누는데 익숙하지 못합니다. 하고 싶은 말이 있어도 속에서 억누르고 좀처럼 나누지 않습니다. 하지만 시편을 읽어보면 하나님께 거리낌 없이 자신의 느낌을 나누는 것을 볼 수 있습니다.

　　"내 하나님이여 내 하나님이여 어찌 나를 버리셨나이까. 어찌 나를 멀리하여 돕지 아니 하시 오며 내 신음 소리를 듣지 아니하시나이까?" (시22:1)

　　내용으로 볼 때, 시인은 다음과 같은 교리상의 오류를 범하고 있는 것처럼 보입니다.

> ### 시편 저자가 범한 교리상의 오류
>
> - 버리시는 하나님
> - 어려움 가운데 돕지 않으시는 하나님
> - 환난 날에 멀리하시는 하나님
> - 신음소리를 듣지 않으시는 하나님

하나님이 어떻게 우리를 버릴 수 있습니까? 이는 칼뱅의 5대 교리 중에서 성도의 견인Perseverance of Saints, 즉 택하여 부른 자들을 끝까지 구원에 이르도록 인도하신다는 내용과 정면으로 배치됩니다. 시편 22편은 다윗이 지은 시로 알려져 있는데, 그렇다면 그는 당장에 총회 사이비 이단대책위원회에 넘겨져서 조사를 받아야 마땅합니다. 하지만 22절에 이르러 하나님을 찬양하는 내용으로 반전되는 것을 볼 때 다윗이 하나님에 대해서 교리적으로 잘못 알고 있는 것이 아니라 일시적으로 느끼는 감정의 문제임을 알 수 있습니다.

다음에 나오는 시에서도 시인은 하나님을 향하여 "어찌하여 나를 잊으셨나이까." 하며 따지지만 곧 이어서 "나는 그가 나타나 도우심으로 말미암아 내 하나님을 여전히 찬송하리로다." 라는 고백을 드립니다.

"사람들이 종일 내게 하는 말이 네 하나님이 어디 있느뇨 하오니 내 눈물이 주야로 내 음식이 되었도다. 내 반석이신 하나님께 말하기를 어찌하여 나를 잊으셨나이까 내가 어찌하여 원수의 압제로 말미암아 슬프게 다니나이까 하리로다. 내 뼈를 찌르는 칼같이 내 대적이 나를 비방하여 늘 내게 말하기를 네 하나님이 어디 있느냐 하도다." (시편 42:3,9~10)

이로 볼 때 앞에 나오는 모든 절규가 결코 믿음 없는 고백에서 비롯된 것이 아님을 알 수 있습니다. 자신의 마음속에 일어나는 희로애락의 모든 감정을 솔직하게 표현하면서 하나님과 깊은 관계를 맺어 나가는 것을 확인할 수 있습니다.

시인이야 불완전한 인간이니까 하나님의 섭리를 미처 다 헤아리지 못해서 그럴 수 있다고 보고 예수님의 경우에는 다르지 않을까 라고 생각할 수 있습니다. 아무리 로마 군인이 포악하게 굴고 끔찍한 십자가 형벌에 처해진다 할지라도 꿈쩍도 하지 않을 것 같지만 우리가 복음서를 통해서 지켜본 예수님의 모습은 그렇지 않습니다.

잡히시기 전날 밤 겟세마네 동산에서 베드로, 야고보 요한 등 세 제자와 따로 기도하러 올라갔을 때, 다음과 같은 고백을 합니다.

"내 마음이 매우 고민하여 죽게 되었으니…" (마26:38)

십자가를 지기 전에 마음에 일어나는 번민과 고통을 그대로 표현하고 있습니다. 일이 어떻게 잘못 틀어져서 전혀 예상치 않았던 십자가를 지게 된 것도 아니요, 원래 이 땅에 오신 목적이 십자가의 사역을 통해서 구원을 이루는 것인데 더군다나 제자들 앞에서 이런 말씀을 할 수가 있을까요?

그 후에 여러 가지 조롱과 핍박을 당하고 이제 마지막으로 십자가에 못 박히는 순간이 이르렀습니다. 모진 고통 속에서 하나님을 향하여 다음과 같이 절규합니다.

"엘리 엘리 라마 사박다니 나의 하나님, 나의 하나님 어찌하여 나를 버리셨나이까?" (막 15:34)

고 김선일 씨가 이라크에서 납치되어 피살되기 전에 살려달라는 영상이 공개가 되자 일부 강단에서는, 당당하게 복음 전하고 순교해야지 그게 뭐냐고 책망했다고 합니다. 그런 정서라면 분명 예수님이 하신 말씀을 문제 삼고도 남음이 있습니다.

"아니, 하나님의 아들이 되어 가지고서 어떻게 그토록 믿음 없는 말씀을 하실 수가 있어요? 그래 가지고 어떻게 세상을 구원한단 말이에요? 그것도 지금 온 성도들이 다 지켜보고 있고 해외에서도 지금 위성으로 온 세계가 다 주목하고 있는 마당에 어떻게 그럴 수 있어요?

하나님이 고통당하는 자들과 늘 함께 하시는 거 모르세요? 지금 고통스럽지만 하나님이 함께 하시는 거예요. 참고 기도하면…."

스데반이 순교하면서 마지막으로 숨을 거두기 전의 모습이 사도행전에 기록되어 있습니다.

"주 예수여 내 영혼을 받으시옵소서. 하고 무릎을 꿇고 크게 불러 이르되 주여 이 죄를 그들에게 돌리지 마옵소서. 이 말을 하고 자니라."(행7:59~60)

스데반보다 아무래도 예수님이 더 거룩한 모습이어야 한다는 생각을 은연중에 하기 때문에 절대로 인간적인 연약함이 드러나는 것을 바람직한 것으로 여기지 않습니다. 그렇다면 십자가 사건을 전후해서 예수님의 감정 표현을 인간적인 측면에서 해석한다고 해서 거룩성이 훼손되는 걸까요?

위기의 상황이 닥치면 누구든지 그 사람의 진면목이 드러납니다. 평소에 품위를 지키고 근엄하다가도 생명의 위협을 느끼게 되면 자신이 갖고 있는 본래의 모습으로 돌아옵니다. 끔찍한 형벌을 당하는 순간 예수님은 능력으로 얼마든지 고통을 이길 수 있지만, 인간을 위한 제물이 되는 순간이기 때문에 순수한 인간의 참 모습으로 돌아오신 것입니다.

예수님에 대한 과거사 진상위원회

당시 십자가에 달린 예수님은, 그때 하나님이 함께 하신다는 사실을 모르셨을까요? 믿음이 없어서 그렇게 절규를 하신 걸까요? 그렇다면 분명 문제 삼아야 합니다. 십자가 사건이 지금 일어났다면 설령 예수님이 죽었다가 부활한다손 치더라도 그냥 넘어가지 않을 것입니다. 범 교단적으로 예수님에 대한 과거사 진상위원회가 구성되어서 그 동안의 행적을 따지느라 조금 시끄러울 것입니다. 십자가에 못 박히기 전날 겟세마네 동산에서 기도할 때 하신 말씀도 시비 거리가 됩니다.

"이 잔을 내게서 지나가게 하옵소서." (마26:39)

"그럼 십자가를 지기 싫다는 것이여 뭐여 시방" 나중에 성경에서 오해 소지가 있는 그런 기록들은 다 빼버릴 것입니다.

예수님이라고 하면 우리는 일단 아무런 감정이나 표정의 변화가 없이 언제나 거룩한 모습을 하고 있었을 거라고 생각합니다. 누가 욕을 하고 침을 뱉더라도 늘 잔잔한 미소를 머금고, 폭풍우가 쏟아져도 천천히 위엄있게 걷고, 높지도 낮지도 않는 톤으로 귀에 거슬리지 않는 부드러운 음성, 얼굴은 어느 유명 배우들을 합성한 것보다 훨씬 더 뛰어난 용모에다가 아무거나 걸쳐도 패션을 주도할만한 놀라운 차림새….

따라서 예수님과 분노라는 단어는 전혀 어울리지 않을 거라는 생각을 하게 됩니다. 하지만 성경이 나타내 보여주는 예수님의 모습은 이와 전혀 다릅니다. 때로는 눈물을 흘리고, 꾸짖기도 하고, 분노하는 등, 우리와 똑같이 느끼고 때로는 죄인들과 어울리고, 안식일 규정을 어기는 등 예상 밖의 파격적인 행보를 보이기도 합니다.

예수님은 하나님인 동시에 완전한 인간이셨기 때문에 연약한 인간으로서 생각하고 느끼는 감정을 그대로 숨김없이 노출하셨습니다. 그냥 단순히 인간의 형상을 입은 정도가 아니라 한계상황에서 인간의 고통과 한계를 똑같이 느꼈습니다. 그처럼 철저한 인간의 모습을 지니지 않았다면 연약한 우리 인간의 대표로서 대속주代贖主로서의 자격이 있다고 말할 수 없을 것입니다.

"얘들아 나 잠시 다녀올게. 이미 얘기한 대로 3일 후에 다시 살아 올 테니 그때 보자꾸나. 그런데 십자가 말이야, 너희들 아주 힘들고 끔찍할 거라고 생각했지?아니야" 하고 바로 웃으면서 죽었다가 3일이 지난 뒤에 여름철 시원한 원두막에서 단잠을 자고 일어난 사람처럼 늘어지게 하품 한번 하고 기지개 켜면서 부스스 일어났다면 그것은 하나님의 속죄 드라마가 아니라 한낱 쇼에 불과할 것입니다.

예수님은 완전한 인간으로서 감정의 표현에 있어서 솔직한 점은 이 경우

뿐만이 아닙니다. 인간의 가장 솔직한 모습은 어려움 가운데, 그것도 극단적인 위기 가운데에서 확인해 볼 수 있습니다. 여유롭고 한가할 때에는 얼마든지 가식적으로 말하고 행동할 수 있습니다. 해골이라는 뜻 그대로 으스스한 분위기가 감도는 골고다의 처형장에서 하신 7마디를 통해서 예수님의 인간으로서의 참 모습을 발견할 수 있습니다.

문제의 네 마디 말씀

예수님이 처형당하면서 십자가에서 모두 7번 말씀하셨습니다. 여기엔 인간적인 연약함을 그대로 드러내는 말씀과 완전한 하나님으로서 하신 말씀이 있습니다. 그 중에 완전한 하나님으로서 하신 말씀은 3번, 그리고 연약한 인간의 입장에서 하신 말씀은 모두 4번 나옵니다.

성경에는 숫자가 상징적인 의미를 뜻할 때가 많습니다. 7이라는 숫자는 3 더하기 4로써 이는 다시 하나님을 상징하는 3과 인간세상을 뜻하는 4로 구성되어 완전함을 가리킵니다. 성부 성자 성령의 3위일체 하나님이요 인간은 어디에 살든지 동서남북의 4라는 숫자 안에 존재합니다. 에덴에서 흘러나온 강물은 4개의 강을 이루고 있는데, 이는 온땅에 물을 공급하기에 충분한 상징적인 의미를 지니고 있습니다. 이밖에 고대 희랍의 자연 철학자들의 만물을 이루는 4원소설, 한의학의 4상체질 등 모두 4와 연관이 있습니다. 어떤 사람이든지, 세상 그 어떤 물질이든지 모두 4라는 숫자 안에 포함되어 있다고 보는 것입니다.

완전한 하나님으로서 하신 말씀

- 아버지, 저 사람들을 용서하여 주십시오. 그들은 자기가 하는 일을 모르고 있습니다. (눅 23:34)
- 오늘 네가 정녕 나와 함께 낙원에 들어가게 될 것이다. (눅 23:43)
- 이제 다 이루었다! (요 19:30)

완전한 인간의 입장에서 절규하신 말씀

- 어머니, 보세요. 아들입니다. (요한 19:26)
- 나의 하나님, 나의 하나님, 어찌하여 나를 버리셨나이까?
  (마태 27:46, 마가 15:34)
- 내가 목마르다. (요 19:28)
- 아버지, 제 영혼을 아버지 손에 맡깁니다. (누가 23:46)

예수님은 한편으로는 완전한 하나님으로서 구세주 입장에서 말씀하셨고 다른 한편으로는 연약함을 지닌 인간의 입장에서 느끼고 말씀하셨습니다. "아들입니다"라는 말씀도 듣기에 따라서는 공적인 자리에서 애들도 아니고 엄마 찾고 그러냐며 비판할 소지가 다분히 있습니다. 왜 나를 버리느냐는 둥, 교리를 떠나서 메시아가 말씀한 것으로는 아무리 생각해도 부적절해 보입니다. 그리고 "내가 목마르다"는 말씀도 합당치 않습니다. "아니, 조금만 참으면 끝나는데 어엿하고 품위있게 죽지 그걸 못 견뎌가지고서리 목마르다가 뭐야?" 이렇게 옆에서 수근댈 수 있습니다. 사실 이러한 말씀들은 예수님과 어울리지 않는 것처럼 들립니다. 하지만 예수님은 우리와 같은 인간이 되어서 느끼는 바를 그대로 말씀하셨습니다.

여기서 우리는 예수님의 발언 내용을 문제 삼고 따질 것이 아니라 우리의 대속제물로서 완전한 하나님인 동시에 완전히 우리와 똑같은 인간임을 보여 주셨다는 점에 주목해야 하겠습니다.

우리의 연약함을 그대로 지닌 인간으로서 하신 말씀들은 모두 애절하게 와닿습니다. 입장을 바꾸어 생각해 보면 우리도 똑같이 느끼는 바요, 그 상황에서 누구나 그렇게 말하고 싶은 내용이기 때문입니다.

예수님의 말씀 중에서 어머니 마리아에게 건넨 한 마디는 가장 인간적으로 들립니다. 이때 찢기고 상하여 초췌한 모습으로 십자가에 달려 있는 그 모습을 쳐다보는 마리아의 심정은 과연 어떠했을까요? "그래, 죽는 건 좀 거시기 하다만, 그래도 너는 가문의 영광이다. 이 에미 걱정일랑 하덜 말고 얼렁 죽어라 잉 아이고 우리 아들, 내 새끼 장하다" 그랬을까요?

무시무시한 형장의 분위기이지만 이에 아랑곳하지 않고 끝까지 따라온 어머니를 향하여 건네는 한 마디, "어머니, 보세요 아들입니다." 이때 인간 예수는 어머니와의 사이에 거리감을 느끼게 하는 일체의 격식을 다 걷어 치워버립니다. 메시아, 그리스도, 하나님의 아들 등의 공식적인 칭호를 사용하지 않았습니다. 지금 상황이 어머니와 단둘이 면회하는 시간도 아니고 무장을 한 로마 군인들이 십자가를 중심으로 에워싸고 있고 그 너머엔 흥분한 군중들이 입에 거품을 물고 처형하라고 외쳐대는 와중에 한 말입니다.

많은 사람들이 지켜보고 있는데다 그 동안 메시아로서 가르치고 행했기 때문에 나 같으면 비록 육신의 어머니에게 하는 말조차도 체면상 다르게 얘기했을 것입니다.

"세상 모든 만민들이여, 나는 이제 거룩한 하나님의 구원사역을 이루기 위해서 십자가의 형벌을 기꺼이 온 몸으로 감당하고자 하노라. 마리아여 나 하나님의 아들 메시아 예수 그리스도는 성령으로 잉태되어 비록 그대의 몸을 빌어서 태어났지만 우리가 지금 사사로운 인간 감정에 얽매여 눈물을 흘리는 따위의 나약함을 보여서는 결코 안 되도다! 어서 가서 담대하게 세계만방에 복음을 전할지어다!'

우렁찬 목소리로 헛기침을 연신 해대면서 그렇게 얘기했을지도 모르겠습니다. 며칠 동안 여기 저기 불려 다니느라 온 몸에 상처투성이요, 몹시 시달린 탓에 피곤하고 지쳐 있지만 마지막 순간까지도 품위있게 죽음으로써 찬사를 받고 싶어 하는 욕망이 우리 마음 한 구석엔 남아 있습니다. 하지만 예수님은 인간의 가장 연약할 때의 모습을 아무런 가식 없이 그대로 드러내고 있습니다. 한없이 약해 있을 때 인간은 누구나 어머니를 찾고 어머니의 품에 안겨 이름을 부르고 싶어 하는데 바로 그러한 순간입니다. 하나님의 아들로서 예루살렘 성전에 들어가서 상을 뒤엎으며 교권의 심장부에서 당당하게 소리치던 그 모습과는 사뭇 다릅니다.

"어머니, 보세요. 아들입니다."
이 장면을 우리가 어떻게 이해할 수 있을까요? 하루 종일 놀다 들어온 아이에게 맛있는 저녁을 먹이기 전에 어머니는 손과 발 옷에 먼지랑 흙이 묻어 있는 아이를 씻기기 위해 먼저 욕실로 데려갑니다. 이 때 아이는 옷이 잔뜩 더럽다고 해서 쭈그리고 앉아서 난감한 표정을 지으며 힘껏 옷을 빨거나 하지 않습니다. 두 팔을 벌리고 어머니가 옷을 벗기고 씻기는 대로 순순히 모든 것을 맡깁니다. 이러한 어린아이의 모습을 통해서 예수님이 어머니를 부를 때의 장면을 연상해 볼 수 있습니다. 일체의 가식이나 허세를 찾아 볼 수 없습니다.

장성한 아들로서 더군다나 하나님의 아들로서 여러 가지 귀한 사역들을 감당했지만 이 땅에서의 날이 저물고 가장 연약한 아들의 모습으로 어머니 앞에 서 있습니다. 십자가 형틀 위에서 고통 가운데 가장 의지하고 기대고 싶은 대상으로 어머니를 바라보며 부르고 있습니다.

빌라도가 십자가 위에다가 라틴어와 헬라어, 히브리어로 각각 "나사렛 예수 유대인의 왕"이라는 칭호가 적힌 패를 붙입니다(요19:19~20). 하지만 예수님은 어머니를 부를 때 그러한 공식 직함 대신 그냥 어머니의 아들이라고 말합니다.

어머니는 영원한 그리움의 대상입니다. 막상 그 대상이 앞에 있으면 순종하지 않고 속을 썩이는 불효자식이 되지만 어머니의 이미지는 가장 외롭고 힘들 때 부르고 싶은 대상을 가리킵니다. 만일 예수님이 이와 같은 인간적인 고백이 없이, 바늘을 찔러도 피 한 방울 나지 않는 초인超人으로 묘사되었다면 예수님은 그저 우리와 별 상관없는 존재가 되었을 것입니다.

예수님과 성삼문

조선시대의 인물인 성삼문과 예수님을 서로 비교한다면 어느 쪽이 더 강인하게 보일까요? 두말할 나위도 없이 성삼문이라고 볼 수 있습니다. 그는 사육신 가운데 한 사람으로서 사지四肢가 찢겨져 나가는 무시무시한 형장으로 끌려가는 도중에 읊은 시조로도 유명합니다.

"이 몸이 죽고 죽어 무엇이 될꼬 하니, 봉래산 제일봉에 낙락장송 되었다가 백설이 만건곤할 제 독야청청하리라."

우리 귀에 익숙한 이 시를 대할 때마다, 너무나 부끄러움을 느끼게 됩니다. 거대한 사회 집단 속에서 힘없이 쪼그라들고 움츠러든 마음, 옹졸하고 나약한 마음이 고스란히 뇌리 속에 어느 정도 감춰져 있는 것이 사실인데, 어쩌면 성삼문은 저리도 당당했을까? 신앙의 절개를 지키기 위해 순교하는 것도 아니요, 단지 권좌에서 힘없이 밀려난 어린 주군主君 단종을 위해 모진 고통을 감내하면서 형장의 공포에 압도당하지 않고 저토록 어엿하게 시조를 읊조릴수 있을까? 신숙주는 세조에게 기울었는데, 그도 적당한 명분을 찾아서 시류에 따라 살았다면 부귀영화를 누렸을 텐데, 내가 저 입장에서 과연 그렇게 할수 있을까? 가끔 고궁을 찾아 거닐 때면, 신앙인으로서 올곧지 못하고 때로는 자신을 지키기 위해서 전전긍긍하는 나의 모습을 어디선가 부릅뜬 눈으로 그가 바라보는 것만 같아 부끄러움을 느끼며 화들짝 놀라곤 합니다.

불의에 맞서고 형벌의 두려움에 미동조차 하지 않는 듯한 성삼문과 어머니를 부른 예수님, 이렇게 둘을 놓고 볼 때 어느 쪽이 더 기품이 있어 보일까요? 둘 다 처형이라는 극단적인 상황에 처해 있지만 성삼문에게서는 범인들에게서 찾아볼 수 없는 기개를 느낄 수 있습니다.

그때 예수님도 허리를 꼿꼿이 세우고 멋진 시조는 아니더라도, "내게 강 같은 평화" 하며 힘차게 찬송하든지, 아니면 천군 천사들에게 명하여, 아이들이 흔히들 상상하는 천하무적 마징가 제트나 로봇 태권브이를 대동하고 내려와서 번쩍이는 칼을 휘두르는 모습을 연출했더라면, "그래 역시 예수님이야. 풍랑을 잠재우고 물위를 걷고 병을 고치더니 소문대로야" 하며 전원 무릎 꿇고 살려달라고 애걸복걸, 대성통곡했을 것입니다. 우리가 예수님의 입장이라면 마지막 클라이맥스를 이처럼 멋있게 처리했을 것입니다.

하지만 어머니를 찾는 예수님에게서는 그런 모습이 보이지 않습니다. 우리는 온갖 화려한 색으로 덧칠하기 때문에 인간 예수의 진정한 모습은 점점 더 멀어져 버립니다. 그러면 복음서를 읽어도 능력을 행하고 십자가에 못 박혀 죽고 부활했다는 사실만 중요하게 여기고 이러한 장면은 건너뛰어 버립니다.

예수님처럼 감정을 표현하는 것이 지극히 바람직하며 정상적이라는 사실을 이해하지 못하는 사람들이 많습니다. 요즘의 개신교는 예수님에 대해서 신적인 면만 부각시키고 있다는 비판을 많이 받고 있는 형편입니다. 그런 분위기 때문인지는 몰라도 예수님을 따르며 닮고 싶다고 고백은 하면서도 정작 자신의 감정을 솔직하게 고백하는 예수님의 자세는 본받으려는 생각조차 하지 않으려고 합니다.

하나님께 난 화났다고 말했네. I told God I was angry

제시카 세이버 Jessica Shaver

아마 놀라셨겠지 갑자기 화난다고 말했으니
하지만 내가 모르는 사이에
분노가 쌓여 교묘하게 마음속에 자리 잡고 있었으니
주님을 미워해요 왜냐고요?
상처를 받았으니까요

내가 먼지처럼 하잘 것 없나요
도무지 이건 아무리 생각해도 불공평해요
화난다고 투덜댔어요. 그런데 난 놀라고 말았어요.
뾰로통한 나에게 주님은 말씀하셨기 때문이지요.

"네 마음속에 쌓여가는 것이 무엇인지 이제야 네가 알게 되었구나.
네 마음속에 쌓여가는 것을 마침내 네가 인정하는구나.
우리가 그동안 서로 멀어진 것은
네가 나를 미워하기 때문이 아니라
네 마음을 솔직하게 드러내지 않았기 때문이란다.
네가 나를 미워할 때조차도 끊임없이 난 너를 사랑한단다.
하지만 그 사랑을 받으려면
솔직하게 네 마음을 드러내놓아야 한단다.
네가 느끼는 분한 마음 그대로 내게 말한다면
괴로움은 사라지나니
비로소 네게 치유가 임하느니"

내 마음에 분노가 사라졌어요.
주님 나를 받아주시니 평안한 마음
솔직하게 화났다고 투정하니
마음속 가득 평안한 마음

9. 하나님에 대한
분노의 감정을 처리하는 과정

아직 걸음마에 서툰 아이가 겨우 몇 발자국 걷다가 방바닥에 넘어져 울음을 터뜨립니다. 이러한 상황에서 할머니는 우는 아이를 향해 함부로 말을 쏟아내지 않습니다.

"누가 널 넘어뜨렸니? 네가 바보같이 넘어져 놓고선 울긴 왜 울어?"

"넘어질 걸 뻔히 알면서 뭣 하러 걷는다고 그래."

"좀더 조심하며 걸었어야지 바보같이"

"울지 말고 일어나!"

그렇게 말하는 대신 아이의 아픈 무릎을 쓰다듬는 동시에 방바닥을 보고 꾸짖고 나무라면서 세차게 내려칩니다. 따지고 보면 아이가 스스로 넘어진 것이지 방바닥은 아무런 잘못이 없습니다. 잠자코 있다가 걸어가는 아이의 발을 걸어 넘어뜨린 것도 아니고 아예 의식 자체가 없는데도 이를 지켜보던 할머니는 아이가 울음을 그칠 때까지 방바닥을 꾸짖으며 때립니다. 얼핏 생각하면 이치에 맞지 않고 무지몽매한 것 같지만 아이의 마음을 풀어주기 위한 옛 어른들의 지혜를 엿볼 수 있습니다. 자기를 둘러싼 주위 환경에 익숙지 않고 사리분별이 분명치 않은 아이에게 합리적인 생각을 강요해 봤자 소용이 없습니다. 어느 정도 자랄 때까지 넘어지고 부딪칠 수밖에 없는데 그럴 때마다 아파서 울도록 무작정 내버려 둘 수 없습니다. 우선 당장 울음을 멈추게 하고, 더 나아가서 아이의 마음속에 조금이라도 마음의 상처로 남아있지 않도록 하기 위해 예로부터 내려오는 사려 깊은 육아방식 중의 하나입니다.

아직 세상이치가 어떻게 돌아가는지 모두 이해할 수 없는 아이의 마음을 할머니가 풀어 주었듯이, 하나님에 대한 용서의 첫 단계는 그렇게 시작됩니다. 우선 감정의 차원에서 우리 마음속에 치밀어 오르는 하나님을 향한 분노를 해소시켜 주어야 합니다. 마음속에 부정적인 감정이 남아 있는 상태에서는 하나님의 섭리와 깊은 뜻을 받아들이기가 어렵기 때문입니다. 하나님에 대한 부정적인 감정을 해소하기 위해서는 다음의 과정을 거치는 것이 바람직합니다.

- 갑자기 전원 플러그를 뽑지 말라
- 이집트로 다시 돌아가라
- 분노의 감정을 해소하는 실제적인 방법을 사용하라

갑자기 전원 플러그를 뽑지 말라

인터넷에서 원하는 정보를 다 찾았으니 더 이상 컴퓨터를 이용할 필요가 없다고 생각하고 전원코드를 휙 뽑아 버린다면 치명적인 고장을 일으키는 원인이 됩니다. 작업창들을 하나씩 닫고 종료과정을 거쳐야 하는데 우리 마음도 마찬가지입니다. 아주 정교한 고성능 컴퓨터와 같아서 부정적인 마음이 해소되고 상처가 제대로 치유되며 회복되기 위해서는 느끼는 감정을 그대로 인정하고 표현하는 과정이 필요합니다.

간절하게 바라는 내용과 상관없이 전혀 엉뚱한 방향으로 사건이 전개되는 통에 슬픔이 몰려오고 이어서 하나님에 대한 원망과 불평과 분노의 감정이 마음속에 가득 차오르게 될 때, 이를 바로 억누르고 덮어버린다고 해서 문제가 해결되는 것이 아닙니다. 극도로 슬픔이 몰려오고 하나님이 원망스러운데도 믿음을 내세워 언제 그랬느냐는 식으로 감정의 통로를 막아버리면 우리의 마음은 그때부터 비정상적으로 작동하기 시작합니다.

슬픔을 감추고 억제한다 하더라도 마음속에서 완전히 사라지는 것이 아니라 다른 형태로 진행하는데 그 중에 하나가 냉소주의입니다.
이는 남의 모습을 그대로 인정하지 않고 빈정대며 깎아 내리려고 하는 자세입니다. 그러한 태도를 단적으로 표현하자면, 나는 아직도 슬프고 우울한 기분 그대로라는 것을 나타내는 것입니다. 내 속에서는 슬픔이 처리되지 않아 여전히 그러한 기분 가운데 사로잡혀 있는 상태에서 상대방의 일거수 일투족이 좋게 보일 리가 없습니다. 또한 아무리 옆에서 좋은 말을 해도 그것이 자신에게 위안이 되지 않기 때문에 시큰둥하게 반응하고 평가절하해 버립니다.

여기서 한 가지 주의해야 할 점은 열심히 기도하고 봉사도 많이 하고 신앙생활 잘하고 있다고 스스로 생각하는 사람들 가운데 이러한 냉소주의 태도가 많다는 것입니다. 엘리야의 경우에서처럼 자신의 열심에 비례해서 하나님의 은혜의 체감온도가 올라가지 않는다고 느낄 때가 많기 때문입니다.

더 큰 문제는 기도를 많이 하면서도 이러한 냉소주의를 걸러내지 못하고 간과해버리는 것입니다. 자기 속에 냉소주의가 있는지, 그리고 그것이 문제가 되는지 조차 잘 깨닫지 못하기 때문입니다. 그러면서 종종 다른 사람을 비판하고 깎아내리지만, 그것이 문제가 되는 것이 아니라 오히려 자신이 신앙적으로 성숙해 있기 때문에 분별력이 있는 것으로 스스로 여깁니다. 자신이 당한 시련이 하나님과의 관계에서 이해가 되지 않아 마음속에 응어리가 남아 있는 상태에서 회복이 되지 않으면 계속해서 이러한 냉소주의에서 벗어나기 어렵습니다.

슬픔이 온전히 처리되지 않은 상태에서 흔하게 나타나는 또 하나의 증상은 탈진입니다.

이것은 신앙 생활하는 사람들 가운데에서도 예외가 아닙니다.

"여호와를 앙망하는 자는 새 힘을 얻으리니 독수리가 날개치며 올라감 같을 것이요 달음박질하여도 곤비하지 아니 하겠고 걸어가도 피곤하지 아니하리로다."(사41:31)

그런데 탈진이 웬 말이냐고 반문할 것입니다. 그 동안 하나님에 대한 크고 작은 실망과 분노가 처리되지 않았기 때문에 하나님을 깊이 신뢰하지 못한 상태에서 기대감을 갖고 하나님과 깊은 관계를 맺기 어렵습니다. 마음속에 더 이상 하나님에 대해 기대할 것이 없고 확신이 없는 상태에서 믿음의 기도를 드리고 싶은 마음이 일어나지 않습니다. 자신이 풀기 어려운 문제들은 쌓여만 가는데 그럼에도 불구하고 기도할 마음조차 일어나지 않고 하나님과의 관계에서 풀지 못하기 때문에 깊이 절망하고 마침내 탈진하기에 이르게 됩니다.

마음속에 일어나는 부정적인 감정을 표현하는데 있어서, 피에르 울프 Pierre Wolff가 쓴 "하나님을 미워해도 될까요?" May I hate God?라는 책의 서문에 인용된 헨리 나우웬 Henri Nouwen의 글은 도움이 됩니다. 여기서 나우웬은, 우리가 하나님을 향하여 분노를 느끼게 되더라도 그것을 그대로 드러냄으로써 얻게 되는 신앙의 유익에 대해서 언급하고 있습니다.

"적대감, 분노, 분개, 증오 등이 우리의 영적 성장에 아주 큰 걸림돌이 된다는 사실이 설령 입증된다고 하더라도 나는 그리 놀라지 않을 것이다. 그러한 감정을 느끼더라도 그것은 신앙생활에 있어서 불필요한 것으로 보고 얼른 하나님으로부터 그러한 것들을 숨겨 버릴 것이기 때문이다. 내 안에 그런 것이 있는지 하나님이 보면 싫어할 테니까 나는 단단히 감춰버릴 것이고 그러면 더 이상 나에게 문제될 게 없을 것이다. 하지만 그렇게 되면 우리의 신앙생활은 힘과 능력을 잃고 정말로 중요시해야 될 문제들을 완전히 외면해 버리게 되고 말 것이다…. 우리 자신 안에 있는 것들 중에서 스스로 처리할 수 있다고 생각되는 것들만 선택해서 하나님께 드러낸다면 결국 우리 자신에게 명백하게 해를 끼치는 결과를 초래할 수 있다…. 세상 사람들은 분노와 증오에 대해서 어떤 식으로든 억제하고 억누르려고 하는데 교회 안에서도 마찬가지로 성숙한 신앙인은 그처럼 절대로 하나님을 향하여 자신이 분노하고 있다는 것을 드러내지 않아야 한다는 태도를 취한다. '난 이러면 안되는데 믿는 사람이 분노하고 말이야' 분노할 때 마다 이와 같이 수치와 죄책감을 느끼게 되고 그러면 결국 신앙의 유익은커녕 도리어 손해를 보게 된다…. 성경은 구약과 신약에 걸쳐서 분명하게 다음과 같은 사실을 증거하고 있다. 우리가 하나님을 향하여 분노와 증오를 느낀다면 그러한 감정 그대로 하나님께 아뢰게 될 때 충만한 하나님의 사랑을 알게 되고 동시에 우리는 그러한 마음에서 벗어나 자유를 얻게 될 것이다."

I would not be surprised if hostility, anger, resentment, and hatred proved to be the greatest stumbling blocks to our spiritual growth... Our first response to such feelings is to hide them from God in the belief that they have no place in our spiritual life... Our spiritual life then loses strength and power and quickly becomes divorced from the issues that really matter.... We can really harm to ourselves when we approach God selectively and reveal to him only those parts of ourselves that we think he can handle... We have been so victimized by religious and secular taboos against anger and hatred that theses emotions usually evoke only shame and guilt.... In both the Old and New testaments, it is clear that only by expressing our anger and hatred directly to God will we come to know the fullness of both his love and our freedom." 11)

이집트로 다시 돌아가라

분노는 마치 밭에 자라나는 쇠비름이라는 잡초와 비슷합니다. 이 식물은 생명력이 얼마나 강한지 제거하려면 아주 애를 많이 먹습니다. 뿌리까지 완전히 뽑아서 바깥으로 내다 버리지 않으면 자꾸만 돌아납니다. 몹시 가뭄이 들어 땅바닥이 타들어 가는데도 얼마나 끈질긴지 말라버리는 법이 없습니다. 심지어 줄기의 토막 일부가 땅바닥에 떨어져 있기만 해도 다시 뿌리를 내리고 뻗어나갈 정도로 아주 지독합니다.

마음에 떠오르는 분노의 감정을 그대로 인정하고 표현하는 것은 마치 쇠비름의 줄기 일부를 뜯어내는 것과 같이 일시적인 처방 밖에 되지 않습니다. 성가시더라도 뿌리째 뽑아서 들어내야 하듯이 근원적으로 치유하기 위해서는 하나님에 대한 원망과 분노의 상처를 받게 된 과거의 현장으로 다시 돌아가야 합니다.

하나님은 광야에서 도피생활을 하던 모세로 하여금 다시 이집트로 돌아가도록 했습니다. 여기서 우리는 큰 틀에서 모세를 통해 이스라엘 동족을 구원하고자 하는 하나님의 계획과 동시에 모세 개인의 마음의 상처를 치유하여 지도자로서 당당하게 설 수 있도록 하기 위해서 이집트로 다시 보내는 하나님의 섭리를 읽을 수 있습니다. 과거의 상처로부터 회복하기 위해서 아픈 기억의 현장으로 다시 돌려보낸 것으로 이해할 수 있습니다. 실타래가 엉클어졌다면 아무리 귀찮고 성가시더라도 꼬인 곳에서부터 다시 시작해야 하는 것과 같은 이치입니다.

모세가 한사코 사양하고 있는데도 불구하고 하나님은 그를 설득해서 기어이 이집트로 내려 보냅니다. 얼핏 보기에 일의 효율을 따진다면 그의 형 아론에게 그 일을 맡기는 것이 훨씬 더 타당할 것입니다. 언변이 좋다고 하나님이 판단할 정도로 그는 유능한데다가 이미 이집트에서 동족들과 함께 계속해서 살아온 터라 그들의 형편을 잘 알고 있기 때문에 앞장서서 일하기에 모세보다는 상대적으로 더 효과적이라고 볼 수 있습니다. 따라서 군이 모세가 이집트로 내려갈 필요 없이 아론으로 하여금 백성들을 출애굽하게 하고 그 이후에는 오랫동안 광야생활을 해 오던 모세에게 바통을 넘겨주는 것이 누가 보더라도 최선의 선택이라고 생각할 수 있습니다. 하지만 모세는 단순히 광야 길의 안내자가 아니라 하나님으로부터 내려오는 율법을 전달하고 하나님의 뜻을 선포하는 영적 지도자의 역할을 동시에 감당해야 하기 때문에 이와 같은 인간적인 측면만을 고려할 수는 없습니다. 영적인 사역을 감당하기 위해서는 다른 무엇보다도 하나님과의 관계가 새롭게 설정되어야 하고 지도자로서 필요한 요소를 각각 갖추어야 합니다. 이집트로 내려가라는 말씀을 시작으로 하나님과의 관계와 내면의 회복, 즉 영적인 사역자로서 갖춰야 하는 이 두 가지 요소를 하나님은 채워나갑니다.

모세가 회복되어야 하는 마음의 상처는 이집트라는 특정 지역과 연관되어 있습니다. 그에게 있어서 이집트는 다시 떠올리기 싫은 다음과 같은 의미를 지니고 있습니다.

- 살인의 아픈 추억이 서린 곳
- 동족으로 부터 인정받지 못하고 있다는 사실을 확인한 곳
- 생명의 위협을 느끼며 도망쳐 나온 곳

한 마디로 이집트인을 살해함으로써 그의 삶이 완전히 뒤틀려 버린 아픔을 지닌 곳입니다. 동족을 위해 저질러진 일이지만 인정을 받고 높임을 받기는 커녕 "누가 너로 하여금 우리를 다스리는 자와 재판관으로 삼았느냐?" (출2:14) 라는 말을 들으며 무안을 당하던 굴욕의 현장입니다. 그 일로 인해

서 그는 보호받는 왕자의 신분에서 졸지에 추격당하는 도망자의 신세가 되어 버렸습니다.

"하지만 그동안 40년이라는 긴 세월이 흘렀는데 여전히 상처로 남아 있을까요?"

많은 사람들은 세월이 약이라고 믿고 있기 때문에 이렇게 회의적인 입장을 취하거나 또는 신앙을 내세워서 상처를 너무나 가볍게 여깁니다. 사실 그동안 모세는 되도록이면 이집트로부터 멀리 벗어나고자 했고, 그렇게 오랜 시간이 흘렀지만 마음의 문제는 해결되지 않았습니다.

어릴 때에 여아로 태어났다는 이유로 부모로 부터 인정을 받지 못하고 학대를 받은 사람이 회갑이 넘은 나이가 되어도 그 상처를 지울 수 없어서 괴로워하는 모습이 텔레비전을 통해서 방영된 적이 있습니다. 집안에 원치 않는 딸이 태어났기 때문에 그녀를 향해 재수 없다면서 온갖 수모와 구박을 하던 터라, 하는 수 없이 부모님이 사는 이 나라를 등질 수밖에 없었습니다. 맨손으로 미국 땅에 건너가 우여곡절 끝에 자수성가해서 부귀와 영화를 누립니다. 많은 사람들이 영화에서나 볼 수 있는 저택에다가 엄청난 자산의 사업체와 거느리는 수많은 식구들, 그리고 외국에서 저명한 인사들과 어울리며 살아가는 그녀를 바라보는 시선은 부러움 그 자체입니다. 그러한 환경 속에서 살아가는데 과거의 마음의 상처라니? 까마득한 옛날 어릴 때의 일이고 세월이 많이 흘렀는데 여전히 문제로 남아 있단 말인가? 그것도 남이 아닌 친부모로부터 구박을 받은 것인데? 더군다나 신앙인이지 않은가? 남들은 충분히 그러한 의구심을 가질 수 있습니다. 하지만 자신은 문득 문득 어릴 때의 사랑받지 못하고 버림받은 아픈 기억이 떠올라 몹시 괴로워하며 흐느끼곤 합니다. 그동안 세월이 많이 흐르고 세상 적으로도 성공했지만 과거의 상처는 저절로 지워지지 않는다는 것을 단적으로 보여주는 예입니다.

모세의 경우에도 마찬가지입니다. 인정받는 것은 누구에게나 필요한 것이며 더군다나 지도자에게 있어서 으뜸 되는 문제이기 때문에 세월이 흐른다고 해서 자연스럽게 해결되는 것이 아닙니다. 이전에 바로의 왕궁에서 왕자로 지내던 시절에도 동족들이 자신을 인정하지 않았는데 하물며 세월이 흐른 지금에 와서 상황이 나아질리 없다는 생각을 하기 마련입니다.

지도자로서 백성들 앞에 설 때에는 언제나 인정받는 문제는 따라 다닙니다. 또한 과거에 인정받지 못한 수치스런 기억은 끔찍한 살인의 현장과 깨어져 버린 그의 꿈과 연결되어 있기 때문에, 이집트로 가라는 하나님의 음성을 들었음에도 담대하게 나서지 못하고 위축될 소지를 다분히 지니고 있습니다. 하나님은 이러한 문제를 대충 얼버무리지 않고 다시 아픔의 현장으로 되돌아가 처리되도록 하셨습니다. 모세가 이집트로 내려가서 백성들을 인도한 것은 역사적인 사건인 동시에 그의 내면의 문제를 풀어나가는 하나의 상징적인 사건이기도 합니다.

상담가들도 자신이 겪은 내용과 그로 인해서 마음속에 일어나는 느낌을 그대로 인정하고 사건 현장으로 돌아가 당시의 상황을 회상하며 새롭게 마음을 추스르는 시간을 가지라고 권면합니다.

> "과거에 일어난 사건의 내용과 감정을 그대로 받아들이고 인정하라. 그리고 그것
> 에 대해서 회상하는 시간을 가지라."
> "Accept what has happened and your feelings about it. Allow yourself to
> reminisce." 12)

이것은 단순히 과거의 아픔을 되씹고 상념에 깊이 잠기는 것을 뜻하는 것
이 아닙니다. 그러한 행위는 회복되는 데 있어서 결코 도움이 되지 않습니
다. 도리어 상처를 덧나게 하고 부정적인 감정에 더욱 사로잡혀서 스스로 헤
어 나오기 어렵게 만들 수 있습니다.

아픔의 현장에 다시 돌아가는 것이 유쾌하지 않지만 동족을 인도하기 위
함인 동시에 내면의 상처를 회복하기 위해 필요한 과정이기 때문에 하나님
은 모세로 하여금 다시 이집트로 돌아가게 하셨습니다.

모세가 비록 오랜 세월이 흘렀기 때문에 과거의 아픈 기억이 자연스레 사
라졌을 거라는 생각이 들지만 그의 삶 속으로 들어가 보면 사실은 정반대의
상황임을 알 수 있습니다. 지리적으로 그가 살던 광야는 이집트와 멀리 떨어
져 있고, 문화적으로도 이전에 바로 곁에서 살던 것과는 전혀 다릅니다. 일
상생활 속에서 그가 만나는 사람, 관심을 쏟는 일 등 이집트에서 살던 때와
는 전혀 이질적이기 때문에 이전의 기억이 자연스레 잊혀지고, 사라질 만도
한데 우리의 예상과는 달리 그렇지 않았습니다. 이집트에서 도망치던 순간

부터 그의 삶을 하나씩 추적해 나가는 동안, 시간이 흐를수록 내면의 아픔은 더욱 더 깊어져 가는 것을 확인할 수 있습니다.

우선 모세가 혼비백산하여 광야로 달아날 때 그의 마음이 어떠했을까요? 자신이 의도하지 않았던 방향으로 일이 진행됨으로 인해 빚어진 마음의 혼란의 책임을 상당 부분 하나님께로 전가하는 경우도 우리가 충분히 짐작할 수 있지 않을까요?

"오, 주여 비록 쫓겨나지만 능력의 하나님께서 언젠가 나를 들어 사용하실 줄 믿습니다. 언제까지라도 기다리겠습니다. '바~람 불어도 괜찮아요.' '동남풍아 불어라 서북풍아 불어라 예수 향기 날린다.'" 이와 같은 가사를 떠올리며 찬양하면서 씩씩하게 광야로 나아갔을까요?

"하나님, 이게 도대체 어찌 된 일입니까? 내 나이 40, 이제 지도자로 나서기에 충분한 나이가 되었고 더군다나 왕궁에서 왕자의 신분으로 있고 그러면 누가 보더라도 큰일을 할 수 있는 조건을 갖추었다고 볼 수 있는데 이게 뭡니까? 이러한 상황을 잘 활용하셔야지요. 어쩌다가 사람도 죽이고 동족은 나를 알아주기는커녕 무시하질 않나…. 이제는 정처 없이 쫓겨 다녀야 하니 이 일을 어떻게 수습하실 요량입니까? 난 아무리 봐도 하나님이 실수하시는 것 같습니다. 이런 호기를 놓쳐선 안 되지요. 그렇고말고요. 하나님 잘 생각해 보세요. 이대로 저를 내버려 두면 하나님 손해 보는 겁니다."

만일 그와 같은 생각이 들었다면, 일시적으로 뇌리에 맴돌다가 사라지지 않고 오랜 세월을 두고 계속 이어졌을 것입니다.

"내가 살아가는 꼴이 이게 뭐람. 이제 세월은 자꾸만 흐르고 내 인생은 이렇게 끝나는 겁니까? 여기 광야에서 이방 여인과 결혼해서 자식 놈 낳고, 왕궁에서 그토록 혐오스럽게 여기던 가축이나 돌보다가 이렇게 무의미하게 죽어야 하나요?"

"시녀들의 시중을 받으며 같이 어울리던 녀석들이 지금의 나의 모습을 보면 뭐라고 하며 조롱할까? 이 모양 이 꼴로 사는 것이 도대체 무슨 의미가 있어서 이렇게 계속 살아야 하나?"

세월이 어느 정도 흘렀지만 문득 문득 옛날 일이 떠오르면서 혼자 흥분하기도 하고, 더군다나 과거에 무시당했을 때의 느낌은 오랜 세월이 흘러도 쉽게 잊히지 않고 이따금씩 그의 인상을 찌푸리게 만들었을 것입니다. 격한 감정이 복받쳐 오를 때에는 발부리에 피가 맺히도록 돌을 걷어차기도 하고 허허벌판을 미친 듯이 뛰어 다니며 괴성을 지르고, 그러다 조용하고 한가할 때면 부질없는 짓이긴 하지만 마치 애들이 황당무계한 내용으로 만화 그리듯이, 나름대로 엉뚱한 상상도 해 봤을 것입니다.

"몰래 잠입해서 이스라엘 군중들을 동원하여 봉기를 일으켜 볼까? 왕궁의 지리나 구조야 내가 훤히 잘 아는데 비밀통로로 게릴라를 조직해서 어떻게 해 볼까? 아니야. 궁중에 있을 때 친했던 자들을 매수해서 바로 체제의 전복을 시도하는 것도 좋지 않을까? 그러면 이스라엘 동족들이 날 바라보는 시각이 당연히 달라지겠지? 온통 환호하고 그러면 난 무동 타고 궁궐에 입성하는 거다. 그래, 물론 당연히 파라오가 되는 거지. 그러면 그때 날 무시했던 그 녀석의 상판대기를 한번 봐야지. '행님아' 아니 '폐하' 하면서 납작 엎드리며 죽는 시늉하겠지"

상상만 해도 신나고 즐거워서 혼자 피식 웃다가 이내 침울한 분위기로 빠져듭니다.

"내가 괜스레 쓸데없는 생각을 하고 말이야. 이제 다시는 생각 말아야지."

잊어버리자고 생각하다가도 다시 그 때의 일이 떠오르면 마음속의 분기를 삭이지 못하고 혼자 중얼거리기도 했을 것입니다.

"하나님도 야속하지만, 그 때 나를 인정하지 않는 그 녀석은 도대체 뭐야. 뭐 그리 잘났다고 나를 깔보고 말이야. 노예로 살아가고 있는 주제에 나를 무시하면서 함부로 말을 내뱉고, 나 참 어이가 없어서…. 내가 힘이 되어 줄려고 그러는데 그것도 모르고 말이야. 하긴 내가 뭐 사서 고생한 거지. 동족들조차 알아주지도 않는데, 그냥 왕궁에서 호의호식하면서 지내면 될 텐데 괜스레 말이야. 아무리 생각해 봐도 내가 바보인 것 같아."

이러한 마음의 한은 아들의 이름에 고스란히 담겨 있습니다. 첫 아들 게르솜의 뜻은 "내가 타국에서 객이 되었다" 입니다. 요즘에 흔한 이름으로 쓰이는 밝고 긍정적인 의미의 "소망이", "아름이" 하는 식이 아니라, 더 이상 내가 어떻게 하지 못하고 이렇게 타향에서 살다가 아무런 의미 없이 늙어간다는 자괴감이 그 이름에 진하게 배어나옵니다. 그런 상태에서 부부 생활인들 온전했을까요? 물론 성경에는 그들 부부가 어떻게 살았는지 얼마나 금슬이 좋고 다정했는지 아니면 자주 부부싸움을 했으며 그 강도가 어떠했는지 그런 것 까지 자세하게 나와 있지는 않습니다. 다만 나중에 모세가 광야 길에서 구스(지금의 에티오피아) 여인을 취한 사실과 그로 인해서 형과 누이가 함께 그를 심하게 나무랐던 점으로 미루어 충분히 짐작할 수 있습니다. 다른 부인을 두는 것은 당시 이스라엘 백성들 사이에 자연스런 관행도 아니고 더군다나 이목을 한 눈에 받는 지도자임에도, 그것도 이방여인을 그렇게 한 것을 보면 부부생활이 순탄치 않았음을 엿볼 수 있습니다.

현실에서 도저히 이뤄질 수 없는 일인 줄 뻔히 알면서도 하루에도 몇 번이고 상상하며 꿈을 꾸며 그림을 그렸다가 황당하다는 생각이 들 때 지워버리며 다시 좌절하고, 하지만 세월이 흐르면서 그러한 빈도도 점차 줄어들었을 것입니다. 자꾸만 떠올려 봐야 이내 무너져 내리면서 찾아오는 공허감에 치를 떨어야 하기 때문에 그 고통이 싫어서라도 의도적으로 그러한 생각 자체를 떨쳐 버리기 위해서 애를 썼을 것입니다. 일상생활을 하다가도 어느 순간 상념은 자유롭게 떠돌다가 과거의 쓰라린 기억의 현장에 가 있는 것을 확인하는 일이 반복해서 일어나자 아예 생각하고 표현하는 것조차 애써서 거부하고자 하는 사이에 서서히 말하는 기능이 상실되고 40년이 지난 시점에서는 거의 벙어리 비슷한 상태가 되지 않았을까요?

5공 군사정권이 들어서기 전 쿠데타가 일어나고 어느 날 갑자기 부하에게 당한 하극상의 충격과 분함을 삭이지 못하고 사령관 중의 한 사람이 자살한 사건이 있었습니다. 자신의 생각과 달리 계획이 틀어지면서 자신의 뜻과 전혀 상반된 엉뚱한 방향으로 진행될 때의 상처는 혼자 감당하기가 너무나 벅찬 것이며, 이는 모세에게도 예외가 아니었을 것입니다.

마음속에 동족을 구출하고자 하는 열정이 거의 식어 버리고 번민의 불씨가 희미해지는 시점에, 하필 그 때에 하나님은 그를 불러서 이집트로 내려가라는 명령을 내립니다. 그는 말을 잘 못한다며 거절하는데 출애굽 한 이후에 광야에서 백성들을 치리하고 설교 한 내용을 보면 단순히 언어구사 능력이 떨어지는 것이 아닌 듯합니다. 너무나 큰 상처를 받은 나머지 실어증失語症 비슷한 증세가 나타났다가 나중에 자신의 일을 감당하면서 회복이 되지 않았을까 추측해 볼 수 있습니다.

"오, 주여 나는 본래 말을 잘 하지 못하는 자니이다. 주께서 주의 종에게 명령하신 후에도 역시 그러하니 나는 입이 뻣뻣하고 혀가 둔한 자니이다." (출4:10) 이러한 고백 가운데, 그동안 마음속에 활활 타올랐던 격정을 스스로 소화消火시키기 위해서 얼마나 처절한 번뇌를 하며 괴로워했는지 엿볼 수 있습니다.

모세가 광야에서 40년 동안 지낼 때의 심정을 깊이 이해하기 위해서는 빅토르 프랭클 Viktor E. Frankle이 언급한 "실존적 공허" Existential Vacuum라는 개념이 적합할 것입니다.

　가장 바라던 꿈이 깨어진 채로 지내는 마당에 달리 어떤 일을 의욕적으로
하고 싶은 마음이나 충동이 생기지 않는 것은 당연한 현상입니다. 더 나아가
서 자신의 욕구와 생각의 틀을 벗어나서 더 크고 넓은 의미의 대의명분도 떠
오르지 않습니다. 그렇다고 해서 과거에 실패한 일을 다시 시도하는 자체는
도무지 엄두가 나지 않습니다. 무엇을 하고자 하는 불같은 욕망도 이제는 다
사라지고 더 이상 삶의 의미와 목적도 보이지 않습니다. 과거 상처의 기억과
고통을 억누르고 지우려는 생각 외에는 아무 것도 마음속에 남아 있지 않습
니다.

　광야 시절 이전의 모든 관계는 깨어져 버렸습니다. 갓난 아이 시절 어쩔
수 없이 갈대상자에 자신을 띄워 보내며 먼발치에서 지켜보며 맘 졸이던 누
나 미리암과의 각별한 관계도 더 이상 지속되지 않습니다. 형 아론을 비롯한
친지 동족들과의 관계도 이집트를 떠나온 이래로 모두 끊어져 버렸습니다.
심지어 하나님과의 관계조차도, 친밀하게 이어지고 있다는 인상을 우리는

성경기록에서 전혀 확인할 수 없습니다.

우리는 모세라고 하면 출애굽의 주역으로만 이해하고 모세를 다시 이집트로 돌려보낸 하나님의 의도를 단순히 그러한 외적인 사건의 관점에서만 보려고 합니다. 그렇게 되면 모세라는 개인의 실존은 실종된 채 무시되어 버리고 맙니다.

하나님의 섭리를 이루어 나가기 위해 한 개인을 들어 쓸 때 하나님은 아무런 인격이 없는 기계의 부품처럼 사용하지 않는 것을 알 수 있습니다. 그의 꿈과 모든 관계와 내면세계가 붕괴된 상태에서 신앙의 위대한 사건을 이루어 나가는 지도자로 나서기 어렵다는 사실을 하나님은 간과할 리가 없습니다. 실패하고 인정받지 못하고 게다가 살인까지 저지른 과거 이력에다가 오랜 세월 광야에서 도피 생활하는 가운데 낮아질 대로 낮아진 그의 자존감까지, 이는 모두 지도력에 있어서 심각한 결격사유에 해당합니다. 무엇보다도 백성들을 신앙으로 이끌기 위해서는 하나님과의 관계도 이전과 다른 차원으로 바뀌어져야 합니다.

하나님은 40년 동안 도피생활하던 그를 불러 과거 상처의 현장인 이집트로 내려가게 하셨습니다. 상처를 받게 될 때 일반적으로 그 기억으로부터 될 수 있는 한 멀리 떠나 버리고 싶은 마음이 듭니다. 그것은 40년간 깨어진 꿈에 대한 쓰라린 기억을 지닌 채 광야생활하며 지내던 모세의 마음이기도 합니다. 세상의 문화는 상처로부터 도피하여 광야에서 방황하도록 부추기지만, 하나님은 이와 반대로 다시 상처의 현장으로 돌아가도록 합니다. 따라서 이집트로 내려가라는 것은 과거의 상처의 내용을 그대로 인정하라는 것이며, 그것은 곧 회복의 시작을 의미합니다.

하지만 누구에게나 과거의 상처의 내용을 다시 떠올리며 인정하는 것은 몹시도 고통스럽고 껄끄러운 일입니다. 따라서 이집트로 내려가라는 하나님의 말씀을 들었지만, 모세는 완곡하게 거절합니다. 단순히 과거 아픔의 현장을 다시 돌아보기 위해 이집트로 가는 것이라면 상처는 오히려 더 깊어질 수 있습니다. 하나님은 그로 하여금 동족을 구한다는 분명한 비전과 목적을 갖게 함으로써 과거의 상처에 대한 시각을 바꾸어 주셨습니다. 새로운 시각으로 바라보면 세상은 온통 새로운 의미로 다가오고 다시 시작할 수 있게 됩니다.

중년의 한 성도가 찾아와 상담을 요청했습니다. 마음속에 기쁨이 사라지고 감정이 메말라 버린 듯한 느낌을 받고 있는데 어떻게 하면 좋으냐고 했습니다. 여러 교회를 찾아다니며 상담을 받으며 여러 가지 말씀을 들었다고 했습니다.

"찬양 많이 하세요. 그러면 기쁨이 넘칠 겁니다."

"범사에 감사 많이 하세요. 그러면 회복됩니다."

그대로 해보았지만 조금 회복되는 것 같다가도 이전처럼 그대로였다는 것입니다. 어떤 분은 "금식기도하며 지은 죄 회개하세요. 죄 때문입니다" 라고 권면하기에, 가까운 부모 형제 남편과 자녀에게 잘못했다고 생각되는 것 모두 회개해 보았지만 결과는 신통치 않았습니다. 가는 곳 마다 새로운 얘기를 들려주었습니다.

"영적전쟁을 치르고 있다. 마귀를 쫓아내야 한다."

"기도해도 믿음이 없기 때문에 해결이 안된다."

하지만 변화는 일어나지 않고 오히려 혼란만 가중되었습니다.

계속 이야기를 나누는 가운데 마음속에 평안이 없으며 마음속에 냉소주의가 자리잡고 있고 그로 인해서 남을 판단하며 살아온 것을 확인했습니다. 그럼 무엇이 문제일까요? 지금까지 찬양, 감사, 기도, 회개 등 일반적으로 권면하는 내용 모두 다 실행해 봤지만 마음의 변화는 일어나지 않았습니다. 이제 무슨 말을 더 해주어야 할까요?

몇 차례 만나서 대화를 나누는 가운데, 모세처럼 다시 아픔의 현장으로 돌아가는 기회를 갖지 못한 사실을 알게 되었습니다. 아버지가 갑작스레 사고로 목숨을 잃고 남편마저 불치병으로 고생하던 끝에 세상을 떠났습니다. 어려움 가운데 전도를 받고 신앙생활을 시작한지 얼마 되지않은 가운데 이러한 일들이 도무지 이해되지 않았습니다. 기도가 뭔지 이제 겨우 신앙의 맛을 알게 된 마당에 비극적인 일이 연이어 터졌습니다.

사고로 아버지를 잃었을 때, 슬픈 감정과 더불어 그동안 효도를 다하지 못한 것에 대한 죄의식, 하나님에 대한 원망 등이 뒤엉켜 있었지만 황망한 가운데 당한 일이라 마음속에 일어나는 감정에 젖어있을 겨를이 없었습니다. 뒤이어 남편이 세상을 떠났을 때에도 마찬가지였습니다. 교인들이 찾아와 함께 예배드리고 손님을 치르고 앞으로 자식들을 데리고 살아갈 일을 생각하니 마냥 주저앉아 있을 마음의 여유가 없었습니다. 그리하여 의식의 밑바닥에 일차적으로 짙게 깔려 있는 슬픔과 원망과 분노의 감정을 바깥으로 표현함으로써 배출되는 기회를 갖지 못하고 말았습니다. 이러한 상태에서 마음속의 욕구가 충족되지 않음으로 인해 상처입은 감정은 울고 보채는 어린아이 상태로 머물러 버리는데 이것을 일컬어 이른바 "과거의 내적아이" inner child of the past라고 합니다.

> 이러한 내적아이는, 이전 또는 어린 시절에 마음속을 짓누르며 부담으로 자리잡은 것들 및 여러 가지 문제들을 잊지 않고 그대로 담고 있는 마음의 일부분을 가리킨다.
> "This inner child is the part of your psyche that retain the burdens and problems of your early days." 14)

따라서 마음 속 깊은 곳에서 투정을 부리며 떼를 쓰는 어린 아이가 있고, 또한 그 아이는 원망하고 분노하는 상태에서 다른 사람의 행동거지 하나하나가 곱게 보일리가 없었습니다. 자기 마음속의 어린아이가 요구하는 것에 따라 비판하고 그러고 나면 마음은 편치 않고, 다시 회개하고 자책하고 또다시 같은 일이 반복되면서 마음의 평화는 깨어지고 상처는 더욱 깊어졌습니다.

그런 상태에서 상담하고 기도해 주는 사람들이 한 마디씩 던지는 말들이 오히려 마음의 상처를 더 키우고 덧나게 만들었습니다. 마음속에서 울며 보채고 으르렁거리며 헐뜯는 아이가 있는데, 회개, 감사, 믿음 운운하는 말들로 무슨 효과를 기대할 수 있겠습니까? 근본적인 치유가 되지 못하고 단지 마음속의 감정을 엉뚱하게 해석하고 눌러 버리는 잘못된 처방으로 오히려 상태를 더 악화시켰습니다.

그 사람에게 필요한 것은 다시 그러한 감정이 일어난 아픔의 현장으로 돌아가 막혔던 감정의 통로를 다시 열어 주는 것입니다. 먼저 이전에 아버지와 지내던 상태로 돌아가서 추억에 잠기며 느낄 수 있도록 유품을 가져오도록 했습니다. 장례식을 마치는 대로 평소 고인의 유품은 모두 정리해 버리고 남은 것이 별로 없었는데, 그 가운데 빛바랜 사진이 몇 장 있었습니다. 그것을 통해서 아버지와 하나님에 대한 해묵은 감정의 앙금을 그대로 쏟아내도록 했습니다. 그 다음 사고를 막아주지 않은 하나님에 대한 섭섭한 마음도 그대로 기도 가운데 털어놓게 했습니다. 그 후에 남편의 경우도 마찬가지로 그러한 방법을 통해서 그동안 막혔던 감정의 찌꺼기들을 여과없이 그대로 흘러보내게 했습니다. 대개 이쯤에서 그치는 경우가 많은데, 그렇게 되면 치유의 효과는 지속되지 않습니다. 과거의 상처를 활용하여 섬기는 단계로 나아가는 것이 필요합니다. 자신과 비슷한 처지에 있는 사람들을 돌보는 역할을 감당하며 나름대로 보람을 느끼게 되었습니다. 회피하고 싶었던 과거의 기억은 더 이상 상처가 아니라 새로운 의미로 와닿았습니다. 차츰 얼굴에 희색이 돌고, 건강하고 밝은 신앙생활을 누릴 수 있게 되었노라고 간증하기에 이르렀습니다.

분노의 감정을 해소하는 실제적인 방법을 사용하라

갑자기 일어나는 분노로 인해서 큰 사건으로 이어지는 경우도 많습니다. 오랜만에 친구끼리 만나 저녁을 같이 먹으며 정답게 얘기를 나눕니다. 잠시 후에 벌어지게 될 끔찍한 일을 둘 중 아무도 예상치 못했습니다. 이런 저런 얘기를 나누다가 정치얘기로 이어지면서부터 일이 이상하게 꼬이기 시작했습니다. 거기다가 술이 한 잔 들어가면서 사소한 문제로 시비를 벌이다가 마침내 친구를 살해하기에 이르는 어처구니없는 일이 벌어졌습니다. 대화의 내용으로 봐선 결코 죽음에 이르게 할 정도로 심각한 것이 아닙니다. 누구나 좋아하는 정당과 정치인이 있게 마련이고 이는 단순히 서로의 입장 차이에 불과한데, 자신의 생각을 무시한다고 여기고 갑자기 폭발하는 분노를 적절하게 처리하지 못하고 그만 엄청난 일을 저지르고 말았습니다. 따라서 자신이 무엇 때문에 분노하고 있는지 분노 자체가 전하는 목소리에 귀 기울이되, 분노가 담고 있는 모든 내용을 그대로 믿지는 말아야 합니다.

하지만 분노한다고 해서 반드시 이와 같이 부정적인 결과로 이어지는 것은 아닙니다. 분노를 통해서 서로의 관계가 더 깊어지는 것을 결혼생활이나 그 외의 인간관계의 경우를 통해서 확인할 수 있습니다. 분노의 감정을 적절하게 표현함으로써 각자 원하는 바가 무엇인지 깊이 알게 되면서 관계가 더 깊어질 수 있습니다. 인간관계에서 갈등과 오해는 흔히 있을 수 있는 일이지만, 그것을 서로 나눔으로써 비 온 뒤의 땅이 굳어지듯이 이전 보다 더욱 깊어질 수 있습니다. 두 사람 사이에 서로 분위기가 무르익어서 관계가 더욱 돈

독하게 이어지기를 바라는 마음이 들 때 서로가 느끼는 감정을 그대로 터놓고 나눕니다. 그 동안 받은 상처와 느낌을 그대로 털어 내놓고 서로를 위로하며 격려하는 가운데 더 가까운 사이로 발전하게 됩니다. 솔직하게 서로의 감정을 나눔으로써 그 동안 쌓였던 응어리가 풀어지고 화해가 이뤄집니다.

세상 모든 사람들이 전혀 화를 내지 않고 살아갈 수만 있다면 더할 나위 없이 좋겠지만 각자 생각과 삶의 방식이 다르기 때문에 오해와 갈등이 생기고 상대방으로 인해서 분노가 일어나게 됩니다. 따라서 인간이 살아가는 세상에 분노는 불가피합니다. 다만 이것을 어떻게 건강한 방법으로 해소시켜서 서로의 뜻을 깊이 이해하고 이전보다 오히려 더욱더 관계가 깊어지기 위해서는 네 가지 과정을 거쳐야 하는데 이것은 사람과의 관계 뿐만 아니라 하나님과의 관계에 있어서도 마찬가지로 적용됩니다.

> **하나님과의 관계에서 분노가 해소되는 과정**
>
> 1. 분노를 느끼는 단계 Getting angry
> 2. 자신이 느끼는 분노의 감정을 하나님께 그대로 얘기한다. Announcing the emotion
> 3. 무엇 때문에 분노하고 있는지 그 이유를 얘기한다. Presenting the case
> 4. 분노의 감정과 함께 마음속에 쌓여 있는 에너지를 해소시킨다. Releasing the energy

분노를 느끼게 되더라도 그러한 감정을 상대방에게 드러내는 데에 부담을 느끼고 첫 번째 단계에 머물러 버리는 경우가 많습니다. 관계가 악화되는 것을 우려한 나머지 분노를 느끼면서도 얘기를 쉽게 꺼내지 못합니다. 얼굴을 붉히는 한이 있더라도 일을 바로 잡아야겠다는 생각이 들면 모를까 대개 혼자 삭이고 맙니다. 상대방이 자기보다 나이가 많거나 지위가 높은 사람에겐 조목조목 이유를 대면서 말하기가 어려운데 분노의 대상이 하나님인 경우에도 마찬가지입니다. 하나님 앞에 나아갈 때에는 차분하게 마음을 가다듬고 거룩하게 정제整齊된 표현을 사용해야지 아무렇게나 느끼는 대로 이야기하는 것은 바람직하지 않다고 보기 때문입니다.

자신의 느낌을 솔직하게 하나님께 드러내지 못하는 이유

- 하나님과의 거리감
- 하나님 앞에 부정적인 감정을 드러내는 것이 불경스런 행위라는 신앙의 오해
- 하나님 앞에서 아빠라고 부르는 어린아이의 상태가 되어 있지 못함
- 하나님과 친밀감을 서로 나누는 대화가 아니라 요구사항을 나열하는 것을 기도로 잘못 인식
- 수시로 느낌을 나누지 않고 한꺼번에 모아 기도드리려는 잘못된 기도습관

마음속에 분노의 응어리가 남아 있을 때 하나님이 주시는 평안을 누릴 수 없을 뿐만 아니라 하나님과의 친밀감을 느끼지 못하게 됩니다. 아무리 자주 예배를 드린다 할지라도 하나님과의 사이에 친밀감이 없다면 결코 관계가 깊어질 수 없습니다. 따라서 마음속에 하나님에 대해서 느끼는 섭섭함, 원망, 분노 등의 감정을 그대로 주저하지 않고 하나님께 고백해야 하는데 이것이 두 번째 단계입니다. 그리고 이어서 무엇 때문에 분노하고 있는지 무슨 일로 짜증이 나고 원망스럽고 불쾌한지 구체적으로 그 이유를 하나씩 나열합니다.

"그런데 습관이 안 붙어서 그런지 기도할 때 이런 과정을 다 빼먹고 단지

요구사항만 자꾸 늘어놓게 됩니다. 그러다가 기도제목대로 다 이뤄지면 기도에 게을러지게 되고, 이러한 기도생활이 반복됩니다." 우리가 기도라고 하면 희망사항을 나열해서 아뢰는 것으로 이해하고, 더 나아가서 하나님과 친밀한 대화를 나눈다는 생각이 희박하기 때문에 이러한 결과가 빚어집니다. 이것은 예배가운데 드리는 대표기도의 영향이 큽니다. 우리가 주로 기도를 배우는 모델이 바로 대표기도인데, 이것은 회중전체를 대신해서 기도를 인도하는 것이기 때문에 사적인 감정을 표현하지 않는데 이러한 분위기가 개인기도에서도 그대로 이어지는 것이 문제입니다. 이러한 현상에 대해서 베스터만 Claus Westermann은 다음과 같이 지적합니다.

> 교회시대가 펼쳐지기 전까지 하나님을 향하여 불평하는 투의 표현은 기도, 즉 하나님께 요구하는 행위의 일부로 여겨져 왔다. 하지만 교회시대가 되면서 기도에서 그러한 형식이 사라지고, 하나님에 대한 불평 투의 언어양식은 종말을 고하게 된다. 하나님에 대한 불평과 찬양은 교회 시대가 되면서 간구와 감사로 바뀌어져 버렸다.
>
> Until the Christian era the complaint had been part of prayer, part of calling upon God. When, in the Christian churches, the complaint disappeared from prayer, it spelt the end of this linguistic genre. The polarity of complaint and praises was replaced by that of petition and thanksgiving. 15)

아이 들은 화가 났을 때, 이를 억제하지 않고 그대로 드러내기 때문에 어떤 감정의 상태인지 금방 알 수 있습니다. 아이와 어머니가 나누는 다음의 대화를 통해서 분노의 감정이 해소되는 과정을 살펴보겠습니다.

- 1단계 : 어느 무더운 여름철 아이가 얼굴이 벌겋게 달아오른 상태로 대문을 열고 들어온다. 표정으로 봐서 몹시 화가 나 있다는 것을 짐작할 수 있다. 하지만 어머니는 그 사실을 아직 모르고 있다.
- 2단계 : "엄마, 나 오늘 너무 속상해!" 이 얘기를 들은 어머니는 놀란 표정으로 아이를 바라보며 거의 반사적으로 말을 건넨다. "그래? 무슨 일이니?"
- 3단계 : "난 엄마가 차를 몰고 지나가기에 반가워서 손을 흔들었는데 왜 그냥 지나가버리는 거야?" 아이는 화가 풀리지 않은 나머지 냉장고에서 음료수를 꺼내고는 문을 '쾅' 하고 닫아 버린다. 그리고 큰 목소리로 한 마디 한다. "엄마, 나빴어!"
- 4단계 : "미안해, 내가 몰랐어. 알았다면 그냥 지나쳤겠니?" 하며 아이를 껴안아 준다.

  아이가 어머니에게 원한 것은 거창한 것이 아니었습니다. 지나가는 엄마를 보고 반가워서 손을 흔들었는데, 엄마가 그냥 지나쳐 버린 것입니다. 아이로부터 뜻밖의 반응을 보고 잠시 당황한 엄마는 아이가 무엇을 원하는지 알아차리고 "미안해, 내가 몰랐어. 알았다면 그냥 지나쳤겠니?" 하면서 품어주자, 아이는 엄마의 진심을 받아들이고 마음이 풀어졌는데 하나님의 관계에서도 마찬가지 입니다. 하지만 여기서 한가지 주의할 점이 있습니다. 위의 사례 중, 3번째 단계에서 아이는 화가 난 나머지 냉장고 문을 세게 닫으면서 화를 발산했습니다. 이와 유사하게 세상 사람들은 벽을 치고, 물건을 집어 던지거나 발로 차고, 술을 마신 상태에서 고함을 지르는 등의 돌출된 행동을 통해서 분노의 감정을 해소하고자 합니다. 물론 정도의 차이는 있겠지만 이런 식의 과도한 행동은 또 다른 부작용을 낳을 수 있기 때문에 바람직하지 못하다고 알렌 엘킨Allen Elkin은 지적하고 있습니다. 몹시 화가 난 상태에서 돌발적인 행동을 보일 때 대개 주위 사람들은 이를 제지하지 않고 그대로 지켜보게 됩니다. 계속해서 화가 날 때 마다 그러한 행동을 나타내더라도 이를 묵인하게 될 때 점점 더 과격하고 돌발적인 행동으로 이어지고 결국에는 하나의 습관으로 굳어질 위험성이 있다고 보았습니다.

> "분노를 터뜨리게 되면 결과적으로 분노의 감정을 더 키우고 분노의 태도를 굳히며 적대적인 습관을 형성하게 한다."
>
> Expressing anger makes you angrier, solidifies an angry attitude, and establishes a hostile habit. 16)

분노를 폭발함으로써 해소하고자 하는 태도를 취할 때 공격성이 점점 증가하게 되는 위험성이 있으므로 더 나은 방법을 찾을 필요성에 대해서 역설하고 있습니다.

> "최근 임상연구에 의하면 감정적인 카타르시스(육체적으로 분노를 해소함으로써 분노와 적대감을 능동적으로 표현하는 것)는 도리어 자신에게 이롭지 않다. 사람들이 이러한 식으로(어떤 물건을 내려치거나 주먹으로 치는 따위의 행동) 분노를 터뜨리게 되면, 공격성이 감소되는 것이 아니라 오히려 더 증가된다…. 이 말은 곧 분노를 표시해선 안 된다는 뜻인가? 그건 아니다. 다만 분노를 해소할 수 있는 더 나은 방법을 찾을 필요가 있다는 말이다."
>
> Recent clinical studies have shown that emotional catharsis (the active expression of anger and hostility by physically releasing anger)can work against you. Researchers found that when people acted out their anger in this way (hitting or punching something), they felt more aggressive afterward, not less aggressive. … Does this mean you shouldn't express your anger? No. It just means you may need to find better ways of doing it. 17)

우리사회는 아직도 갈등을 해소하는 방식에 있어서 미숙하고 상식과 질서가 무시될 때가 빈번하다고 느끼는 사람들이 많습니다. 이처럼 사회생활 가운데에서도 가뜩이나 스트레스가 많은데다가 하나님과의 관계의 문제까지 겹치면서 신앙인들의 마음속에 내재된 분노의 수위가 일반적인 세상 사람들보다 높을 수도 있습니다. 하지만 분노가 쌓일 때마다 음주 등 세상적인 방법으로 풀어나가다 보면 어느새 몸과 마음이 병들고 파괴적인 습관으로까지 이어지기 때문에 보다 건강하고 신앙적인 방법으로 분노를 해소하는 방법이 요구됩니다. 다음은 하나님에 대한 분노를 해소하기 위해 일반적으로 추천하는 방법입니다.

글로 적어 보라

마음으로 느끼고 생각하는 바를 글로 옮겨 적어 보면 좀 더 구체화될 수 있습니다. 글로 옮기는 과정에서 하나님에 대해서 서운하고 원망스런 등의 부정적인 감정이 무엇인지 분명하게 정리할 수 있습니다. 하나님을 향하여 섭섭하고 원망스러운 점이 무엇인지, 조목조목 기록할 때 감정의 문제는 의미의 문제로 머릿속에서 인식하게 됩니다. 느끼는 문제에서 합리적으로 짚어봐야 하는 문제로 여기게 되면서 분노라는 감정의 굴레에서 벗어날 수 있는 장점이 있습니다. 느낌과 생각이 정리되고 나면 무엇이 문제가 되는지 분명해집니다. 그 다음 뚜렷하게 드러난 문제를 놓고서 자신을 위로하고, 스스로 다짐하고, 앞으로의 삶의 자세와 방향을 설정하며 자신에게 말을 건네는 셀프 토크로 이어집니다.

믿음의 셀프 토크Self Talk를 하라

구슬이 서 말이라도 꿰어야 보배인 것처럼 믿음도 마찬가지입니다. 머릿속에 지식으로 저장된 채로 내버려 두지 말고 끄집어내어 활용해야 살아있는 믿음, 구체적인 믿음이 됩니다. 셀프 토크란 자기 자신에게 말을 건네는 것으로써 하나님이 함께 하신다는 믿음의 전제하에 자신의 겪는 아픔을 그대로 인정하는 것에서부터 시작합니다. 자신의 현재 느낌과 상황을 인정하지 않고 부정함으로써 첫 단추를 잘못 끼우는 격이 되어 버리는 경우가 많은데 이는 앞에서 살펴 보았듯이 문제해결에 오히려 악영향을 끼칩니다. 솔직하게 자신의 상태를 그대로 인정할 때 이어서 자신을 위로하고 다짐하며 자연스레 하나님과의 관계설정으로 이어지면서 하나님의 인도하심을 기대하게 됩니다.

인정	"그래 난 이번 일로 무척이나 괴롭고 힘들었던 게 사실이야."
위로	"정말 고통스럽고 어려웠어. 미친 듯이 난동을 부리고 싶었어…. 우선 그동안 잠도 제대로 못 잤으니 눈좀 붙이고 나면 기분이 좀 나아질 거야. 믿음의 식구들을 통해서 그리고 말씀과 기도를 통해서 하나님의 위로가 분명 있을 거야."
다짐	"하지만 난 여기서 현 상황에 굴복할 수 없어. 어깨 축 내려뜨리고 계속 이렇게만 살 수는 없지."
하나님과의 관계설정	"아무리 어렵고 절망적으로 보여도 하나님은 여전히 나를 사랑하시지 암 그렇고말고."
기대	"하나님은 나와 함께 하시고 분명 새로운 길을 열어 주실 거야."

격앙된 감정 그대로 소리 내어 기도하라

자신에게 불합리하다고 느낄 때 순간 감정이 복받쳐 오르면서 상대방을 향해 소리를 지르기도 합니다. 물론 이것이 습관적이 되면 곤란하지만, 친밀한 관계 속에서는 흔히 있을 수 있는 일이며 이를 통해 어느 정도 분노의 감정이 해소되기도 합니다. 이런 관점에서 소리 내어 기도하면서 격앙된 감정을 하나님께 그대로 드러내는 것은 마음속에 쌓인 부정적인 감정을 털어버리는 데에 도움이 됩니다. 하지만 이것은 기도의 골방에 들어가 다른 사람들에게 피해를 끼치지 않고 덕을 세우는 선에서 이뤄지는 것이 바람직합니다. 고린도전서 14장에 보면 기도행위로 인해서 다른 사람들에게 덕을 끼치지 못하는 경우를 지적하는 내용이 나옵니다. 교회 안에서 자신의 감정에 도취해서 기도할 때 다른 사람들을 배려해야 한다는 바울의 충고를 유념해야합니다. "알지 못하는 자들이나 믿지 아니하는 자들이 들어와서 너희를 미쳤다 하지 아니하겠느냐?"(고전14:23)

성도의 교제를 가지라

성도의 교제란, 자신의 느낌과 생각을 아무런 주관적인 판단 없이 그대로 수용해 주는 지체들과 나누는 것을 뜻합니다. 영화 '시애틀에 잠 못 이루는 밤'을 보면, 주인공 샘이 아내를 잃은 슬픔에 잠겨 있을 때 주위에서 여러 가지 상담프로그램을 제안하지만 그러한 것들에 흥미를 느끼지 못하고 새로운 도시로 가서 어떤 사람과의 만남을 통해서 회복되는 내용입니다. 물론 신앙적인 줄거리는 아니지만 심리요법을 통해서 도움을 받는 것 이상으로 우리 모두는 아픔을 나눌 수 있는 누군가를 필요로 한다는 것을 보여주고 있습니다.

(어린 아들을 남겨두고 아내가 세상을 떠나게 되자 상심에 빠진 주인공을 안타깝게 여긴 나머지 친구가 찾아와서 말을 건넵니다.)

• 친구 : (명함을 한 장 내밀면서)
　　　 "여기 내 정신과 주치의인데 전화해 보지 그래"

• 샘　 : (그러자 주인공은 누군가 건네준 명함 꾸러미를 꺼내어 한 장씩 보이며
　　　 얘기한다) 이건 '배우자를 잃은 사람들을 위한 모임', 여기 줄줄이 이렇
　　　 게 많아.
　　　 '시카고 암 환자 가족 네트워크', '배우자 없는 부모를 위한 모임'
　　　 (그리고 이런 말도 수 없이 들었지 네 혼자 고민하지 말고)
　　　 "네 자신을 껴안아라!", "친구를 껴안아라!", "정신과 의사를 찾아가라!" …
　　　 "열심히 일하라, 그러면 모든 시련의 고통을 이길 수 있다. 시련을 극복할
　　　 수 있는 것은 오직 일 밖에 없다"
　　　 (자신을 제 3자로 내세우고 혼잣말로 얘기한다)
　　　 "그 사람 신경 쓰지마! 단지 아내를 잃은 것 밖에 없는걸 뭐 우리가 실제
　　　 로 필요한 것은 변화야."

• 친구 : "좋은 생각이야 몇 주간 휴가를 내지 그래 아들 요나도 데리고 가서 낚시
　　　 도 하면 좋겠네."

• 샘　 : "아니야, 실제적인 변화가 필요해. 새로운 도시로 가는 것 말이야."

Here. It's my shrink. Call him.
Loss of Spouse Support Group. Chicago Cancer Family Network. Parents without Partners. "Hug Yourself", "Hug a Friend", "Hug a Shrink" …
Work hard, that'll save you.
Only work will see you through this. Don't mind him. he's just a guy who's lost his wife. What I think we really need is … change.
Good idea. Take a few weeks off. take Jonah fishing.
No, real change. A new city.

"찬송하리로다 그는 우리 주 예수 그리스도의 하나님이시요 자비의 아버지시요 모든 위로의 하나님이시며 우리의 모든 환난 중에서 우리를 위로하사 우리로 하여금 하나님께 받는 위로로써 모든 환난 중에 있는 자들을 능히 위로하게 하시는 이시로다 그리스도의 고난이 우리에게 넘친 것 같이 우리가 받는 위로도 그리스도로 말미암아 넘치는도다." (고후1:3~5)

걸어라, 마음이 풀리고 세미한 음성을 들을 때까지!

걷는 행위는 예로부터 마음의 평안을 되찾고, 진리를 깨우치고, 더 나아가 하나님의 세미한 음성을 듣는 방법으로 널리 쓰이던 것입니다. 신앙을 떠나서 많은 사람들은 그 동안 쌓여 있던 아집과 묵은 마음들을 내려놓기 위해 이러한 방법을 사용했습니다. 옛날 철학자들 가운데에는 아리스토텔레스를 중심으로 소요학파들이 걸으며 함께 토론하는 과정에서 진리를 찾아 나갔습니다. 걷는 가운데 현대인들의 각종 불치병이 치유되고 회복되었다는 보고들이 속속 발표되면서 요즘 들어서 그 중요성이 더욱 부각되고 있습니다.

신앙인들에게 있어서도 걷는 행위는 특별한 의미를 지니고 있습니다. 우리는 기도라고 하면 언제나 '골방' (마6:6)을 떠올리지만 그것은 당시의 위선적인 종교지도자들이 사람들이 많이 왕래하는 데서 보란 듯이 기도함으로써 자신의 경건을 과시하던 분위기에 일침을 놓기 위해 강조한 것으로 봐야지 기도할 땐 반드시 폐쇄된 공간에 들어가야 한다는 것으로 이해해서는 곤란합니다. 홀로 외부와 차단된 골방에 들어가 자신을 성찰하며 기도드리는 자세는 바람직하지만 부정적인 감정으로 가득 차있는 상태에서, 기도한 답시고 골방에 들어가 마냥 웅크리고 있는 모습은 오히려 부정적인 감정을 더욱 증폭시킬 수 있기 때문에 권장할 만한 것이 되지 못합니다.

죄와 심판으로 만신창이가 되어 주저앉아 버린 이스라엘을 향해 하나님은 골방에 들어가 슬퍼하며 탄식하며 지내라고 하지 않고 그 대신 "일어나라!(사40:1)"고 했습니다. 또한 위축되어 늘어진 채 굴속으로 들어간 엘리야를 향해서 굴 바깥으로 나가 "서라!(왕상19:11)"고 말씀하셨습니다. 그 뿐만 아니라 모세와 다윗 등 성경의 인물들은 모두 일어나 행하는 가운데 하나님의 세미한 음성을 들었습니다. 신약에 와서도, 제자들 중 일부가 엠마오로 걸어갈 때 예수님은 찾아 오셨습니다. 따라서 침울하거나 격한 감정에 사로잡혀있을 때에는 골방만 고집하지 말고 걸으며 하나님과 교제하는 시간을 가질 필요가 있습니다.

3부 분노가 일어난 상황을
재평가하라

10. 시련을 당하는 이유는
복을 받지 못해서인가?

복을 받지 못했기 때문에 시련을 당하는 것이라고 많은 사람들은 생각하며 다음 구절들을 근거로 제시합니다.

"여호와께서 너를 지켜 모든 환난을 면하게 하시며 또 네 영혼을 지키시리로다."(시편 121:7)

"여호와께서 복을 주시므로 사람으로 부하게 하시고 근심을 겸하여 주지 아니 하시느니라." (잠 10:22)

그렇다면 과연 1장에서 제기된 문제 즉, 복을 받으면 어떤 환란도 당하지 않게 될까요? 욥의 아내를 비롯해서 이 책의 서두에 언급된 여러 사람들은 과연 복을 받지 못해서 시련을 당한 것일까요?

야곱의 삶을 추적해 보면 반드시 그렇지 않다는 것을 확인할 수 있습니다. 창세기 35장 9절을 보면, "야곱이 밧단아람에서 돌아오매 하나님이 다시 야곱에게 나타나사 그에게 복을 주셨다"는 기록이 나옵니다. 그리고 이스라엘이라는 새로운 이름과 후손들을 생육하고 번성하게 해 주시겠다는 약속으로 이어집니다.

이때까지 야곱의 인생 여정은 순탄하지 못했기 때문에 하나님이 그에게 복을 주셨다는 본문의 말씀을 우리가 읽는 순간 그 이후에 야곱이 형통하게 살게 될 것이라고 기대합니다. 하지만 그에게 여전히 시련과 고통이 계속 더해지는 것을 보면서 의아스럽게 생각하게 됩니다.

야곱의 삶의 내용을 잠시 살펴보면 형 에서와의 갈등으로 집을 떠나면서부터 끊임없이 속고 속이며 갈등하고 두려워하는 삶의 내용으로 이어지다가 우여곡절 끝에 다시 베델로 돌아옵니다. 그는 수단과 방법을 동원해서 바라는 것들을 풍성하게 얻게 되지만 그것이 오히려 화근이 되고 그의 마음을 아프게 합니다. 형으로부터 얻은 장자권이 그러하고 가장 사랑하는 라헬을 비롯해서 세 명의 여인들과 외삼촌 라반에게서 얻은 재물이 또한 그러했습니다. 처음에는 그것들을 하나씩 쟁취해 나가는 성취감이 있었겠지만 나중에는 그로 인해서 오히려 괴로워하고 도피하는 인생을 살아야 했습니다.

그렇게 떠돌아다니다가 다시 과거에 하나님의 임재를 경험했던 그곳으로 돌아와 제단을 쌓자 하나님은 그에게 복을 주셨습니다. 그러면 이제는 평탄한 삶으로 이어지지 않을까 하고 우리는 당연히 생각하기 마련입니다. 복을 받았다고 했으니 분에 넘치는 호사스런 어떤 것을 받아 누리는 것까지는 아니더라도 평안하게 가족끼리 오손도손 살다가 해피엔딩으로 이 땅의 삶을 마감하는 정도는 아니겠는가 하고 우리는 자연스레 생각합니다. 이 땅에서 우리가 누리는 복은 아무리 적게 주어지더라도 최소한 그 정도는 될 것으로 보기 때문입니다.

하지만 기록을 보면, 복을 받았다고 하는데 바로 이어서 슬프고 고통스런 사건들이 계속되고 있습니다. 네 명의 여인들 중에서 가장 사랑했던 아내 라헬이 비극적인 죽음을 맞이하고, 장자인 르우벤이 자기의 첩을 범한 패륜을 비롯해서 계속 내리막길로 이어지는 것을 볼 수 있습니다. 이처럼 아픈 기억들을 잊을 만큼의 기쁜 소식이 이후에 그에겐 들리지 않습니다. 라헬이 남긴 아들 요셉이 죽었다는 얘기를 나머지 자식들로부터 듣게 되고, 극심한 기근이 들어서 급기야는 이집트로 이사를 가야 했습니다. 죽어서 영영 못 볼 줄 알았던 요셉이 그 나라의 총리대신이 되어서 다시 만나는 순간을 빼고는 야곱의 후반기에 인생반전의 대목이 보이지 않습니다.

갑작스레 아내가 죽었는데 복을 받았다니?

야곱의 입장으로 돌아가 본다면 여러 가지 시련 중에서 라헬의 죽음을 생각하면 앞에서 언급된 복이라는 말이 이내 무색해집니다. 도저히 이해가 가지 않는 사건입니다. 복을 주셨다면 당연히 가장 사랑하는 라헬과 알콩달콩 오래도록 같이 사랑하며 행복을 누리게 해야지 왜 요절하게 하느냐는 의문이 생깁니다.

라헬과의 사랑은 특별했습니다. 처음 본 순간부터 너무나 사랑한 나머지 그녀를 얻기 위해서 7년 동안 일하겠다는 약속을 하고 수고한 끝에 마침내 오매불망 바라던 라헬과의 결혼식을 올리게 됩니다. 하지만 초야를 치르고 난 다음 깨어보니 당연히 옆에 누워있어야 할 라헬은 보이지 않고 뜻밖에도 언니 레아가 그 자리에 있었습니다. "이른 아침에 잠에서 깨어 너를 바라볼 수 있다면…" 설레는 마음으로 라헬의 사랑스런 모습을 보려고 눈을 뜨는데, 엉뚱하게도 마음에도 없는 여인이 누워있다면 참으로 어처구니없는 일이 아닐 수 없습니다. 그런 상황에 처한다면 누구든지 신부의 아버지에게 따지러 뛰쳐나갈 것입니다. 하지만 아무리 목소리를 높여 본들 이미 레아와 한 이불을 덮고 첫날밤을 보냈으니 하는 수 없이 사랑하지 않는 그녀와 함께 살아야 했습니다. 장인이자 외삼촌인 라반의 속임수로 결혼생활은 처음부터 꼬이기 시작합니다. 7년 동안 오직 한 가지 목표, 즉 라헬을 얻기 위해서 고생했는데 얼마나 허탈했을까요? 다시 마음을 추스르고 7년을 더 수고하고 기다린 끝에 라헬과 결혼합니다.

처음부터 복잡하게 얽힌 야곱의 결혼생활은 그쯤에서 정리되지 않았습니다. 라헬과 살아 보려고 했지만 어쩔 수 없이 언니와 먼저 결혼해야 했고, 아이를 잘 낳지 못하는 라헬 때문에 다른 두 명의 여종까지도 아내로 껴안고 살아야 하는 번잡함을 감수해야 했습니다. 이것은 분명히 의도했던 일이 아닙니다. 그들이 서로 남편의 사랑을 독점하기 위해서 벌이는 암투와 미묘한 신경전의 틈바구니 속에서 야곱은 이리저리 부대끼며 살아야 했습니다. 결국 따지고 보면 라헬로 인해서 불필요한 골칫거리를 안고 산 셈입니다.

많은 사람들이 꿈꾸듯이 야곱도 결혼만 하면 라헬과 달콤한 장밋빛 환상 속에서 살아가게 될 줄로 여겼을 것입니다. 하지만 현실은 그리 녹록치 않았습니다. 사랑하는 라헬이 자녀를 생산하지 못하는 반면 레아는 아들을 펑펑 잘도 낳았습니다. 위기의식을 느낀 라헬은 합환채, 소위 최음제催淫劑를 사용해서라도 남편의 사랑을 차지해 보려고 합니다. 어찌 보면 저급한 삼류 연애소설에나 나올 법한 이야기들인데 아무런 여과 없이 그대로 당시의 실상을 생생하게 보여주기 위해서 기록되어 있습니다.

야곱을 사이에 두고 네 여인의 서로 다른 이해관계 속에서 야곱은 사랑을 주도해나가는 것이 아니라 주위 여인들로부터 끌려 다니는 듯 한 인상을 받습니다. 그들은 나름대로 야곱에게 직접 요구하는 바가 있는데 그 사정을 모두 다 들어주면서 어느 한 사람을 편애할 수도 없고, 다른 쪽을 외면할 수도 없는 입장입니다. 그 중에서 라헬은 야곱과 마주칠 때마다 아이를 낳지 못하고 사랑을 독점하지 못하는 데서 오는 온갖 스트레스를 그에게 퍼부었을 것입니다. 한 여인을 사랑했는데 어쩌다 그토록 복잡한 상황에 처하게 되고 말았습니다.

우여곡절 끝에 한 아들을 낳으면서 지은 이름은 요셉입니다. 제발 아들을 하나 더 얻었으면 좋겠다는 뜻으로 애절한 심정을 담아 요셉이라는 이름을 붙입니다. 얼마나 아들을 원했으면 그런 이름을 지었을까요? 우리나라에서도 옛날에 시골에서 이름을 지을 때 아들을 더 원해서 '또출' 이라는 이름을 붙이기도 했습니다. 아들 하나 더 점지해 달라는 의미입니다. 호적에 올릴 때에는 한문으로 바꾸어야 하니까 '도출' 이라고 했습니다.

요셉은 우리 식으로 보면 또출입니다. 우여곡절 끝에 강대국 이집트의 국

무총리에 오르게 되는데, 파라오 밑에서 2인자로서 국사를 총괄하는 중차대한 임무를 부여받은 사람의 이름에 걸맞지 않습니다. 파라오는 그에게 '사브낫바네아'(비밀을 맡은 자 the revealer of secrets) 라는 새 이름을 내려 주었습니다. (창41:45) 이름이 촌스러워서 그랬는지 아니면 우리나라에서 왕들이 신하의 공적을 치하하며 시호諡號를 하사하는 것과 같은 의미인 동시에 백성들이 이질감을 느끼지 않도록 이집트 식의 이름을 붙여 주었는지 모르지만, 아무튼 요셉(또출)이라는 이름을 보면 라헬이 얼마나 안타까운 심정이었는지 저절로 짐작이 갑니다. 아들을 얻는 문제로 인해서 조바심을 내는 라헬을 바라보는 야곱의 마음 또한 편치 못했을 것입니다.

야곱의 삶속에서 라헬이 차지하는 비중이 가장 컸습니다. 요셉 이전에 다른 여인들을 통해서 여러 아들을 두었지만 제일 중요한 것은 라헬이 아들을 낳는 것이었습니다. 라헬이 요셉을 낳게 되자 야곱은 비로소 외삼촌 집에서의 모든 생활을 정리하고 떠날 마음이 생긴 것을 보면 짐작이 갑니다. (창30:25) 외국에 유학간 학생이 자신이 원하는 바를 이루었을 때 비로소 모든 것을 정리하고 고국으로 돌아오는 것과 같은 심정으로 볼 수 있습니다.

요셉을 낳은 후 14년이 지나서 그토록 바라던 두 번째 아들을 낳게 됩니다. 그런데 하필이면 그 소원을 이루는 날 라헬은 죽고 말았습니다. 아들을 출산하면서 난산難産으로 인해 고통스럽게 죽어갔습니다. 비교적 짧았던 라헬과의 결혼생활 내내, 그녀는 남편의 사랑을 모두 차지하고 싶었습니다. 이는 라헬뿐만 아니라 야곱의 여인들이 공통적으로 갖는 간절한 바램이었습니다. 레아가 아들들을 다섯 명 낳으면서, 하나씩 붙인 이름들을 보면 그러한 심정을 엿볼 수 있습니다.

레아가 낳은 아들

- 르우벤 : 보라 아들이라 (하나님께서 동생 라헬에게 남편의 사랑을 빼앗긴 나의 괴로움을 돌보셨다.)
- 시므온 : 들으심(하나님께서 나의 괴로움을 다 듣고 아들을 하나 더 주셨으니 내 남편이 나를 사랑하리로다.)
- 레 위 : 연합(내가 세 아들을 낳았으니 내 남편이 지금부터 나와 연합하리로다.)
- 유 다 : 찬송(내가 이제는 하나님을 찬송하리로다.)
- 잇사갈 : 값(내 시녀를 내 남편에게 주었더니 하나님이 내게 그 값을 쳐 주셨다.)

야곱의 사랑을 얻기 위한 경쟁이 얼마나 치열했던지 레아는 셋째 아들을 낳고서 겨우 한숨 돌렸습니다. 그 이름을 레위라고 지은 것을 보면 이를 짐작할 수 있습니다. 야곱이 라헬을 더 사랑했으므로 당연히 자신이 그의 사랑을 독차지 하리라고 생각했을 테지만, 미처 예상치도 못했던 아들 문제 때문에 순조롭지 못했습니다. 살아 있는 동안 내내 언니와 실랑이를 벌이는 통에 제대로 마음껏 사랑을 나누지도 못한 채 세상을 떠납니다. 그녀가 야곱에게 마지막으로 남겨준 것은 산고産苦로 일그러진 얼굴이었습니다.

무려 14년 동안 고생해서 일해 준 대가로 라헬을 얻었고 그녀로 인해서 사랑하지 않는 세 명의 여인들까지 함께 살아야 했는데, 가장 사랑하는 사람이 죽어 버렸으니 그 당시 야곱의 심정을 어떻게 표현할 수 있을까요? 누구든지 당시의 야곱의 입장으로 돌아간다면 하나님께 이렇게 대들었을 것입니다.

"이게 과연 복이란 말입니까? 나에게 복을 주셨다면 과연 이럴 수 있는 겁니까? 라헬이 나에게 어떤 존재입니까? 외롭고 고달픈 타향살이 가운데 유일하게 기쁨을 주고 위안을 주었는데, 그러한 나의 심정을 조금이라도 헤아려 주신다면 이럴 수 있단 말입니까? 라헬 때문에 사랑하지 않는 사람을 세 명이나 더 아내로 데리고 살 정도로 나의 인생을 꼬이게 만들어 놓고선, 정작 가장 사랑스런 사람을 그 가운데서 쏙 빼버리시다니, 이건 너무한 것 아닙니까? 그것도 평안하게 죽음을 맞이하지 못하고 그토록 고통가운데 죽도록 해야 합니까? 내 사랑 라헬이 늘 아들 타령하며 하나 더 낳았으면 좋겠다고 노래를 불렀는데, 방긋 방긋 웃는 아들의 모습을 보며 살도록 하시지 왜 하필이면 아들을 낳던 순간 그토록 고통가운데 죽도록 하셨습니까?"

라헬이 낳은 아들

• 요 셉 : 더함(여호와는 다시 다른 아들을 내게 더하시기를 원하노라)
• 베냐민 : 라헬은 베노니(슬픔의 아들)라 불렀으나 야곱은 베냐민(오른손의 아들로 부름)

복을 받았음에도 불구하고 시련은 야곱에게서 비껴가지 않았다는 것을 본문을 통해서 알 수 있습니다. 그리고 라헬의 죽음과 야곱가문에서 일어난 일련의 사건들을 통해서 과연 복이 무엇인지 다시 생각하게 됩니다.

민간신앙의 복

일반적으로 세상 사람들이 이해하는 복은, 간절히 소원하던 것들이 주어진 결과나 또는 그것을 누리는 상태를 뜻합니다. 사람들이 복으로 여기고 바라는 것은 아무나 쉽게 얻지 못하고, 노력하더라도 자기 힘으로 도달하기 쉽지 않습니다.

언젠가 등산을 하고 내려오다가 그만 길을 잃어 버렸습니다. 길을 찾지 못해서 시원한 계곡을 따라 내려오는데 큰 바위가 나타나기에 잠시 걸터앉아 쉬었다 갈려고 보니 누군가 그곳에 와서 소원을 빌고 간 흔적이 보였습니다. 바위에 크게 "00 대학교 법대 합격"이라고 종이에 크게 써 붙이고 그 밑에서 촛불을 켜놓고, 마른 명태 몇 마리도 보였습니다. 옛날 시골에서는 아들이 법대 나오고 고시에 합격하는 것이 꿈이었습니다. 법 보다 주먹이 가까운 그런 시절을 지나면서 한이 져서 그런지는 몰라도 아들이 짙은 검은색 관용차를 타고 나타나면 그 보다 더 큰 가문의 영광은 없었습니다.

만일 그토록 간절하게 소원하는 대로 나중에 이뤄졌다면, 그 결과를 가리켜서 세상 사람들은 복이라고 합니다. 수십만의 입시생들 대다수가 원하지만 그렇다고 그들 모두 들어갈 수 있는 학교가 아니기 때문에 주위에서도 복이 많다고 부러워할 것입니다.

이처럼 민간신앙에서 추구하는 복은 너무나 단순하고 분명합니다. 복잡하게 따지고 해석할 필요가 없습니다. 복을 받았는지 그렇지 않은지 결과가 말해주기 때문입니다. 원하는 바를 얻고 그 상태를 그대로 누리면 됩니다. 간절히 바랐지만 그 결과 얻은 것이 없고 누리는 것이 없다면 복을 받지 못한 것입니다.

야곱의 생애를 통해서 계시된 복은 이와 다릅니다. 뚜렷한 차이점을 이해하기 위해서 우리는 야곱의 삶을 추적해 보아야 합니다. 성경은 복의 개념을 설명하기 위해서 사전식으로 정의를 내리는 것이 아니라 야곱이 겪은 삶을 통해서 나타내고 있기 때문입니다.

현대인들의 입장에서는 일목요연하게 개념을 설명해주는 편이 이해하기에 더 쉽다고 여겨질 것입니다. 하지만 성경은 진리를 전달하는데 있어서 이야기를 많이 활용하고 있습니다. 예수님도 하나님의 나라를 설명하기 위해서 비유를 들어 설명하셨습니다. "예수께서 이 모든 것을 무리에게 비유로 말씀하시고 비유가 아니면 아무 것도 말씀하지 아니하셨으니."(마13:34)

이야기를 통해서 누구나 쉽게 의미를 이해할 수 있고 다른 사람에게 전달할 수 있으며 또한 오래 기억할 수 있고 그대로 삶에 적용할 수 있는 장점이 있습니다. 옛날 문자를 따로 갖지 못했거나 또는 있어도 일반대중들이 그것을 잘 활용하지 못하던 시절엔, 이야기가 훌륭한 의미전달 수단이 되었고 대중매체가 발달한 지금에도 마찬가지입니다.

개념은 추상적이다보니 보다 확실한 의미 전달을 위해서 불가피하게 때로는 어려운 어휘를 사용해서 설명해야 하기 때문에 일부 유식한 엘리트 집단만이 향유할 수 있고 그렇지 않은 일반대중은 진리에 접근하기 어렵게 됩니다. 읽어봐도 무슨 말인지 불명확하기 때문에 해석을 해야 하고 그러다 보면 불필요한 논쟁을 불러일으키게 됩니다.

다시 야곱의 이야기로 돌아가겠습니다. 야곱이 받은 복을 이해하기 위해서 복과 관련된 그의 삶을 살펴보면 얼른 이해되지 않는 내용이 있는데, 그 중 하나는 사랑하는 라헬의 죽음입니다.

외삼촌이 야곱을 속여서 첫날밤에 신부를 바꿔버린 이야기는 비록 흔치는 않지만 사람 사는 세상에 얼마든지 일어날 수 있는 사건으로 생각할 수 있습니다. 그보다 훨씬 더 어이없는 일들도 우리는 많이 접해왔기 때문입니다.

딸 가진 부모로서 라헬은 예쁘기 때문에 어디든지 자신있게 신붓감으로 내놓을 수 있지만 레아는 사정이 그렇지 못했기 때문에 속여서라도 시집을 보내야겠다는 아버지의 심정을 우리는 이해할 수 있습니다. 하지만 라헬이 죽음에 이르는 기록을 읽게 되면 고개를 갸우뚱거리게 됩니다. 그녀가 죽음에 이르도록 하나님은 왜 방치하셨을까 하며 의아스럽게 생각합니다. 죽음의 문제는 인간의 영역이 아니라 하나님만이 간여할 수 있기 때문입니다.

그녀가 죽은 것은 스스로 인생을 포기했다거나 아니면 주위 사람이 못살게 굴어서가 아닙니다. 그토록 바라던 아이를 낳고 야곱의 사랑을 받으며 사랑을 채 꽃피우기도 전에, 해산의 고통가운데 죽음을 맞이했습니다. 언니처럼 아이가 잘 들어서는 사람도 아니고, 14년을 기다린 끝에 겨우 임신해서 낳다가 애처롭게 죽어갔습니다. 언니는 임신도 잘 되고 별다른 산통産痛없이 잘도 낳는데, 라헬은 오래 기다린 끝에 겨우 하나 더 낳으려다가 세상을 떠났습니다.

아이를 잘 낳아서 남편의 사랑을 차지하는 언니와 다른 두 여종들의 사이에 끼어서 어떻게든 자녀를 더 낳아 보려고 조바심을 내다가 천신만고 끝에 출산을 하게 되지만 그토록 기다린 아이의 재롱도 못보고, 또 그 아이로 인해서 남편의 사랑을 얻고자 했지만 고통가운데 모든 꿈과 사랑을 접어야 했습니다.

옛날 전래동화를 읽노라면 대개 주인공이 고생을 하고 억울한 일을 당하다가도 나중에는 모든 문제가 다 풀리고 행복하게 살다가 인생의 여한이 없는 상태에서 생을 마칩니다. 그래서 이야기를 다 읽고 나면 속이 후련해집니다. 꺼림칙하고 켕기는 어떤 것이 마음속에 남아있지 않습니다. 잠자리에서 할머니나 엄마로부터 이야기를 다 듣고 난 뒤에 어린아이는 편안하게 잠자리에 들 수가 있습니다. 소위 해피엔딩으로 모든 긴장이 다 해소되었기 때문입니다. 그 동안 악역을 맡은 사람으로 인해서 마음 졸였지만 주인공이 나중에 가서는 충분히 그것에 상응하는 보상을 받아서 마음껏 누리다가 세상을 떠나기 때문에 이야기를 듣는 아이도 덩달아 마음이 즐겁고 환한 가운데 잠이 듭니다.

하지만 라헬의 이야기는 그렇지 않습니다. 라헬이 죽은 이야기를 듣게 된 아이는 쉽게 잠들지 못합니다.

"엄마, 라헬이 너무 불쌍해요. 그렇게 죽으면 어떡해?"

엄마도 풀지 못하는 질문을 합니다. 이야기를 하는 엄마나 듣는 아이 모두 개운치 않습니다. 한편으로는 이해가 되지 않고 또 한편으로는 아이를 낳다가 죽었다고 하니 무섭기도 하고 그래서 엄마 가슴속을 파고들다가 겨우 잠이 듭니다.

라헬의 입장에서도 너무 불쌍하고 안타깝다는 생각이 들지만 야곱도 마찬가지로 가슴이 미어지는 일입니다. 집에서 가까이 두고 쓰는 물건이야 그것이 아무리 귀하고 값비싼 것이라 할지라도 다시 구해서 사용하면 됩니다. 하지만 라헬은 이 세상 그 무엇으로도 대체할 수 없습니다. 그녀 외에 레아와 두 여종, 및 그들이 낳은 아이들이 주렁주렁 남아 있긴 하지만 라헬의 사랑을 대신할 수 없습니다. 각각 서로 나눈 사랑의 내용이 다르고, 강렬함의 차이가 있습니다.

라헬이 불쌍하고 안타깝다는 생각은 들지만 이해하려고 들면 못할 것도 없습니다. 그처럼 안타깝게 죽은 사람들이 한국 근대사만 보더라도 많기 때문입니다. 한국전쟁부터 지금 이 시대에 이르기까지 얼마나 많은 사람들이 억울하게 죽어갔습니까? 그들 모두 인생의 모든 의문이 해소된 가운데 죽음을 맞이한 것이 결코 아닙니다. 그러한 역사의 어두운 면을 유산으로 물려받아 살아가는 우리에게 있어서 라헬의 죽음은 아무 것도 아니라고 생각할 수 있습니다.

정말로 이해하기 어려운 다른 하나는, 하나님이 야곱에게 복을 주셨다는 것입니다. 복에 대한 기록만 없어도 그냥 대수롭잖게 지나칠 수 있는 일입니다. 복을 주셨다고 하는데도 그 뒤에 계속해서 야곱에게 궂은 일들이 일어나는 것을 보면서 우리는 고개를 갸우뚱거리게 됩니다.

"복을 받았다면 기쁘고 좋은 일이 일어나야지 슬프고 근심되는 일들이 벌어진다면 도대체 어찌된 일인가?"

자꾸만 마음속에서 의문이 생기게 됩니다. 그렇다면 하나님이 야곱에게 주셨다는 그 복을 우리는 어떻게 이해해야 할까요?

야곱에 대한 기록을 통해서 하나님이 우리에게 주시는 중요한 계시 중의 하나는 복입니다. 창세기의 다른 인물보다 상대적으로 많은 분량을 할애해서 야곱이라는 한 인물에 대해서 초점을 맞추어 진정한 복이 무엇인가를 보여주고 있습니다.

만일 우리가 창세기의 등장인물들을 복의 관점에서 한 사람씩 써내려간다면 야곱에 대한 기록은 단 몇 줄 쓰다가 말 것입니다. 외삼촌댁에서 생활하는 동안 한때 많은 재물을 모은 것 외에 복이라고 여기며 기록으로 남겨서 두고두고 읽을 만한 내용이 별로 없기 때문입니다. 그 놈의 장자권 때문에 형을 따돌리고 아버지를 속이는 것? 그로 인해서 형이 두려워 도망가는 모습? 어찌하다가 네 명의 여인과 살게 된 것? 딸 디나가 추장에게 강간을 당하여 이에 격분한 아들들이 몰려가서 상대방 남자들의 씨를 말려 버리는 무시무시한 내용? 도대체 무엇이 복이란 말입니까?

야곱이 복을 받았다고 하지만 사회적으로 볼 때 그 역할과 영향력은 미미한 반면 요셉은 당시 이집트에서 총리가 된 사람으로서 비교하려고 해도 체급부터 차이가 납니다. 한국인으로서 미국정부의 고위직에 올랐다면 대단한 사람으로 우러러 보는데, 당시의 요셉은 자기 교포가 한 명도 없는 나라에서 왕 다음의 직책에 올랐습니다. 왕을 포함해서 고작해야 인구가 수백명밖에 되지 않는 나라라면 "에이, 난 또 뭐라고 거기서 총리되는 게 무슨 의미가 있어" 라고 할 것입니다.

한번은 선교현장에 가서 현지인들에게 설교를 시작하면서 "나는 사실 왕족이다." 라고 했더니 전부 눈이 휘둥그레졌습니다.
"야! 한국에 지금도 왕이 있나 보네, 대단한 사람인가 보다."
옆 사람을 쳐다보며 그렇게 수군대는 겁니다. 이어서 진실을 밝혔습니다. "사실 나는 2천 년 전에 신라라는 조그만 왕국의 로얄 패밀리 중의 한 사람이었다." 라고 하니까 여기저기서 웃고 난리가 났습니다. 이윽고 나는 정색을 하고, "하지만 나는 지금도 왕족입니다. 예수님이 나의 왕이기 때문입니다" 하자 일제히 박수가 터져 나왔습니다.

이처럼 조그만 나라에서 왕이니 총리니 해봐야 웃음거리 밖에 되지 않겠지만, 대제국 이집트에서 벌어진 일이니 누구든지 그가 복 받았다는 것에 대해서는 의문을 제기할 사람이 없을 것입니다. 하지만 성경은 우리의 생각과는 달리 요셉 대신 야곱의 삶에 지면을 많이 할애해서 복을 설명하고 있습니다.

야곱이 받은 3단계의 복

야곱의 삶을 통해서 우리는 3가지 단계의 복이 있음을 보게 됩니다. 조금 복잡한 감이 있지만 이렇게 나누어서 살펴보아야 하는 이유는 야곱이 하나님과의 관계에 있어서 크게 세 번의 변화의 과정을 거치게 되고 그 때마다 하나님과 나누는 복의 차원이 깊어지기 때문입니다. 하나님으로부터 유·무형의 모든 것을 받아 누리는 것을 복이라고 한다면 복의 내용은 하나님과의 관계에 따라 달라집니다. 관계가 깊어질수록 복의 차원도 깊어집니다.

창세기에 기록된 야곱의 이야기는 사람들로부터 별로 주목을 끌지 못하기 때문에 그런 사람을 중심에 놓고 복에 대해서 이야기하고 더군다나 복의 차원을 거론한다는 것이 과연 합당하냐는 생각이 들 수 있습니다. 사회적으로 큰일을 한 사람도 아니요, 공자나 소크라테스처럼 위대한 사상가로서 그를 따르고 존경하는 사람들이 많은 것도 아니요, 남들이 알아주지 않더라도 평생 고매한 인격을 지니고 살았기 때문에 후세의 사람들이 진면목을 다시 평가해 주는 그런 인물도 아닙니다.

주일학교 시절에 선생님으로부터 들은 야곱이라는 인물은 어릴 때부터 거짓말을 일삼는 교활한 사람입니다. 자신의 이익을 철저하게 따지고 챙기기 위해서 가장 가까운 주위 사람들을 속이는 사람 정도로 이해합니다. 결론은 야곱처럼 나쁘게 살지 말아야 한다는 것입니다. 본받지 말아야 할 사람으로서 상당히 부정적으로 비칩니다. 하지만 성경을 좀더 자세히 읽어 보면 창세기 28장 11절에 "해가 진지라", 32장 31절에 "해가 돋았고"라는 표현이 나오는데 이를 통해서, 야곱에 대한 기록이 엉성하게 짜깁기한 것이 아니라 정교하게 엮어져 나가고 있다는 것을 확인할 수 있습니다. 마치 드라마에서 장면이나 줄거리의 큰 흐름이 바뀔 때 사용되는 기술적인 용어인 페이드 아웃 fade out (막이 내리고 서서히 어두워짐) 이나 페이드 인 fade in (막이 오르고 서서히 밝아짐) 과 흡사합니다.

첫 번째 단계의 복

단순히 이야기의 흐름에 따라 막이 오르고 내린 것이 아니라 이전과 다르게 하나님과 관계를 맺게 되고 따라서 복의 차원도 바뀌어지는 것을 볼 수 있습니다. 1차원적인 복은 야곱이라는 드라마의 1막 내용을 통해서 잘 드러나 있습니다. 야곱이 태어나서 집을 떠나 도피하는 가운데 1막이 끝나고 그것은 "해가 진지라", 즉 페이드 아웃으로 처리됩니다. 이때까지 그에게 주어진 복은 부모를 통해서 예정된 복입니다. 창세기 27장에는 아버지 이삭이 야곱에게 축복하는 장면이 나옵니다. 어머니인 리브가 또한 아들이 복을 받도록 남편 옆에서 거들어 줍니다. 복이 그에게 허락되었지만 그것은 어디까지나 예정되어 있는 것이지 지금 누리는 것이 아닙니다.

야곱이 이삭의 아들이었기 때문에 복이 예정되어 있듯이 우리도 또한 예수 그리스도를 믿고 하나님이 우리의 아버지가 되기 때문에 받게 되는 복이 있습니다.

"자기 아들을 아끼지 아니하시고 우리 모든 사람을 위하여 내주신 이가 어찌 그 아들과 함께 모든 것을 우리에게 주시지 아니하겠느냐."(롬8:32)

예수 그리스도를 통해서 우리가 받도록 예정되어 있지만 아직까지 받아서 누리지 못하는 차원의 삶입니다.

1막에서 야곱에게 예정된 복의 내용이 나옵니다.

"내 아들의 향취는 여호와께서 복 주신 밭의 향취로다 하나님은 하늘의 이슬과 땅의 기름짐이며 풍성한 곡식과 포도주를 네게 주시기를 원하노라 만민이 너를 섬기고 열국이 네게 굴복하리니 네가 형제들의 주가 되고 네 어머니의 아들들이 네게 굴복하며 너를 저주하는 자는 저주를 받고 너를 축복하는 자는 복을 받기를 원하노라."(창27:27~29)

물질적으로 풍성함과 천하 만민을 호령하는 권세를 누리는 것으로 되어 있지만 실상은 그 어느 것도 손에 들어온 것이 없었습니다. 우리가 예수 그리스도를 영접하고 믿음생활을 시작할 때에도 마찬가지입니다. 그리스도인으로서 하나님으로부터 주어지는 권세와 복이 예정되어 있지만 아무 것도 실제로 누리는 것이 없습니다.

이것은 또한 오늘날 명목상의 그리스도인의 삶이기도 합니다. 아무리 오랫동안 신앙생활을 했다 할지라도 계속해서 그 다음 단계로 나아가지 못하고 머물러 있다면, "살았다 하는 이름은 있으나 죽은 자"(계3:1)이며, "경건의 모양은 있으나 경건의 능력은 부인하는 자"(딤후3:5)입니다. 성경공부나 설교를 통해서 풍성한 하나님의 은혜와 권능에 대해서 많이 들었지만 실제로는 그것을 누리지 못하는 경우에 해당합니다.

두 번째 단계의 복

하나님과 직접 관계를 맺고, 자신의 필요를 따라 구하여 예비된 복을 받아 누리는 것이 바로 두 번째 단계의 복의 특징입니다. 야곱은 어쩔 수 없이 부모를 떠나게 되면서 이러한 복의 세계로 들어갑니다. 부모와 집에서 함께 살 때에는 그에게 절실하게 필요한 것이 없었습니다. 매사에 부모를 의지하며 사랑과 보호를 받으며 살았기 때문입니다. 장성해서도 언제나 어머니 치마폭에 싸여서 맴도는 듯한 인상을 강하게 받습니다. 사소한 것도 일일이 어머니의 지시를 따르는 소위 마마보이로 여겨집니다.

그러던 어느 날, 장자권長子勸의 문제로 인해 격노한 형을 피해서 도피하는 신세가 되자, 상황은 완전히 바뀌고 말았습니다. 자신과 성격이 판이하게 다른 근골질筋骨質의 억세고 건장한 형 에서가 그를 추격하는 상황에서 그는 아무런 보호막이 없는 가운데 두려워 떨어야 했습니다. 쫓기는 신세인데다가 미래에 대해 보장된 것이 아무것도 없었습니다. 외삼촌에게 가서 몸을 의탁하면 좋겠다는 어머니의 말씀이 전부입니다. 그 동안 세세한 것까지 모두 챙겨주던 부모의 곁을 부득불 떠나면서부터 모든 것을 스스로 해결해야 했습니다.

　모종의 대책을 세워야 하는 불안한 상황인데 이러한 야곱의 마음은 아랑 곳하지 않고 해는 서서히 지고 있습니다. 이제 그의 곁에는 아무도 없고 또한 아무 것도 할 수 없는 상황이 되고 말았습니다. 평소에 들과 산을 누비고 다니던 에서와 달리 집에만 틀어박혀 지내던 야곱으로서는 전혀 낯선 광야에서 밤을 맞이한다는 것이 그리 간단치 않는 일임에 틀림이 없습니다. 형의 추격권으로 부터 될 수 있는 대로 멀리 벗어나야 하는데 어둠이 깔리고 있습니다. 다시 집으로 돌아갈 수도 없고 앞으로 나아갈 수도 없습니다. 참으로 암담한 현실입니다.

　두 번째 단계의 복이 시작되는 시점은 인생의 밤을 맞이했을 때입니다. "해가 진지라" 캄캄한 밤은 야곱이 처한 한계 상황을 잘 나타내는 동시에 새로운 복의 차원이 시작됨을 암시하고 있습니다. 우리가 일반적으로 생각하는 하루의 기준은 해가 뜨는 아침부터 시작되지만 천지창조에서 하루는 해가 지고 밤이 되면서부터 시작됩니다. "저녁이 되고 아침이 되니 이는 첫째 날이니라." 밤이 되면 인간은 아무 것도 할 수 없기 때문에 잠을 자면서 쉬어야 하지만 하나님은 졸지도 아니 하시고 주무시지도 아니 하십니다. (시 121:4) 우리를 지켜 보호하기 위함이기도 하지만 한편으로 하나님의 입장에서 밤은 새로운 것을 창조하는 시간이기 때문입니다. 천지창조 기사를 보면 밤이 지날 때마다 새로운 날이 창조되었습니다. 예수님이 인류를 구하며 만물을 새롭게 하기 위해서 이 땅에 오신 시점도 밤입니다. 인간이 아무 것도 할 수 없다고 여길 때 비로소 하나님의 역사는 시작됩니다.

단테가 지은 신곡The Divine Comedy에 나오는 주인공도 어두운 밤을 맞이하면서부터 신앙의 여정이 시작됩니다. 베아트리체Beatrice와 이루지 못한 사랑의 아픔을 지닌 단테는 후에 전장戰場에서 처참한 광경을 목격하는 등 파란만장한 인생의 단면을 경험합니다. 이전과 전혀 다른 세계인 정치판에 뛰어들어 새로운 모험을 걸어보기도 하지만 파벌간의 이해관계로 말미암아 피렌체에서 추방당하게 되면서 단테는 인생의 깊은 밤을 맞이합니다. 그 때의 심경이 신곡의 서두에 잘 드러나 있습니다.

> "중년으로 접어든 어느 날 문득 보니 나는 어슴푸레한 숲속으로 들어서고 있었네. 거기서부터 난 올바른 길을 찾기 위해 이리저리 헤매어 보았지만, 마침내 길을 잃고 말았네."
> Midway upon the journey of our life I found that I was a dusky wood; For the right path, whence I had strayed, was lost.

번연이 쓴 천로역정 The Pilgrim's Progress에서도 마찬가지로 자신이 처한 감옥을 캄캄한 동굴로a den 설정하고 그곳에서 잠이 들게 되면서 꿈을 꾼 내용이 소개됩니다. 캄캄한 밤, 인간의 모든 의지와 지혜로 아무 것도 할 수 없는 시간, 철저하게 절망하는 시점에서부터 순례의 길은 시작됩니다.

밤은 그것을 경험하는 당사자에게는 때로 끔찍한 고통의 순간이며 쉽사리 기억에서 지워지지 않는 쓰라린 경험을 뜻합니다. 노벨 평화상 수상자인 엘리 위젤Elie Wiesel은 나찌 시절 포로수용소에서 겪은 고통을 밤Night이라는 책에서 이렇게 나타내고 있습니다.

결코 난 잊을 수 없어.

그밤, 포로 수용소에서 보낸 첫날 밤을

단단히 봉인封印된 밤, 도저히 헤어날 수 없는 그토록 길고 긴 밤이 있다는

것을 뼈저리게 체험하도록 했지

결코 난 잊을 수 없어.

그 연기를

결코 난 잊을 수 없어.

겁에 질린 어린 아이들의 야윈 얼굴을

칠흑같은 밤하늘의 적막가운데 연기로 사라져 버렸지

결코 난 잊을 수 없어.

나의 신앙을 조금도 남기지 않고 아주 무참히도 살라버린 그 불꽃을

결코 난 잊을 수 없어.

밤마다 반복되는 침묵을

끊임없이 떠오르는 살고 싶다는 욕망을 송두리째 앗아가버렸지

결코 난 잊을 수 없어.

하나님마저 처치해버리고 내 영혼과 나의 꿈 모두

한 줌 재로 만들어 버린 그 순간들을

결코 난 잊을 수 없어

그 모든 것들을

나비록 어쩌다 하나님처럼 오래 살아야 하는 운명에 처해진다 할지라도

결코

Never Shall I forget that night, the first night in camp, that turned   my
life into one long night seven times sealed.

Never shall I forget that smoke.

Never shall I forget the small faces of the children whose bodies I saw
transformed into smoke under a silent sky.

Never shall I forget those flames that consumed my faith forever.
Never shall I forget the nocturnal silence that deprived me for all
eternity of the desire to live.
Never shall I forget those moments that murdered my God and my soul
and turned my dreams to ashes.
Never shall I forget those things, even were I condemded to live as long
as God Himself.
Never. 18)

해는 지고 스스로 아무 것도 할 수 없는 바로 그 시점에 하나님은 야곱에
게 찾아오셨습니다. 이 때 야곱이 하나님께 건넨 대화의 내용은 절박한 심정
을 이야기하고 복을 구하는 것이 전부입니다.

"야곱이 서원하여 가로되 하나님이 나와 함께 계시사 내가 가는 이 길에
서 나를 지키시고 먹을 양식과 입을 옷을 주사 나로 평안히 아비 집으로 돌
아가게 하시오면 여호와께서 나의 하나님이 되실 것이요. 내가 기둥으로 세
운 이 돌이 하나님의 전殿이 될 것이요 하나님께서 내게 주신 모든 것에서
십분의 일을 내가 반드시 하나님께 드리겠나이다." (창28:20~22)

야곱이 열거한 소원들을 하나님은 다 허락하셨습니다. 함께 동행해 달라
는 간구대로 하나님은 그와 함께 하셨습니다. 단순히 먹을 양식과 입을 옷을
구했지만 하나님은 그 이상으로 엄청난 거부巨富가 되게 하셨습니다. 평안히
집으로 돌아오게 해달라는 소원도 다 들어 주셨습니다. 나중에 그는 하나님

의 은혜로 풍성한 복을 받아 누리게 되었다고 고백합니다.

"나는 주께서 주의 종에게 베푸신 모든 은총과 모든 진리를 조금이라도 감당할 수 없사오나 내가 내 지팡이만 가지고 이 요단을 건넜더니 지금은 두 떼나 이루었나이다." (창32:10)

여기서 중요한 것은 야곱이 한계상황에 처하게 되어 무엇을 구하고 얼마를 받았느냐가 아니라 하나님과 새로운 관계로 들어가게 되었다는 것입니다. 부모를 거치지 않고 직접 하나님과 관계를 맺은 것입니다. 캄캄한 밤이라는 한계상황 속에서 비로소 처음으로 기도를 하고 제단을 쌓게 됩니다.

두 번째 단계의 복을 구하는 사람은 아직 믿음으로 성숙하지 못하기 때문에 하나님과의 관계에 있어서 언제나 조건적입니다. 이것은 야곱의 기도하는 형식에서 뚜렷하게 드러납니다. 야곱은 하나님께 간구하면서, "…하시오면" 이라는 조건을 붙입니다. 조건의 내용은 자신에게 있어서 가장 중요하고 절박한 것입니다. 또한 조건은 어디까지나 자기중심에서 고려하는 것입니다.

이것은 어디까지나 하나님을 합리적인 차원에서 이해하고 관계를 맺는 것입니다. 중세 프랑스의 신비주의 영성가였던 쟌느 귀용Jeanne Guyon은, 페넬롱과 나눈 편지글에서 이렇게 설명하고 있습니다. "당신이 신앙생활을 시작할 때 이치에 합당하다고 reasonable 여기는 것만 받아들이려고 합니다. 신앙생활 초기에 그러한 태도를 취하는 것을 하나님은 허용하지만 계속해서 거기서 머물게 되는 것을 원치 않고 믿음으로 행하는 단계로 나아가기를 원하십니다."

조건을 중시하게 되면 하나님과 관계가 이상한 방향으로 흐르게 됩니다. 자신이 원하는 조건을 이뤄주어야 좋은 하나님이 될 수 있다는 마음이 서서히 자리 잡게 됩니다. 자신의 소원대로 이루어지지 않는다면 하나님의 존재조차도 의심하게 되고 극단적인 경우에는 관계가 깨어지기도 합니다.

우리가 기도할 때 강하게 요구하는 조건의 내용은 반드시 이뤄져야 한다고 생각하는 것들입니다. 생명의 위협을 느끼고 있는 야곱의 경우에는 생사가 걸린 중대한 문제이기 때문에 이뤄지기를 간절하게 바랍니다. 그리고 더 나아가서 우리가 그토록 바라는 것이기 때문에 하나님이 당연히 응답해 주어야 한다고 믿고 구합니다.

우리가 바라고 원하는 대로 하나님이 응답하실 때도 있지만, 그렇다고 반드시 우리의 생각대로 행하시지 않습니다. 바로 이러한 사실로 인해서 우리는 종종 혼란에 빠집니다. 그래서 다음과 같은 질문을 던지게 됩니다.

"구하면 주신다고 했는데, 왜 기도해도 응답이 없죠?"

"열심히 기도하고 철야기도회도 참석하고, 새벽기도회도 빠짐없이 다니는데도 하나님이 내 기도를 들어주시지 않는 이유가 뭐죠?"

많은 사람들이 의문을 품고 있는 내용입니다. 이것은 오늘날 신앙생활을 하는 우리 뿐만 아니라 오래 전 출애굽하던 이스라엘 백성들이 의아스럽게 생각한 내용이기도 합니다. 어느 순간이 되면 더 이상 이전과 같은 방식으로 복이 임하지 않습니다.

두 번째 단계의 복은 "이른 비와 늦은 비"(시84:6, 렘5:24, 욜2:23)의 은혜 가운데 이른 비에 해당합니다. 이스라엘 지역에서는, 파종한 다음에 내리는 비와 곡식의 열매가 영글기 전에 식물의 성장을 위해서 내리는 비를 일컬어 각각 이른 비와 늦은 비라고 이름을 붙입니다. 처음으로 홍해바다를 건널 때 하나님이 기적을 체험하게 하셨듯이 신앙생활을 시작했을 때에도 마찬가지 로 믿음의 싹을 잘 틔우게 하기 위해서 복을 체험하게 하시는데 이것이 바로 이른 비의 은혜입니다.

처음으로 예수 그리스도를 영접할 때, 그와 같은 놀라운 축복을 받게 됩니다. 오랜 세상의 가치관에서 벗어날 수 있도록 놀라운 은혜를 지금도 부어주십니다. 전혀 복음을 듣지 못한 선교 현장에 가서 사역해 보면 이와 같은 일들을 분명하게 체험할 수 있습니다. 필자는 직접 눈 앞에서 소경이 눈을 뜨는 것을 보았습니다. 그 이전에 예수님이 소경을 고쳐서 눈을 뜨게 했다는 말씀을 읽고 설교도 했지만, 그것이 믿기지 않는데 내 눈 앞에서 목격하고 신앙의 큰 도전을 받은 적이 있습니다. 결코 나에게 어떤 능력이 있기 때문이 아니라, 하나님의 살아계심을 온 동리 사람들이 깨닫도록 하기 위해 하나님께서 기적을 베푼 것입니다.

신앙생활을 처음으로 시작할 때, 기도하는 대로 이뤄지고 형통하게 되는 놀라운 일들을 경험합니다. 하지만 하나님은 계속 그러한 방식으로 우리를 인도하지는 않습니다. 풍성한 은혜가 밑거름이 되어서 삶 속에 열매를 맺도록 한 걸음 더 전진하게 하십니다. 이것을 이른 비와 늦은 비의 비유로 말씀하셨습니다. 싹을 틔우기 위해서 이른 비가 내리고 다음에는 열매를 위해서 늦은 비를 주십니다.

처음 믿을 때에는 아무리 옆에서 말씀을 풀어서 설명해 줘도 잘 모릅니다. 아무리 성경공부를 해도 하나님이 정말 살아 계시며, 사랑하시는지 와닿지 않습니다. 신앙생활 초기에는 이른 비의 은혜가 필요합니다. 처한 형편에 따라서, 기질에 따라서 기도의 응답 등의 다양한 방법으로 믿음의 싹을 틔워주어야 비로소 믿음을 갖기가 쉽습니다.

한번 달콤한 맛에 길들여진 아이는 치아가 썩어 들어가는 데도 불구하고 캔디의 맛에 집착하듯이 많은 사람들은 이른 비의 은혜만 계속 바랍니다. 넘치는 복을 받고 물질의 풍요를 누리며 자녀들까지 그 복이 이어진다 할지라도 그 풍성함으로 인해서 오히려 하나님과의 관계에 걸림돌이 되는 경우가 많습니다. 풍족하여 갈급하게 하나님을 찾지 않습니다. 그래서 잠언 30장 9절에서는 다음과 같이 경고하고 있습니다. "혹 내가 배불러서 하나님을 모른다 여호와가 누구냐 할까 하오며 혹 내가 가난하여 도적질하고 내 하나님의 이름을 욕되게 할까 두려워 함이니이다."

이른 비가 내리고 그 다음에는 햇빛이 필요하기 때문에 어쩔 수 없이 메마르고 건조한 기간을 보내야 합니다. 많은 그리스도인들이 이러한 사실을 알지 못하기 때문에 실족합니다.

세 번째 단계의 복

이제 복의 마지막 단계입니다. 야곱이 누린 세 번째 단계의 복의 내용이 무엇일까요? 유목민으로 살아가는 야곱으로서 누릴 수 있는 최상의 복은, 아무리 가뭄이 심하더라도 기르는 가축들이 전혀 문제없이 새끼를 잘 낳는 것이라고 우리는 생각하게 됩니다. 거기서 그치지 않습니다. 어떠한 전염병도 걸리지 않고, 무게도 많이 나가는 초우량 품종이 되고 인근의 다른 부족들이 결코 넘보지 못하는 세력을 형성하는 것입니다. 집안에는 노래 소리가 그치지 않고 연일 연회가 벌어지며 금은보화가 넘쳐나고 자자손손 그런 복이 이어지는 것을 상상합니다. 이 모든 것이 물질과 연관되어 있습니다.

어느 시대나 물질이 갖는 위력은 대단합니다. 문제는 물질 자체가 아니라 물질관입니다. 내 손에 있는 모든 물질의 소유주는 하나님임을 인정하며, 자신은 단지 관리자로서 분명한 목적의식을 갖고 사용한다는 의식이 중요합니다.

"선한 일을 행하고 선한 사업에 부하고 나눠주기를 좋아하며 동정하는 자가 되게 하라." (딤전6:18)

지금의 기성세대는 물질에 강하게 집착하며 살아왔습니다. 일제 강점기와 6·25를 거치면서 많은 사람들이 초근목피草根木皮로 연명하며 뼈저린 가난을 경험했습니다. 지금에 와서는 경제규모로 볼 때 세계 10위권 진입을 바라볼 정도로 성장했지만, 선진국과는 달리 아직도 사회보장제도가 미흡한 관계로 가족을 떠나면 보호받기 어렵다는 인식이 강하게 자리잡고 있습니다. 게다가 장래에 대한 불안 심리로 인해서 과도하게 부동산에 집착하는 현상들을 보게 됩니다.

이러한 생각이 그대로 신앙으로 이어져서, 자신의 미래를 보장해 줄 수 있는 확실한 것이 주어져야 복으로 알고 받아들입니다. 오늘날 많은 그리스도인들의 복에 대한 이해는 이처럼 세속적인 것과 별반 차이가 없다며 우려하는 목소리가 높습니다. 신앙생활을 시작하면서도 좀처럼 쉽게 바뀌지 않습니다. 믿음의 대상이 하나님으로 달라졌을 따름이지 구하고 바라는 내용은 같으며, 굳이 다르다고 한다면 소원의 내용을 바위에 크게 써 붙이던 것을 그대로 교회로 옮겨와서 기도하는 정도라는 것입니다.

야곱에게 있어서 가장 높은 차원의 복은 해가 돋았다는 표현으로 시작됩니다.(창32:31) 새로운 차원의 인생 3막이 펼쳐집니다. 그의 앞길에 해가 다시 떠오르는데, 그렇다면 소위 '쨍하고 해 뜰 날'의 내용이 과연 뭘까 하고 들여다보면 이내 고개를 가로젓게 됩니다.

막이 걷히고 페이드 인이 되면서 그는 환도뼈 (힘의 근원을 상징하는 대퇴부위의 뼈)가 부러지고 절름발이 병신의 모습으로 나타납니다.
"그의 허벅다리로 말미암아 절었더라."(창32:31)
유명 액션 배우들처럼 건강미가 흐르는 당당한 모습이 아니라 절룩거리며 초죽음이 되어 나타납니다.

야곱에 대한 기록을 읽으면서 사람들은, 야곱이 하나님의 사자使者와 씨름해서 이겼으며 그로 인해 이름이 이스라엘로 바뀌었다는 사실에 시선을 집중합니다. 아주 중요한 부위의 뼈를 하나님이 부러뜨린 점과 이스라엘의 원래의 의미를 깊이 되새겨 보지 않습니다.

'이스라엘'의 뜻은 '하나님이 다스리는 사람' a God-governed man입니다. 야곱은 어릴 때부터 잔꾀를 부리며 남을 속이면서 욕심을 따라 부를 긁어모으는 사람, 다시 말해서 하나님이 너무나 다스리기 어려운 사람이었습니다. "네 이름을 다시는 야곱(사기꾼)이라 부를 것이 아니요 이스라엘이라 부를 것이니 이는 네가 하나님과 및 사람들과 겨루어 이겼음이니라." (창 32:28~29)

우리는 경쟁사회 속에 살다보니 늘 이겨야 한다는 강박관념에 파묻혀 살아갑니다. 그러다 보니 "이겼음이라"는 말에 눈이 번쩍 뜨입니다. 그리고 좋은 의미일 것이라고 생각합니다. 사실은 약은 꾀로 사람도 이겨 넘어뜨리고 하나님도 그의 삶과 마음속 깊숙이 들어갈 수 없는 사람이기 때문에 이를 비유적인 뜻으로 하나님과 사람을 이겼다고 한 것입니다.

이제 변화된 그 이름에 걸맞게 살아가도록 하기 위해서 하나님은 하는 수 없이 야곱의 환도뼈를 부러뜨려야 했습니다. 그는 앞으로 육신의 욕망을 따라 사는 사람이 아니라 욕망의 근원이 부서지고 성령의 통제를 받고 인도함을 받는 사람이 되어야 합니다. 하지만 그것은 순간적으로 이뤄지지 않습니다.

"야곱이 눈을 들어 보니…" (33:1)

이스라엘이라는 이름이 주어졌지만 여전히 야곱이라는 옛 이름으로 그를 지칭하고 있습니다. 한 순간의 체험으로 완전히 변화되지 않았다는 것을 보여주고 있습니다. 하나님은 시간을 두고 계속 그를 변화시켜 나갔습니다. 변화의 결과가 궁극적으로 야곱에게 유익한 것이었지만 모든 변화의 순간들은 고통이었습니다.

하나님이 그의 이름에 걸맞게 변화시키기 위해서 부러뜨린 것은 환도뼈만이 아니었습니다. 사실 환도뼈는 생식능력을 상징하는 것인데, 그것과 가장 연관있는 사람인 라헬과의 관계도 부러뜨렸습니다. 가장 사랑한 여인이었던 라헬이 다른 세 여인에 비해 일찍 죽었습니다. 장남인 르우벤에 대한 기대도 부러집니다. 장남의 입장에서 빌하는 아버지의 첩으로서 엄마뻘인데 그녀를 범한 사실을 야곱이 알았습니다. 그는 나중에 장자로서의 영예를 얻지 못합니다. (창49:3~4)

"르우벤아 너는 내 장자요 내 능력이요 내 기력의 시작이라 위풍이 월등하고 권능이 탁월하다마는 물의 끓음 같았은즉 너는 탁월하지 못하리니 네가 아버지의 침상에 올라 더럽혔음이로다. 그가 내 침상에 올랐었도다." (창49:3~4)

애지중지하는 고명딸 디나가 강간을 당함으로 그녀를 보호하고 예쁘게 키우고자 하는 마음도 부러집니다.(창34장) 라헬이 낳은 아들 요셉을 더 사랑하여 밖에 내보내지도 않고 늘 옆에 끼고 살았는데 그와의 각별한 정도 장기간 부러뜨립니다. 오랫동안 그가 죽은 줄로만 알고 지내야 했습니다. 나중에는 먹을 양식이 다 떨어졌습니다. 결국 바라보고 기댈 수 있는 것 모두 송두리째 부러집니다. 하는 수 없이 목숨을 부지하기 위해서는 이집트로 내려가야만 했습니다.

야곱이 복을 받아서 거부가 되었고 그 외에 족장들 모두 마찬가지로 부유했기 때문에 예수 믿으면 복 받고 잘 살게 된다는 요지의 말씀은 지금도 기독교 방송을 틀면 많이 흘러나옵니다. 그렇다면 야곱과 온 가족이 당한 기근의 고통은 무엇으로 설명할 것입니까? 계속 부유하게 살다가 기근을 맞은 것은 무엇 때문입니까? 외삼촌댁에서는 하는 일마다 잘 되다가 인생 후반에 계속 내리막길을 걷게 되는 것은 무엇 때문입니까? 복을 받지 못해서? 죄를 지어서?

그럼에도 복을 받은 것은, 그것도 가장 큰 복을 받은 것은 바로 하나님의 명령이자 인생의 궁극적인 목적을 이뤘기 때문입니다. 그것은 바로 생육하고 번성하여 땅에 충만하는 것입니다. 하나님은 인간을 창조하시고 바로 이어서 창조의 목적, 즉 생육하고 번성할 것을 말씀하셨습니다.
"하나님이 그들에게 복을 주시며 하나님이 그들에게 이르시되 생육하고 번성하여 땅에 충만 하라, 땅을 정복하라, 바다의 물고기와 하늘의 새와 땅

에 움직이는 모든 생물을 다스리라." (창1:28)

이 말씀은 계속해서 반복됩니다. 시대가 바뀔 때마다 새로운 한 인물을 선택하시고 그에게 동일한 말씀을 하셨습니다. 첫 사람 아담에게, 대홍수로 이 땅을 정화한 다음 노아에게(창8:17), 믿음의 조상 아브라함에게(창12:2~3, 15:5, 17:1~6), 이삭에게(창26:4), 야곱에게(창28:13~15), 요셉에게(창48:4) 각각 반복해서 주지시켰습니다.

기근 때문에 이집트로 내려갔지만 사실은 그 가운데 생육하고 번성하기 위해 요셉을 통해서 풍요로운 땅을 예비해 주신 것입니다. 그들이 그곳에서 생육하고 번성했다는 기록이 나오고(창47:27), 출애굽기는 생육하고 번성한 결과 큰 민족을 이루게 된 것을 밝히면서 시작합니다. (출1:7)

야곱이 여러 가지 시련과 우여곡절 속에서도 자신의 후손들을 통해서 하나님 나라의 12지파의 기초를 놓음으로써 하나님 나라의 일에 참여하는 복을 누리게 된 것입니다. 만일 그들이 이집트로 내려가지 않았다면 주위의 부족들로부터 심한 견제를 받게 되어 생육하고 번성하는데 많은 제약이 따랐을 것입니다. 또한 아브라함을 통해 일찍이 예언되었던 바 출애굽을 통한 구원의 상징적인 의미는 계시되지 못하고 말았을 것입니다.

야곱의 원대로 라헬만 사랑하며 그녀와 결혼해서 살았다거나 또는 라헬이 죽지 않고 계속해서 아들을 낳아서 전체 아들의 수가 수십 명에 이르렀다면 12지파의 상징성은 깨어지고 하나님의 뜻을 이루지 못했을런지도 모릅니다. 그러고 보면 라헬 외에 세 여인과 살게 된 것이나, 인간적으로 볼 때 슬픈 일이지만 라헬이 일찍 죽게 된 것은 전체 성경의 흐름에서 볼 때엔 오히려 복이 되는 것입니다. 그 외에 그 동안 그가 겪었던 고통은 모두 하나님이 그를 전적으로 통치하여 하나님의 뜻을 이루는데 필요했기 때문에 복이 되는 것입니다.

두 번째 단계의 복에서는 조건을 내세우며 요구하기 때문에 언제나 자신이 중심이지만 세 번째 단계에서는 철저하게 하나님이 중심이요, 하나님의 뜻을 이루는데 참여하는 것이 복이 됨을 알 수 있습니다.

자녀된 자가 아버지 하나님께 무엇이든지 구할 수가 있고 기도드린 대로 좋은 것을 하나님께로부터 받아 누리는 것도 귀한 것입니다. 하지만 그 보다 더 귀한 것은 하나님 나라를 이루는 데에 쓰임받는 것입니다. 어떤 사람은 평안하고 풍족한 상태에서 쓰임받기도 하고, 어떤 사람은 시련과 고통 가운데 자기도 의식하지 못하는 사이에 하나님의 뜻을 이루는데 사용되기도 합니다. 우리의 관심은 고통에서 벗어나 이 세상의 부귀영화를 누리는 것이지만 하나님의 관심은 그의 나라를 이루어 나가는 것이며, 그러한 일에 우리가 섬김을 통해서 쓰임받는 것입니다.

11. 하나님이 불합리하게
여겨질 때

하나님은 왜 우리가 기대하는대로 응답하지 않고 때론 우리가 생각하는 것과 정반대로 불합리하게 행하실까요? 이 문제를 엘리야의 경우를 통해서 살펴보고자 합니다.

기대하는대로 모두 응답하지 않는 하나님

엘리야에게 있어서 분노에 이르게 된 가장 큰 주범은 하나님에 대한 기대감이라는 것을 알 수 있습니다. 하나님은 엘리야가 기대하는 방식대로 일을 처리해 나가지 않았습니다. 기대하는 대로 하나님이 채워주지 않을 때 우리는 엘리야처럼 하나님을 향하여 불합리하다고 여기게 됩니다.

엘리야는 갈멜산에서 놀라운 기도의 응답을 체험했지만, 계속해서 자신이 생각하고 기대하는 대로 하나님은 행하지 않았습니다. 영화에서 흔히 볼 수 있듯이, 마지막으로 태풍이나 지진, 불처럼 엄청난 파괴력을 동원해서 원수들을 통쾌하게 무찌르는 장면을 엘리야 뿐만 아니라 그 이야기를 읽는 우리들은 한번쯤 기대할 것입니다. 그것은 어쩌면 자연스런 반응으로 볼 수 있습니다.

그렇다면 하나님에 대하여 기대하는 것 자체가 잘못된 것일까요? 하나님이 행하는 대로 가만히 지켜만 보고 전혀 우리의 생각대로 기대하지 말아야 할까요? 엘리야의 기대가 깨어졌을 때 하나님을 향하여 두 번씩이나 반복해서 같은 내용으로 투정을 부렸지만 성경의 본문 그 어디에서도 하나님이 그 자체를 놓고 잘못했다며 그를 꾸짖는 기록이 없습니다. 예수님의 제자들의 경우에도 마찬가지입니다. 예루살렘을 로마로부터 회복되기를 기대했지만 자신들이 원하는 대로 이뤄지지 않았습니다.

"때와 시기는 아버지께서 자기의 권한에 두셨으니 너희가 알바 아니요(행 1:6)"

하지만 이어서 왜 그런 문제를 기대하느냐, 잘못 기대하는 것이라고 꾸짖지 않았습니다. 우리는 하나님께 무엇이든지 원하는대로 기대하며 구할 수 있습니다.

"무엇이든지 원하는대로 구하라." (요15:7)

엘리야가 동굴에 있는 상황이라면 아무리 태풍이 불든 지진이 나든, 불이 어떻게 되든 그에겐 아무런 관계가 없습니다. 가끔씩 이 세상에는 자연재해가 발생하는 경우도 다반사이고, 무슨 일이 일어나더라도 바깥에 비해서 굴 속에까지 미치는 영향이 크지 않기 때문입니다. 하지만 하나님이 일부러 그를 굴 밖으로 불러내어서 친히 그 앞을 지나가면서 보여준 현상들이기 때문에 기대감을 갖는 것은 지극히 자연스러운 것입니다. 잔뜩 기대하면서 지켜

보았지만 어찌된 영문인지 이후에 아무런 일도 일어나지 않고 잠시 관심을 끄는 것으로 그치고 말았습니다. 장난도 아니고 불을 보여주었으면 그것으로 왕을 위시해서 사악한 무리들을 심판하든지, 이어진 태풍이나 지진도 마찬가지입니다. 모두 심판에 적절하게 사용되면 엄청난 파괴력을 지닌 것들이지만 잠시 나타났다가는 이내 사그라지고 말았습니다.

엘리야의 입장에서는 그와 같은 강력한 현상들을 통해서 사태가 마무리되면 좋겠는데 전혀 그렇지 못합니다.

"지진 가운데에도 여호와께서 계시지 아니하며… 불 가운데에도 여호와께서 계시지 아니하더니"(12~13절)

참으로 이상한 하나님이 아닐 수 없습니다. 그럼 뭣 하러 나오라고 해놓고선 그런 것들을 보게 했을까요? 아무 쓸모도 없는데 괜히 헛된 기대로 한껏 부풀어 오르게 하고선 이게 뭡니까?

마치 산타클로스가 유치원에 아이들을 미리 모아 두라고 얘기하고는 왔다가 그냥 지나가는 꼴입니다.

"얘들아, 모여라 오늘 산타클로스가 선물을 가지고 오신대요."

선생님이 아이들의 주의를 환기시키려고 악기도 연주하고 캐럴도 부르며 율동도 하고, 모두들 기대에 부풀어 있습니다. 하지만 잔뜩 호기심으로 바라보는 어린아이들의 눈망울을 아랑곳하지 않고 두둑한 선물 자루만 보여주고는 산타가 그냥 지나가 버린다면 아이들 마음이 어떻겠습니까? 그럼 아예 오신다고 얘기를 하지 말았어야지. 하나님에 대해서 엘리야가 느끼는 바도 그와 같습니다.

왜 불합리하게 행하시는가?

그렇다면 하나님은 왜 엘리야가 기대한 대로 응답해 주지 않으셨을까요?

하나님을 대하는 태도를 바꾸게 하기 위함입니다. 크리스마스 시즌에 아이들의 관심은, 산타할아버지가 누구이며 어떤 분이냐 하는 것보다 그가 주는 선물의 내용이듯이 성인이 된 우리가 하나님을 대하는 태도 또한 마찬가지입니다. 하나님보다는 그의 능력이나 베풀어 주는 복에 더 관심이 있습니다. 이러한 자세는 하나님과의 관계에 있어서 바뀌어져야 합니다.

하나님이 계획한 일을 이루기 위해서는 그러한 기적만으로 한계가 있기 때문입니다. 갈멜산에서처럼 다시 불로 사악한 무리들을 처치할 수도 있습니다. 앞서 폭풍이나 지진도 원수들을 제압하는 데에 강력한 방편이 될 수 있습니다. 하지만 땅이 갈라지고 불이 타올라 다치고 죽는다하더라도 그것만으로는 일이 마무리되지 않습니다. 그래서 하나님이 택한 방식은 앞으로 엘리야가 해야 할 일을 세미한 음성으로 들려준 것입니다.

'뚫어 뻥 중독증'에 빠지지 않도록 하기 위함입니다. 토네이도와 같은 바람과 지진을 일으켜서 아합의 무리가 사는 왕궁을 일시에 파괴시켜 버리면 그것을 지켜보는 엘리야의 입장에서는 순식간에 근심거리가 사라지게 되어 속이 후련해질 것입니다. 우리는 속이 시원해지는 것을 기도응답으로 생각하기 때문에 주어진 결과에 만족하지 못하고 불평을 할 때가 많습니다.

속이 뻥 뚫리는 것을 경험하기 위해서는 계속해서 강도가 더해져야 합니다. 그러다 보면 반복해서 우울증에 빠지고 결국 신앙생활은 중독증세로 흘러 갑니다.

관점을 바꾸도록 하기 위함입니다. 우리가 바라고 원하는 대로 이뤄지지 않을 때 하나님을 향하여 불합리한 하나님이라고 따질 것이 아니라 신앙의 관점을 바꾸도록 하시는 하나님의 섭리를 깨닫는 계기로 삼아야 합니다. 어릴 때에는 언제나 자기 중심적으로 생각하고 행동하다가 장성하게 되면 먼저 부모의 입장을 고려하게 됩니다. 따라서 하나님이 불합리하게 여겨질 때에는 내 생각과 고집을 버리고 관점을 바꾸어 하나님의 입장에서 상황을 고려해 보아야 합니다.

불합리함을 넘어설 때 비로소 들리는 하나님의 음성

하나님의 세미한 음성을 듣기를 원하지만 아무 것도 들려오지 않는 것은 자신의 생각에 갇혀 있어서 하나님이 불합리하다고 여기기 때문입니다. 관점을 바꾸어서 하나님의 뜻을 먼저 생각하고 그것을 이루고자 한다면 하나님은 구체적인 지침을 허락하십니다.

하나님은 엘리야의 생각대로 행하지 않고 그보다 더 완전한 하나님의 방식대로 일을 추진하셨습니다. 엘리야의 방식대로 물리적인 방식이 아니라 뜻밖에 세미한 음성을 들려주어 일을 이루도록 하셨습니다. 하나님의 뜻을 우리가 이루기 위해서는 하나님으로부터 들려오는 세미한 음성이 필요합니다. 영화에서는 '우르르 쾅쾅' 고막이 찢어질 듯 한 굉음과 함께 온갖 신무기들이 동원되어 최후에 남은 악당들을 향해 무차별 공격을 퍼붓고 나면 그만입니다. 주인공에게 유리한 입장으로 상황이 전개되기만 하면 됩니다. 커다란 괴물이 등장하기도 하고 우주전에 쓰이는 광선무기, 전투기, 잠수함, 미사일 등을 총동원해서 상대방을 소탕합니다. 하지만 하나님의 입장에서는 지금 아합 왕의 모든 세력을 제거하기만 하면 상황이 끝나는 것이 아니라 결과적으로 무정부 상태에서 엄청난 혼란에 빠질 수 있기 때문에 북이스라엘 백성들의 신앙을 새롭게 하기 위해서는 구체적인 내용을 들려 주어야 합니다. 그러한 지침이 없다면 강력한 자연현상으로 악한 무리들을 어떻게 처리해 봐야 그것을 하나님의 섭리로 이해하지도 않을 것이고 또한 모든 백성들이 회개하지도 않을 것입니다.

하나님의 목적은 결국 모든 백성들이 돌아와 하나님과 올바른 관계를 맺는 것입니다. 따라서 세미한 음성을 통해서 몇 가지 지침을 엘리야에게 내렸습니다. 그 내용은 첫째, 경건한 새로운 왕을 세워서 악한 아합 왕 일가를 심판하는 가운데 하나님의 준엄한 메시지를 전하는 것입니다. 둘째는, 그럼에도 불구하고 많은 사람들이 돌이키지 않을 것이기에 결국은 아람나라의 새로운 왕을 세워서 북이스라엘을 때리는 회초리로 사용하는 것이며 (왕하 8:12), 셋째는 엘리야의 후계자 엘리사를 세워서 하나님의 사역을 계속 이루어 나가는 것입니다.

하나님은 바울에게도 마찬가지로 세미한 음성을 들려주었습니다. (행9장) 대제사장의 공문을 받아 예수믿는 무리들을 수색해서 체포하기 위해 가던 길에 다마스커스에서 강한 빛을 받아서 쓰러지고 앞을 볼 수 없게 되었습니다. 그 후에 하나님의 음성이 바울에게 들렸는데, 만일 그 때 구체적으로 무엇을 해야 하는지 음성을 들려주지 않았다면 그를 통한 하나님의 뜻은 이루어지지 못하고 말았을 것입니다. 바울은 맹인이 되어 평생을 불편하게 사는 것으로 생을 마쳤을 것이고, 당시 믿는 무리들의 입장에서도, "우리를 핍박하려고 하더니 심판을 받은 것이다"라고 얘기하는 것으로 바울의 이야기는 짤막하게 성경에서 언급되고 말았을 것입니다.

그런데 여기서 주목할 내용은, 바울이 그 사실을 설명하면서 하나님의 음성을 자신 외에는 듣지 못했다고 얘기하는 것입니다. (행22:9) 세미한 음성이란 음량이 크냐 아니면 적으냐의 문제가 아니라, 이처럼 남들이 듣지 못하고 자신에게만 들리는 구체적인 하나님의 말씀으로 볼 수 있습니다.

엘리야가 하나님으로 부터 세미한 음성을 듣게 된 다음, 더 이상 불평하거나 낙담이 되어 다시 동굴 속으로 들어가는 따위의 행동을 하지 않았습니다. 동굴은, 하나님을 피하여 점점 자신만의 세계로 파고 들어가 웅크리고 있는 태도를 상징적으로 가리킵니다. 분노하는 사람은 자신만의 세계에 점점 갇히게 됩니다. 관계를 맺을수록 일이 풀리는 것이 아니라 점점 꼬이고 분노가 쌓인다고 생각하고 분노를 유발하는 상대로 부터 등을 돌리기 때문입니다.

엘리야는 이제 동굴에서 나왔습니다. 이것은 바로 하나님과의 관계에서 불합리한 하나님으로 인한 분노의 문제가 해결되었음을 나타내고 있습니다. 그것은 바로 하나님이 세미한 음성을 들려주었기 때문입니다. 하나님은 엘리야에게 앞으로 해야 할 구체적인 일에 대해서 말씀했습니다. 그것을 통해서 하나님은 앞날의 소망과 평안을 주기를 원합니다.

"여호와의 말씀이니라. 너희를 향한 나의 생각을 내가 아나니 평안이요 재앙이 아니라 너희에게 미래와 희망을 주는 것이니라." (렘29:11)

과거와 이별하라

마귀는 언제나 우리로 하여금 과거에 얽매여 낙담하며 앞으로 나아가지 못하게 훼방합니다. 과거의 실수와 허물을 생각나게 하고 참소하며 우리의 양심에 고통을 안깁니다.

"내가 또 들으니 하늘에 큰 음성이 있어 가로되 이제 우리 하나님의 구원과 능력과 나라와 또 그의 그리스도의 권세가 이루었으니 우리 형제들을 참소하던 자 곧 우리 하나님 앞에서 밤낮 참소하던 자가 쫓겨났고"(계12:10)

따라서 하나님의 세미한 음성을 계속 듣기를 원한다면 내면에 참소하는 소리를 차단해야 합니다. 자꾸만 과거에 저지른 실수와 죄과에 대해서 참소하는 소리를 계속 듣게 되면 세미한 음성을 들을 수 없습니다. 내면에 참소하는 소리를 차단하지 않으면, 다시 말해서 과거를 정리하고 분명하게 매듭을 짓지 않으면 미래로 힘차게 나아가지 못합니다.

우리는 다윗의 예를 통해서 내면에 참소하는 소리를 효과적으로 처리하는 법을 배워야 합니다. 유명한 믿음의 용장이었던 다윗도 자신의 저지른 죄악으로 인해서 괴로움을 겪어야 했습니다. 밧세바를 범하고 그녀를 자신의 것으로 취하기 위해서 그의 남편을 격렬한 전투가 벌어지는 최전선에 투입함으로써, 교묘한 방법으로 남들이 알아채지 못하는 사이에 전사하도록 일을 꾸몄습니다.(삼하11:1~27) 그가 뜻한 바대로 아무도 모르는 사이에 일이 진행되었지만 하나님은 그 모든 사실을 다 들춰내어 나단 선지자를 통해 그를 책망했습니다. 다윗의 입장에서 하나님이 그 모든 사실을 모른 체하며 그대로 묻어 두었더라면 좋았겠다는 생각을 우리는 할 수 있습니다. 하지만 그렇게 되면 그의 양심이 무디어져서 하나님의 세미한 음성을 더 이상 듣지 못하게 되기 때문에 비록 고통스럽지만 그가 지은 죄상을 낱낱이 비유를 통해서 간접적으로 펼쳐 보였습니다. (삼하12:1~15)

과거에 이미 저지른 죄악의 내용은 지울 수 없기 때문에 꼼짝없이 사로잡힐 수밖에 없는 지경에 처했지만 그로 인해서 다윗은 과거사에 얽매여 한없이 자책하며 주저앉아 있지 않았습니다. 이것이 바로 우리가 본받아야 할 다윗 신앙의 위대한 점입니다. 다윗처럼 과거와 이별하는 법을 배워야 합니다.

"너희는 이전 일을 기억하지 말며 옛날 일을 생각하지 말라. 보라 내가 새 일을 행하리라." (사43:18)

이 구절을 다음과 같이 번역하는 성경도(Good News Bible) 있습니다.

"과거에 일어난 일에 너무 집착하거나 오래 전 일어난 일로 인해 계속 그 생각에 잠겨 있지 말라." "Do not cling to events of the past or dwell on what happened long ago" (G. B)

다윗은 크게 두 가지 갈래의 길을 선택함으로써 과거로부터 벗어날 수 있었습니다. 먼저 자신이 과거에 범한 죄를 그대로 고백했습니다. (삼하11:13) 그로 인해서 나단 선지자로부터 하나님의 용서의 메시지를 들었습니다.(13) 하지만 그것만으로 모든 일이 해결될 수 없습니다. 하나님으로부터 용서는 받았지만 마음의 기쁨이 사라지고(시51:12), 뼈가 부러지고 꺾어지는 듯 한 고통을 겪어야 했습니다. (시51:8)

다음으로 그는 자신의 실수와 과오를 통해서 자신의 한계를 분명히 깨닫고 과거의 상처를 겸손의 방편으로 사용했습니다. 그것은 다음의 고백에서부터 비롯됩니다.

"무릇 나는 내 죄과를 아오니 내 죄가 항상 내 앞에 있나이다." (시51:3)

한 순간 넘어진 것은 자신에게 있어서 뼈아픈 고통으로 기억되지만 한편으로 보면 그것을 통해서 자신의 연약함이 무엇이며 한계가 어디까지인지 똑똑히 알게 되는 계기가 됩니다. 따라서 그는 자신의 뜻대로 행하며 높아지려고 할 때마다 자신이 과거에 넘어졌던 연약한 모습을 바라보며 자신을 낮추어 하나님과 사람 앞에서 겸손한 자로 변화되어 갔다는 사실을 그의 고백을 통해서 짐작할 수 있습니다.

나중에 사울의 친족 중에 시므이라는 사람이 나와 그가 보는 앞에서 저주를 퍼붓는 일이 벌어졌습니다. 하지만 다윗은 결단코 교만한 자세로 그를 처단하지 않았습니다. 분노를 삭이지 못하고 단번에 그를 처단하고자 하는 마음이 일어났을 법한데도 그는 오히려 그 순간에도 하나님을 높이며 혈기를 죽였습니다. 옆에서 지켜보던 아비새가 시므이를 단칼에 베려고 하자 다윗은 이를 만류하며 다음과 같이 말합니다.

"여호와께서 그에게 명령하신 것이니 그가 저주하게 버려두라."(삼하 16:11)

이것은 하나님 앞에서 진정으로 겸손한 모습으로 변화된 자의 고백입니다.

자신의 뼈아픈 실패의 고통에서 벗어난 다윗은 그 후로도 하나님과 밀접한 관계에서 하나님의 음성을 들으며 나라를 훌륭하게 통치하게 된 것을 여러 시편 구절을 통해서 확인할 수 있습니다.

"내가 간구하는 날에 주께서 응답하시고 내 영혼에 힘을 주어 나를 강하게 하셨나이다 … 주의 입의 말씀을 들음이오며"(시138:3~4)

과거에서 자유롭게 될 때 우리는 계속해서 세미한 음성을 들을 수 있습니다. 성령은 우리로 하여금 과거에 얽매이지 않고 앞으로 나아가게 하며 구체적으로 그렇게 되기 위해서 앞으로 행할 일을 가르쳐 줍니다.

"보혜사 곧 아버지께서 내 이름으로 보내실 성령 그가 너희에게 모든 것을 가르치고 내가 너희에게 말한 모든 것을 생각나게 하리라."(요14:26)

베드로가 요엘의 예언을 그대로 인용한 말씀을 보면 성령으로 인해 "젊은 이들은 환상을 보고 너희의 늙은이들은 꿈을 꾸리라"고 했습니다.(행2:17) 노인들은 모여서 미래에 대한 꿈을 이야기하기 보다는 과거에 일어났던 일을 주로 얘기합니다. 인생을 마감하는 황혼기에 새로운 어떤 것을 계획하기에는 스스로 한계를 느끼기 때문입니다. 따라서 과거의 영화와 추억에 사로잡혀 있는 경우가 많습니다. 하지만 성령의 역사로 미래에 대한 꿈을 꾸고 젊은이들은 환상을 보는데, 환상이라고 해서 초자연적인 신비한 어떤 현상을 보는 것이 아니라 성령으로 인해 앞으로 해야 할 비전Vision을 발견하게 된다는 것입니다.

세미한 음성을 듣는 구체적인 방법과 내용

여기서 우리는 잠시 숨을 고르고, 과연 성령을 통해서 우리에게 들려주시는 세미한 음성의 내용이 구체적으로 무엇일까를 진지하게 생각해 봐야 합니다. 요즘 비전이라는 말을 교회에서나 사회에서 많이 하는데 따지고 보면 세미한 음성과 그 의미에 있어서 차이점이 없이 쓰이고 있습니다. 비전을 크게 봐야 하고 비전을 새롭게 해야 한다는 말을 많이 듣지만 도대체 구체적으로 어떻게 해야 하는지 모호하게 들립니다. 막연히 거창하고 위대한 어떤 일을 비전이라고 생각하는 경향이 많은 것 같습니다.

하나님이 엘리야에게 들려주신 내용은 구체적으로 해야 할 일들이었지 뜬구름 잡는 내용이 아니었습니다. 북이스라엘을 신앙으로 새롭게 해야 하는 선지자로서 그의 역할을 감당할 수 있도록 구체적인 내용을 들려주었습니다. 그렇다면 우리는 그와 같은 실제적인 내용을 어떻게 들을 수 있을까요?

멘토를 통해서 들을 수 있습니다. 바울은 아나니아라는 멘토를 통해서 앞으로 그가 해야 할 일을 들을 수 있었습니다. 소위 '직통·계시' 운운하며 하나님으로부터 음성을 들어야 된다고 고집하는 사람들이 있습니다. 바울은 직접 하나님의 음성을 들은 사람이지만 하나님은 아나니아라는 멘토를 통해서 구체적인 지침을 듣도록 했다는 사실에 유념할 필요가 있습니다. (행9:6)

자신이 직접 듣는 것입니다. 이 대목에서 우리는 세심한 주의를 기울여야 합니다. 자신이 들었다고 하는 것은 다분히 주관적이기 때문에 하나님의 말씀에서 벗어날 위험성이 많기 때문입니다. 한 때 세상을 떠들썩하게 했던 다미선교회의 예수 재림사건은 실례가 됩니다. 그들은 나름대로 하나님으로부터 계시를 듣고 보았다고 주장하면서 정해진 시간에 예수님이 재림한다고 외치며 세상의 이목을 끌었지만 결과적으로 한바탕 해프닝으로 끝나고 말았습니다.

하나님으로부터 신비한 어떤 음성을 듣고 싶어 하는 사람들이 많습니다. 성경이 완성되었으니 더 이상 그런 계시가 있느니 없느니 하는 식의 소모적인 논쟁을 여기서 다시 반복하려는 것이 아닙니다. 문제는 엘리야가 그 전에도 여러 번 음성을 들었지만,(왕상19:5, 7, 9, 11) 직접적인 도움이 되지 못했다는 사실을 우리는 유념해야 합니다. 그러한 신비체험을 통해서 용기가 생기고 새 힘을 얻은 것이 아닙니다. 따라서 우리는 하나님의 음성과 비전을 새롭게 이해할 필요가 있습니다.

세미한 음성, 즉 비전을 보는데 있어서 코비Stephen R. Covey의 견해를 참조할 필요가 있습니다. 그는 "여덟 번째 습관"The 8th habit에서 그라민 은행 Grameen Bank의 설립자인 무하마드 유누스Muhammad Yunus를 예로 들어 이 점에 대해서 설명하고 있습니다. 유누스는 방글라데시에서 극빈층을 퇴치하기 위해 그라민 은행을 설립하였으며, 무담보 소액대출Microcredit이라는 획기적인 제도를 도입하여 빈곤에 처한 많은 사람들에게 용기를 심어주고 만성적인 가난의 굴레에서 벗어나 자립할 수 있게 한 공로를 인정받아 2006년에 노벨평화상을 수상한 바 있습니다.

그와 같은 놀라운 비전을 언제, 어떻게 보게 되었는가 라는 질문을 던지자 그는 다음과 같이 말했습니다. 특별히 거창하게 어떤 비전을 먼저 보고 시작한 것이 아니라 그 이전에 궁핍한 사람들을 목격하게 되었고 그들의 필요를 채워주기 위해 노력하는 과정에서 비전이 분명하게 드러나게 되었다는 것입니다.

이처럼 비전을 보기 원한다면 막연히 열정적으로 기도하고 그칠 것이 아니라 유누스처럼 나를 필요로 하는 것이 무엇이며 필요를 채워주기 위해서 내가 할 수 있는 것이 무엇인지 찾아보아야 합니다. (마7:7~9) 그러기 위해서 반드시 초자연적인 신령한 음성을 들어야 하고 신비 체험을 해야만 가능한 것이 아닙니다. 합리적인 사고 작용을 통해서 얼마든지 가능한 일입니다.

엘리야가 들은 음성은 직접적으로 자신의 유익을 위한 것이 아니라 다른 사람의 필요를 채워주는 일이었습니다. 이것이 바로 우리가 들어야 할 세미한 음성의 내용입니다. 엘리야는 하나님이 들려준 그 일을 통해서 새로운 의미를 발견함에 따라 맘속에 치유도 함께 일어났습니다. 새로운 왕들을 세우고 자기를 대신하여 사람을 세우는 일은 헛된 것이 아니라 북이스라엘을 새롭게 하는 의미가 있고 따라서 가슴이 벅차오르는 일입니다. 그 일을 통해서 하나님에 대한 오해가 풀리고 따라서 분노도 눈 녹듯 사라지게 되었을 것입니다.

하나님이 엘리야에게 전해준 세미한 음성은, 지난 날 엘리야가 시련을 당하여 불공평하게 생각하는 측면에 대해서 설명해 주고 구체적으로 해명하는 것이 아니라 앞으로 해야 할 일에 관한 내용이었습니다. 각기 다른 나라의 두 왕과 후계자를 세워 하나님의 사역을 이어나가게 했습니다.

세미한 음성은 앞서 보였던 태풍이나 지진, 불 따위의 자연현상에 비해 너무나 대조적입니다. 하지만 엘리야가 구체적으로 내용을 확인한 뒤에는 더 이상 분노하며 투정하는 모습이 보이지 않습니다. 그 내용은 엘리야가 어려운 지경에 처했지만 결코 혼자가 아니라는 것을 가르쳐 줌으로써 자신의 동굴에서 벗어나게 하고(왕상19:18), 새로운 왕을 세워서 역사를 새롭게 하며, 엘리사를 통해서 자신의 일을 계승하게 하는 것이었습니다.

아합 왕이나 왕비 이세벨이 질병이나 사고를 당해서 죽지 않았고 여전히 서슬이 시퍼런 상황에서 다른 사람에게 기름 부어 왕을 세우는 자체가 쉬운 일이 아닙니다. 그 보다는 돌풍 등 자연현상의 강력한 방법을 동원해서 빗자루로 쓸듯이 정리해 주는 것이 훨씬 쉽고 깔끔하게 마무리가 된다고 여기고 기대하지만, 하나님의 방법은 달랐습니다.

하나님은 우리를 위해서 충분히 기적을 행할 수 있지만 우리가 해야 할 일을 대신해서 기적을 사용하지 않습니다. 어렵고 위험하고 힘들지만 그렇다고 해서 하나님은 기적만으로 모든 일을 이루어 나가는 것이 아니라 세미한 음성을 들려줌으로써 일을 성취해 나간다는 사실을 알 수 있습니다.

욥에게도 마찬가지로 하나님은 지난 날 일어났던 일들에 대해서 일체 해명해 주지 않았습니다. 욥의 입장에서 그것은 대단히 불합리한 것이지만 하나님은 그것에 대해서 일체 말씀이 없었습니다. 욥은 자신이 왜 고통을 당하게 되었는지 자초지종을 끝내 듣지 못했지만 그럼에도 욥은 탄식하거나 원망하지 않고 "이제는 눈으로 주를 뵈옵나이다(욥42:5)" 라고 고백했습니다. 이어서 하나님은 욥의 세 친구에게 구체적으로 앞으로 해야 할 일을 얘기하고(욥42:7~9) 욥의 장래에 갑절의 은혜를 내리는 것으로 막을 내립니다.

어린 시절에는, 부모가 자신을 대하는 태도를 보고 못 마땅하게 여기고 불합리하다고 생각될 때가 많습니다. 몹시 무더운 여름철 목이 말라 시원한 탄산음료를 마음껏 마시려고 하는데, 허락하지 않습니다. 밤 늦도록 게임에

열을 올리고 있는데 그만 불 끄고 자라고 합니다. 너무나 아쉬운 나머지 방문을 닫고 조심조심 몰래 컴퓨터를 다시 켜려고 하고 있는데, 언제 들어오셨는지 순간 전원 플러그를 아예 통째로 뽑아버리고 야단을 칩니다. 이와 같은 일들을 당할 땐 얼마나 야속한지, 친 부모가 과연 맞는지 의심이 들 정도로 불합리함을 느낀다고 합니다. 하지만 세월이 흘러 장성해서 어른이 되면 이전에 불합리하게 들렸던 부모님의 말씀이 이해가 되고 사랑의 음성으로 다시 들리기 시작합니다.

하나님과의 관계도 이와 마찬가지입니다. 우리 인생들은 길게 내다보지 못하고 근시안적입니다. 매 순간 필요한 대로 채워져야 하고, 흡족하게 이뤄져야 만족하기 때문에 조바심을 내고 하나님이 불합리하다며 분노하기도 합니다. 관점을 바꾸어 하나님의 보다 더 큰 뜻이 무엇인지 헤아려 보면 하나님의 섭리가 조금씩 이해되고 세미한 사랑의 음성이 들리기 시작합니다. 하지만 여기서 우리가 유념해야 할 점은, 어릴 때 부모로 인해 불합리하게 느꼈던 내용과는 달리 하나님이 우리에게 주시는 은혜는 단순하지 않다는 것입니다. 우리는 자판기에서 필요한 것을 얻는 것처럼 얼른 손에 잡히는 것을 원하지만 우리의 생각과는 달리 보다 더 깊은 하나님의 은혜는 오랜 시간의 과정을 통해서 주어질 때가 많습니다. 우리는 성급한 마음으로 기도하며 하나님으로 부터 구체적이고 완결된 어떤 것Being을 바랍니다. 그 결과에 따라 불평도 하고 감사도 합니다. 하지만 하나님은 우리에게 그러한 응답의 형태뿐만 아니라 오랜 시간을 두고 진행되는 과정을 통해서 주시는 것Becoming도 있다는 점을 명심해야 합니다.

12. 하나님의 침묵,
그 의미

어려운 일을 당하게 되면 누구든지 그 이유를 알고 싶어 합니다. "다른 사람들은 멀쩡하게 가족들과 함께 오손도손 잘 살고 있는데, 나는 왜 사랑하는 가족들을 남겨두고 먼저 세상을 떠나야 하는지? 고약한 불치의 병으로 고생해야 하는지? 하필이면 왜 내가 끔찍한 사고의 피해자가 되어야 하는지? 나의 가족에게 어려운 일이 닥치게 되었는지…" 이처럼 세상 그 어디에서도 만족할만한 답을 찾기 어려운 상황에 처하게 될 때 질문의 방향을 하나님께로 돌리게 됩니다. 하나님으로부터 속 시원한 답을 듣기 원하지만 하나님의 침묵으로 인해서 더욱 고통스러워합니다. 하나님은 왜 당신의 자녀들이 그토록 듣고 싶어 하는 데도 말씀해 주지 않는 걸까요?

'하나님의 침묵'이라고 하면 얼른 떠오르는 성경의 인물은 욥입니다. 갑작스럽게 시련을 당하여 견디기 어려운 고통 가운데 처하게 되었는데도 하나님은 오랫동안 아무런 말씀이 없었습니다.

잠시 자리를 비운 사이에 어린 아이의 울음소리가 들리면 엄마는 하던 일을 멈추고 곧 바로 아이 곁으로 달려옵니다. 아이가 운다고 해서 위급한 일이 벌어진 것이 아닌 줄 알지만 아이를 사랑하는 마음에 지체하지 않습니다. 아이가 자신의 상태를 일일이 말로 상세하게 설명하지 못하지만 어머니는 아이를 품에 안고 어르는 사이에 아이가 무엇을 원하며 무엇이 필요한지 얼른 알아차리고 보살펴 줍니다. 하루 종일 아이 보는 일 외에 가사 노동에 시달리느라 힘들고 짜증날 법도 하지만 그 보다 아이를 향한 모정이 더 강렬하기 때문에 싫은 내색을 하지 않습니다. 하지만 이러한 어머니와 달리 하나님은, 욥이 말할 수 없이 괴롭고 힘들 때 얼른 다가와서 속 시원하게 말씀을 들려주고 그에게 필요한 것을 바로 채워주지 않았습니다.

하나님의 자녀가 괴로워하고 있다면 하나님은 당연히 지체하지 않고 달려와서 어떤 조치를 취해주어야 하지 않느냐는 것이 우리의 일반적인 생각인데, 어찌된 영문인지 욥기를 읽어 보면 하나님은 한 동안 묵묵부답입니다. 어린 아이가 인상을 찌푸리기만 해도 곁에 있는 어머니의 신경이 온통 아이에게로 쏠리는데, 하나님은 왜 그토록 욥을 모른 척 방치하셨을까요? 더군다나 욥의 고통은 시간을 두고 강도를 더해갔는데도 말입니다.

욥의 비극이 한 번의 사건으로 끝났다면, 당장에 괴롭기는 하겠지만 눈한 번 질끈 감고 마음을 다잡을 수도 있을 것입니다. 하지만 예상치 못했던 사건들이 연이어 일어나는 통에 마음을 추스를 여력이 모두 고갈되고 나중에 가서는 생일을 저주할 정도로 괴로워합니다.

첫 번째 비극적인 사건은 맏아들 집에서부터 시작되었습니다. 하필이면 나머지 자녀들과 함께 즐겁게 연회를 벌이고 있는 가운데 스바 사람들이 쳐들어 와서, 종들을 칼로 죽이고 소와 나귀를 빼앗아 달아났다는 보고를 받았습니다. 소와 나귀가 각각 500마리씩 되었다고 하는데 그렇다면 이를 지키던 종들의 숫자도 상당했을 것입니다. 종들 모두 빈둥거리며 게으름을 피우다가 당한 것이 아니라 사고 당시 성실하게 소를 몰며 밭을 갈거나 나귀 떼를 돌보던 중이었습니다.

우리는 이 본문을 읽으면서 욥이 입은 피해상황에 비추어서 그가 받은 고통을 가늠하는 정도로 이해하고 지나치기 쉽습니다. 그런데 히브리 원문을 자세히 보면, 마치 뉴스를 전하듯이 객관적인 시각에서 욥이 받게 되는 고통의 내용을 우리에게 전달하는 것으로 그치지 않고 묘한 방법으로 본문을 읽는 사람들로 하여금 문제 제기를 하도록 이끌고 있는 것이 눈에 들어옵니다. "그 맏아들의 집에서 음식을 먹으며 포도주를 마실 때에"(1장 18절)라는 구절을 얼핏 보면 단순히 먹고 마시며 잔치를 벌이는 것 같지만 다른 의미가 숨겨져 있다는 것을 짐작할 수 있습니다. 여기서 '먹는다' 라는 단어는 אָכַל 아칼 인데, 용례를 보면 단순히 먹는 행위 뿐만 아니라 하나님께 제사를 드린 음식을 먹을 때에도 사용되고 있기 때문에 하나님에 대한 예배를 연상시킵니다.(출12:48; 출23:15; 대하30:18; 단1:12, 10:3; 시106:28; 겔18:11) 욥의 자녀들은 함께 모여서 잔치를 벌이고 이어서 다음날 아침에는 하나님께 번제를 드렸다는 기록이 서두에 나옵니다.(욥1:4~5) 시간상으로 볼 때 하필이면 하나님께 예배를 드리기 전 잔치를 벌이는 와중에 재앙을 만나게 함으로써 욥의 마음을 아프게 하고 그의 믿음을 일차적으로 흔들고 있으며 아울러 본문을 읽는 우리로 하여금 고개를 갸우뚱거리게 하고 있습니다.

두 번째 비극은 번개가 쳐서 양과 다른 종들을 불살라 버린 것입니다. 희생된 양의 숫자는 7000인데, 이는 앞의 소와 나귀의 그것과는 비교가 안 될 정도로 많았습니다. 단순히 천재지변에 의해서 양이 죽을 수도 있지만, 다른 각도로 보면 하나님과의 관계에서 혼란을 일으키기에 충분한 의미가 숨겨져 있습니다. 왜 하필이면 소와 마찬가지로 하나님께 제사드릴 때 제물로 사용되는 양들이 벼락을 맞아서, 그것도 한두 마리가 아니고 모두 떼죽음을 당하게 되었느냐 하는 것입니다. 아무리 벼락이 내리쳐도 욥이 키우는 짐승들은 멀쩡하게 살아남고 대신 그들을 해치는 맹수들이 모두 죽었다면 모를까, 정성껏 기르는 양들이 몰살을 당하는 뜻밖의 일이 벌어진 것입니다. 번개도 당시에는 하나님의 심판의 도구로 이해되던 것이기 때문에 두 번째 재앙에 대한 보고 역시 고통과 혼란을 동시에 안겨주고 있습니다.

다른 지역 사람들이 침입해서 짐승들을 노략질하고 종들을 해코지하는 경우는 더러 있을 수 있는 일로 여길 수도 있지만, 번갯불에 양들이 모두 죽어버린 경우는 아주 드문 사건인데다가 양과 번개의 종교적인 의미까지 결부되면서 욥을 비롯해서 모든 식솔들의 마음은 아주 심란해졌을 것입니다.

숨 돌릴 틈도 없이 재난에 대한 보고는 이어집니다. 세 번째로 갈대아 사람들이 몰려와서 낙타 3000마리를 끌고 가면서 이들을 돌보던 종들을 이번에도 모두 살해해버렸습니다.

재앙의 내용을 보면 아주 격렬한 격투기의 한 장면을 보는 것 같습니다. 링 위에서 선수가 펀치를 한번 맞고 충격에 비틀거립니다. 도저히 눈뜨고 볼 수 없을 정도로 유혈이 낭자하고 상대 선수를 초죽음으로 몰고 갈 정도의 아주 격렬한 난투극 수준으로 진행되고 있습니다. 예상치 못했던 강펀치에 얼굴은 온통 피범벅이 되고 휘청거리며 다운되었다가 겨우 일어나서 버텨보려고 하는데 또 다른 충격이 가해집니다. 중심을 잃은 나머지 방어 자세를 취하지 못하고 간신히 비틀거리며 일어서는 데 상대방이 이를 알고 점점 더 강한 펀치를 날리는, 그런 식으로 사태가 진행되는 꼴입니다. 지켜보는 관중들이 일제히 심판을 바라보면서 경기를 중단시켜달라고 야유를 보낼 지경입니다. 그런데 그 상태에서 도저히 믿기지 않고 받아들이기 어려운 네 번째 재앙에 대한 보고가 욥의 귀에 들립니다. 태풍으로 인해 집이 무너지면서 아들들이 모두 그 아래 깔리는 바람에 변을 당했다는 것입니다.

욥의 자식에게 일어난 참사를 기록하면서 기자는 13절에 이어 "음식을 먹으며 포도주를 마시는데"라는 표현을 반복하고 있습니다. 그 와중에도 다음날 아침에는 어김없이 하나님께 제사를 지내는 경건한 예배자로서의 자세를 견지했다는 사실을 강조하고 있습니다.

독립운동과 같이 거창한 대의명분을 내세우며 활동하다가 장렬하게 전사했다면 주위 사람들이나 자손 대대로 칭송을 받을 텐데, 사정이 그렇지 못합니다. 벼락에 맞아 죽고 더러는 다른 족속들이 쳐들어와 만행을 저질러서 벌어진 일입니다. 이루 말할 수 없이 슬픈 상황 속에서 한편으로는 남들 보기에 창피스럽기도 합니다.

가족 중에 하나가 세상을 떠나도 온통 침울한 분위기인데 떼죽음을 당했습니다. 그리고 그 상황을 누구에게 알리는 것조차 꺼려질 정도로 모양새가 좋지 않았습니다. 하지만 욥의 고난은 그쯤에서 끝나지 않았습니다. 온몸에 악창이 생기고 아내가 악담을 퍼붓고 나중에 욥의 친구들이 찾아왔지만 위로 보다는 오히려 마음이 괴롭고 성가실 따름이었습니다.

고난은 인내를 심어주기 위해서?

그런 와중에 하나님은 왜 오랫동안 말씀이 없었을까요? 일반적으로 야고보 5장 11절을 근거로 인내를 강조하기 위해서 하나님이 욥에게 침묵하신 것으로 여기는 경향이 있습니다.

"보라 인내하는 자를 우리가 복되다 하나니 너희가 욥의 인내를 들었고 주께서 주신 결말을 보았거니와 주는 가장 자비하시고 긍휼히 여기는 자시니라."

하지만 욥의 시련을 뭉뚱그려서 단순히 인내라는 한 단어로 한정지어 버리면 욥의 고난의 과정은 마치 해병대 극기 훈련캠프나 군대 유격훈련 과정을 통과하는 것쯤으로 비쳐지게 됩니다. 욥에게 그러한 인내를 심어주기 위해서 하나님이 혹독한 상황을 연출하고 그토록 오랫동안 침묵하신 걸까요?

우리가 일반적으로 알고 있는 '인내' 는 사전에서 정의하는 바와 같이 '괴로움이나 어려움을 참고 견디는 것' 을 뜻하며, 어딜 가든지 흔하게 쓰이는 단어입니다. 수능을 준비하는 교실에서도 들립니다.

"애들아 수능 얼마 안 남았으니 참고 인내해야 돼. 졸지 마!"

집에서 남편이나 아내로부터도 들을 수 있습니다.

"뱃살 줄이려면 힘들고 성가시더라도 꾸준히 인내하면서 운동해야 돼요!"

"이놈의 직장 당장 때려치우고 싶어도 목구멍이 포도청이라 이를 악물고 인내해야지 별 수 있겠어?"

포장마차에서 술잔을 기울이며 나누는 대화에서도 마찬가지로 들을 수 있는데, 모두 지긋지긋하게 느껴집니다. 그 말을 사용하는 사람이나 듣는 사람 모두, 별로 달갑지 않지만 그 상황에서 달리 다른 표현이 마땅치 않기 때문에 어쩔 수 없이 쓸 수밖에 없는 것으로 받아들이기 때문입니다. 신앙의 세계에서도 마찬가지로 넌더리가 나는 인내라는 말을 다시 듣게 되면, 사람들은 더 이상 그 단어에 담긴 하나님의 섭리를 깊이 헤아려보지 않으려 합니다.

욥기에서 인내, 즉 단순히 믿음으로 참고 견디는 것이 중심되는 주제라고 한다면 욥기 후반부 38장에서 시작되는 하나님의 말씀에 그것을 암시하는 말조차 왜 한 마디도 나오지 않는 걸까요? 그 대신에 하나님은 욥에게 다소 이상하게 여겨지는 질문공세를 펴고 있습니다.

"너는 대장부처럼 허리를 묶고 내가 네게 묻는 것을 대답할지니라. 내가

땅의 기초를 놓을 때에 네가 어디 있었느냐? 네가 깨달아 알았거든 말할지니라."(욥38:3~4)

그러잖아도 힘든 상황에서 "땅의 기초"를 운운하는 것은 너무나 뚱딴지 같은 질문이요, 짜증나는 질문이 아닐 수 없습니다. 그 외에도 각종 짐승, 별, 이름 모를 괴물, 등을 거론하며 질문을 던지는데 그 어느 것도 욥으로 하여금 고통의 실마리를 풀만한 것이라곤 하나도 없습니다. 그리고 그러한 것들이 도대체 인내와 무슨 상관이 있습니까?

또 한 가지 우리를 어리둥절하게 하는 것은 욥의 고백입니다. 38장에서 41장까지 하나님의 질문이 계속되는데, 그것에 대해서 일언반구 언급이 없다가 느닷없이, "내가 주께 대하여 귀로 듣기만 하였사오나 이제는 눈으로 주를 뵈옵나이다." (42:5) 하며 고백하는 것입니다.

아주 고통스럽고 기력조차 없는 사람을 앞에 두고 계속해서 엉뚱한 질문을 해댄다면, 누구든지 화를 폭발하고 말 것입니다.
"지금 장난칩니까? 저를 이 꼴이 되도록 내버려 둔 상태에서 계속해서 약 올리는 겁니까? 심형래의 용가리나 이무기라면 모를까 그것도 아니고 베헤못(40:15)이니, 리워야단(41:1)이니…, 몸과 마음이 괴롭고 심란한 마당에 그런 것들에 관해서 나에게 질문을 던지는 것이 과연 합당한 일입니까? 내가 알지도 못할 뿐더러 지금 이 꼴을 하고 있는 나와 도대체 무슨 상관이 있습니까?"

하나님이 질문을 시작하면서 욥에게 하신 말도 고깝게 들리는 내용입니다.

"너는 대장부처럼 허리를 묶고 (똑바로 서라! Stand up straight!) 내가 네게 묻는 것을 대답할지니라." (38:3)

기력이 쇠하고 온몸에는 몹쓸 지독한 피부병에다 피골이 상접한 사람보고, "똑바로 서서 대답해!" 하는 겁니다. 그리고 힘들게 세워놓고선 구구절절 이상한 질문만 던집니다.

고등학교 때 멋쟁이 교장 선생님이 계셨는데, 여름 방학을 시작하는 날 조회시간에 훈시를 위해서 단 위에 오르셨습니다. 후텁지근한 날씨에다가 으레 그렇고 그런 얘기쯤으로 생각하고 모두들 다른 생각을 하려고 하는데, 어느새 연단 위에서 내려오신 겁니다. 여기저기서 웅성거리는 소리가 들립니다.

"어떻게 된 거야. 무슨 말씀하셨지?" 다들 딴 생각하느라 미처 듣지 못했습니다. 그날 교장 선생님의 연설은 역사에 길이 남을 명연설이었습니다. "방학 잘 보내세요. 이상!"

그런데 하나님은 지금 그런 분위기가 아닙니다. 당시의 교장 선생님 보다 염치가 없는 분입니다. 아니 이건, 군대의 성질 고약한 고참보다 더 지독한 고문관으로 보입니다. 힘들어 죽을 지경인데, "차렷, 열중쉬어. 야! 똑바로 서서 대답해!"

한번은 군대 시절에 그런 고약한 고참이 있었습니다. 밤에 다들 곤히 자고 있는데, 그는 외곽근무 서고 들어올 때마다 내 옆에 자고 있는 고참을 흔들어 깨워서 일으켜 세워놓고는, "차렷, 열중쉬어" 몇 번 시키고 마지막으로 "기분 나빠?" 꼭 확인하고 자기 자리로 들어갑니다. 일부러 괴롭히려고 그런 것이 아니라 심심한 나머지 재미 삼아 그렇게 하는 것 같은데, 가뜩이나 잠이 부족한 상황에서 당하는 쪽에서는 여간 고역이 아닐 수 없습니다. 그러던 어느 날 고참의 횡포를 견디지 못하고 그만 폭발하고 말았습니다. 아무리 고참이라도 도저히 참을 수 없다며 화를 내는 바람에 내무반은 한 밤중에 일대 소란이 일어났습니다. 지금 되돌아보면 웃음이 나오지만, 하나님이 욥에게 이런 식으로 대하는 꼴입니다.

하나님과의 선문답

너무나 기괴하게 여겨지는 하나님의 질문을 계속 듣고 있다가 욥이 말을 시작하는데, 언짢은 표정을 짓기는 커녕 다음과 같이 말합니다.

"지금까지 나는 다른 사람들이 이러쿵저러쿵 얘기한 것을 토대로 하나님에 대해서 지식으로만 알고 있었는데(I knew only what others told me) 이제는 내 눈으로 주님을 보았습니다." (5절 의역) 마치 선문답禪問答하는 것 같습니다.

하나님으로부터 얼토당토 않는 질문을 계속 듣다가 별안간 각awareness覺을 얻은 듯이, 마치 도를 통한 듯이 말하는 것이 이상하지 않습니까? 그렇다고 하나님이 그동안 벌어진 사태의 경위를 다음과 같이 욥에게 얘기해 준 것도 아닙니다. 수고했다고 등을 두드려 주면서 "욥아, 정말 미안하다. 그 동안 얼마나 고생이 심했느냐? 사탄이라는 놈이 말이야, 하여간 저놈은 나쁜 놈이여. 너를 심하게 괴롭혔지 뭐냐? 뭐 지나간 건 할 수 없고 그 동안 손해본 건 곱빼기로 갚아 줄께, 지독한 피부병에 걸렸으니 흉터도 생길 테지 하지만 걱정 말어. 보톡스를 하든, 유명 성형외과에 맡기든 그건 내가 알아서 할 일이고. 애들도 다시 실한 놈으로 이전과 똑같은 숫자가 되도록 해 주면 되지 뭘 그래."

이와 같은 말씀을 들은 것도 아닙니다. 욥이 그 동안 잠도 제대로 못 자고 먹는 것도 그렇고 드디어 실성을 한 것일까요?

자신이 왜 시련을 당하고 있으며 그 의미가 무엇인지 욥의 입장에서 자초지종을 알고자 하는 것은 당연합니다. 또한 그의 처의 입장으로 돌아가 보면 남편에게 핀잔을 하게 된 당시의 심정을 이해할 수 있습니다. 그 후에 친구들이 와서 욥이 시련을 당하게 된 이유를 나름대로 신앙의 관점에서 얘기한 것들 모두 구구절절 일리가 있습니다. 하지만 그것은 어디 까지나 지식의 세계의 내용입니다. 아무리 하나님의 뜻을 갖다 붙여도, 전후 인과관계의 논리를 따지고, 원인을 캐묻는 그 모든 것은 지식의 세계입니다.

갑자기 고통스런 사건을 만났으니, 그 이유를 알고 싶어 하는 것은 지극히 당연합니다. 하지만 고통 가운데 기나긴 침묵이 흐르는 동안 하나님은 그것에 대해서 아무런 언급이 없었습니다. 어느 순간 나타나서 기관총을 쏘듯이 연거푸 욥이 대답할 수 없는 질문을 던지는데 이는 마치 선승禪僧들이 던지는 말과 비슷합니다. 지식에 근거해서 논리적으로 생각해가지고 결코 답할 수 없습니다. 사실상 답을 듣고자 함이 아니라 신앙에 있어서 독초가 될 수도 있는 지식의 틀을 깨뜨리고자 하는 하나님의 의중을 읽을 수 있습니다. 하나님은 침묵과 질문을 사용하여 지식에 기초한 기존의 신앙의 틀을 허물어 버립니다.

신앙이란 사랑의 열정입니다. 남녀가 처음 만나면 서로에 대한 지식이 없습니다. 만나는 횟수를 거듭할수록 상대방에 대해서 하나 둘 씩 알아가기 시작하고 모든 것을 안다는 생각이 들 무렵 사랑의 열정은 식어 버립니다. 더 이상 신비한 구석도 없고 보여줄 것도 없습니다. 상대방을 봐도 더 이상 감동이 일지 않고 가슴도 뛰지 않고, 그러한 현상을 촉진하는 도파민도 더 이상 분비되지 않습니다.

사랑은 나눔이지만 지식은 소유의 개념입니다. 사랑의 나눔을 통해 서로 하나가 되지만, 지식을 통해서는 손에 넣고 조종하려는 마음이 생깁니다. 하나님과 계속 사랑의 관계를 통해서 서로 하나가 되는 나눔의 대상이어야 하는데 나름대로 하나님에 대한 지식이 쌓여가면서 하나님도 소유하고 조종하려고 합니다. 자신도 모르게 생겨나는 이러한 마음이 하나님의 침묵과 질문을 통해서 깨뜨려진 것입니다.

전혀 말씀이 없다가 어느 순간 갑자기 봇물이 터지듯이 질문공세를 펼치며 말씀을 쏟아 붓습니다. 말씀을 듣고 싶을 때에는 철저하게 침묵하시고, 이제 그만 듣고 싶을 때에는 오히려 지겹도록 말씀하셨습니다. 그런 과정을 거친 뒤에 그는 신앙세계의 새로운 사실을 깊이 깨닫게 됩니다.

"하나님에 대해서 지식으로만 알고 있었는데, 이제는 내 눈으로 주님을 보았습니다."

나름대로 철저한 종교생활을 했고 부유한 삶을 누렸지만 깨닫고 보니 이전까지는 지식의 세계에서 나름대로의 방식으로 하나님을 바라보고 관계를 맺었다는 것입니다.

지식의 세계에 갇혀 있을 때에는 시련을 당하는 자신의 처지를 도무지 이해할 수 없어서 답답해하고 차라리 죽는 것이 낫다고 욥은 고통스런 심경을 토로했습니다. 하지만 이제 깨닫고 나니 그동안 따지고 묻던 내용들은 더 이상 의미가 없어지고 깨달음을 통해서 "이제는 눈으로 주를 뵈옵니다." 하는 고백이 저절로 우러나오게 되었습니다.

욥이 그동안 지식을 알게 하는 나무의 열매를 먹고서 자신도 모르는 사이에 지식의 굴레에 매여 살다가 그 상태에서 벗어나는 순간이었습니다.

하나님은 욥에게 여러 가지 말씀하셨지만 그 중에서 정작 무엇 때문에 어려움에 처하게 되었는지 그 이유는 알려 주지 않았습니다. 그것에 대해서는 침묵했습니다. 그 대신 욥의 시련과 직접적으로 상관없이 여겨지는 질문들만 잔뜩 늘어놓고 그것을 통해서 깨달음에 이르도록 했습니다.

하나님은 여러 가지 장황하게 말씀했지만 욥의 상황에서는 그 어느 것도 듣기를 원했던 내용이 아닙니다. 욥의 입장에서 간절하게 듣고 싶은 말씀은, 자신이 고난을 당하게 된 이유와, 그동안 받은 시련의 고통에 대한 위로와 앞으로 사태가 어떻게 진행될 것인지 미리 아는 것 등입니다.

졸지에 이게 무슨 날 벼락이란 말인가? 지금까지 가난하게 살아왔다면 모르거니와 하나님의 은혜를 입어 부요한 삶을 누리다가 갑자기 당했으니, 너무나 원통하게 여겼을 것입니다. 가족과 식솔들이 떼죽음을 당하고 자신도 시름시름 앓다가 죽게 되는 것은 아닌지 불안하고 답답했을 것입니다.

욥이 애타는 심정으로 알고자 했던 내용에 대해서 하나님으로부터 응답받지 못한 것은 소위 신령하지 못해서도 아니요, 죄가 많아서도 아닙니다. 욥의 시각으로 본다면 자신과 하나님과의 사이에서 최대한 걸림돌이 되었던 것은, 하나님의 침묵입니다. 자신이 알고자 했던 것을 하나님이 들려주지 않은 것입니다. 하지만 하나님 편에서는 그것이 아니라 선악과로 인해서 하나님과 욥 사이에 개입되는 지식이 문제가 되었습니다.

종국에 가서는 그동안 사고로 일순간에 잃어버린 것들에 대해서 충분하게 보상하는 것으로 욥기는 막을 내립니다. 여기서도 우리는 욥이 얼마나 받았느냐에 관심을 기울입니다. 우리의 관심은 하나님과의 관계가 아니라 보이는 물질에 있습니다. 특별히 재테크에 신경 쓰지 않아도 일단은 이전에 비해서 곱으로 얻었으니 당연히 복이라고 얘기합니다. 그리고 욥기 마지막 장 12절에도 하나님이 복을 주었다는 언급이 있으니 더욱 더 우리는 그렇게 믿게 됩니다.

그렇다면 요사이도 재앙을 만났다가 회복될 때 욥과 같이 시련받기 이전에 비해서 곱으로 복을 받아야한다고 성경을 적용할 수 있을까요? 여기서 분명히 할 것은, 당시에 소나 양 등의 재산은 지금과 그 의미와 가치가 다르다고 하는 것입니다. 욥 시절에는 아직 국가단위의 체제가 정비되지 않았을 때입니다. 그 보다 훨씬 이전에 족장단위로 무리를 지어 살았기 때문에 생산 활동에 참여하고 언제 들이닥칠지 모르는 다른 세력들로부터 식솔들을 지키고 삶을 지탱해 나가기 위해서는 수많은 종들이 필요하고 그들을 유지하기 위해서 또한 그러한 재산이 필요했습니다. 따라서 자녀를 다시 얻고 재물을 배로 허락해 주셨다는 것은 그만큼 강성한 세력을 형성해서 하나님 나라를 확장해 나가게 되었다는 것을 암시하는 것입니다. 이는 또한 생육하고 번성하여 하나님나라가 확장되어 가는 일에 참여하게 됨으로써 이런 맥락에서 복이 되는 것으로 이해해야 할 것입니다.

하나님의 침묵은 신약에 와서 가나안 여인의 경우에서도 찾아볼 수 있습니다. 예수님은 가나안 여인에게도 한동안 철저하게 침묵으로 일관했습니다.(마15:21~28) 그녀는 절박한 소원을 안고 예수님께 찾아와 도움을 청했습니다.

"소리 질러 이르되 주 다윗의 자손이여 나를 불쌍히 여기소서. 내 딸이 흉악하게 귀신 들렸나이다."

복음서를 읽어 보면 굳이 이렇게 설명하지 않아도 병세를 미리 아시고 고쳐주는 예가 허다합니다. 모든 상태를 꿰뚫어 보시는 예수님이기 때문입니다. 만일 딸이 혼기에 접어든 상태라면 엄마의 입장에서는 많은 사람들이 운

집한 장소에서 결코 드러내고 싶지 않은 내용입니다.

"우리 딸, 이번에 사법고시에 합격했어요."

"수백 대 일의 경쟁을 물리치고 당당히 공무원 시험에 합격했어요."

이런 내용이라면 될 수 있는 대로 많은 사람들이 듣고 영특함을 인정해 주기를 바라겠지만, 다른 병도 아니고 귀신들렸다는 것은 경우가 다릅니다. 과년한 딸을 둔 엄마의 입장에서는 설령 병이 낫더라도 결코 남에게 알리고 싶지 않은 내용입니다. 하지만 수치를 무릅쓰고 예수님께 나아가서 말씀드렸는 대도 불구하고 예수님은 참으로 더디게 반응하십니다.

딸을 예쁘게 키우고 싶은 심정은 모든 어머니가 갖는 자연스런 마음입니다. 좋은 음식에다가 남들 못지않게 훌륭하게 교육시키고 외출할 때면 아름답게 치장해서 주위 사람들에게 내세우고 싶어 합니다. 그런데 지금 귀신이 들려서 추하고 냄새나고 때때로 망측한 행동을 해대니 옆에서 지켜보는 어머니의 심정이 어떻겠습니까? 예수님을 만났으니 얼른 회복되기만을 바랄 뿐입니다. 그런데 예수님은 고쳐주기는 커녕 아무런 말씀이 없습니다. 다른 사람들은 곧장 잘도 고쳐 주시면서 왜 이토록 가련한 모녀의 처지를 무시하는 걸까요? 일체 가타부타 얘기가 없습니다. 하도 소리를 질러대니 제자들이 민망했던지 예수님께 다가와서 요청합니다.

"그 여자가 우리 뒤에서 소리를 지르오니 그를 보내소서."

얼른 고쳐주면 좋겠다는 청이 아니라 시끄러우니 빨리 어떻게 해서 보내야 하지 않겠느냐는 겁니다.

그날따라 예수님의 반응은 여느 때와 많이 다릅니다.

"나는 이스라엘 집의 잃어버린 양 외에는 다른 데로 보내심을 받지 아니하였노라."

당신 같은 이방인들은 관심 없다는 듯이 들립니다. 딸로 인해서 아무 것도 내세울만한 건더기가 없어 보이는 불쌍한 여인에게 매몰차게 한 마디 툭 던진 겁니다. 세상 모든 만민을 구원하러 오신 예수님이 그럴 수가 있습니까? 이방인이든 유대인이든 다 고쳐 주셔야지 지금 혈통 따지고 있으니 나 같으면 아마도 화가 나서 한바탕 쏘아붙이고 돌아갔을지도 모릅니다.

"그래, 당신들 그 잘난 유대인들끼리 잘들 해 보슈."

예수님의 이러한 대화의 방식은 아무리 생각해도 도가 넘치는 듯이 들립니다. 아주 거만하고 아무 것도 부러울 것이 없는 사람이 거들먹거리며 찾아왔을 때 콧대를 낮추기 위해서라면 모를까, 가만히 내버려둬도 짓누르는 삶의 무게로 인해 스스로 버티기 조차 힘겨운 여인에게 그것도 연속해서 심드렁한 어투로 말을 던지는 것은 대단히 부적절해 보입니다.

비록 그녀의 생활이 핍절한 가운데 처해 있지만, 예수님은 제자들이 미처 알아차리지 못했던 그녀의 마음을 읽었고 가나안 여인 또한 섬세한 감성으로, 비록 퉁명스럽게 들리지만 그 말씀에 깊이 침전되어 있는 예수님의 속마음을 읽게 됩니다.

"예수님이 정말로 거절하는 것이라면 한 마디로 '안 돼' 라고 할 텐데, 겉으로 보면 거절의 의미인 것 같지만 단순히 부정이나 긍정이 아니라 내 마음

을 더 이끌어내고자 함이구나!'

생각이 여기에 미치자 여인은 예수께 나아와 엎드리며 말합니다.

"주여 저를 도우소서." 대개 이 쯤 되면,

"그래 알았다. 넌지시 너의 믿음을 떠 보았는데 참으로 믿음이 대단한 사람이구나"하며 밀고 당기는 탐색전을 끝내고 말 것입니다. 그런데 예수님은 한 술 더 뜹니다.

"자녀의 떡을 취하여 개들에게 던짐이 마땅하지 아니 하니라"

딱 잘라서 '안 돼!'라고 하면 끝나는 문제인데 예수님은 여인으로 하여금 계속해서 반응을 이끌어 냅니다. 대화의 상대는 불쌍한 처지의 딸을 둔 어머니입니다. 애가 타는 심정으로 딸을 지켜보며 돌봐야 했던 어머니입니다. 그러한 상황에 처하게 되면 예지력叡智力이 남다를 수 있습니다. 정상적인 아이를 키우는 사람보다 훨씬 더 신경을 많이 써서 일일이 딸아이의 마음을 헤아려 주어야 하고, 마음 속 깊이 딸의 고통을 애절하게 느끼며 살아왔기 때문입니다. 이상한 행동을 하고 뜻 없는 외마디 소리를 하게 되면 보통 사람들은 그러한 모습을 보면서 동정하기 보다는 눈살을 찌푸리며 못마땅하다는 듯이 반응하지만 어머니는 그럴 수 없습니다. 딸이 스스로 자신의 일을 처리할 능력이나 분별력이 없고 말이 잘 통하지 않기 때문에 남에게 자신의 사정을 전달할 수도 없습니다. 따라서 엄마는 딸아이의 손짓 발짓 표정을 살피면서 마음을 읽고 세세한 부분까지 일일이 주의를 기울이고 필요한 것들을 챙겨 주어야 합니다.

이와 같이 딸아이에게 정성과 사랑을 쏟아 붓는 행위는 대단히 영적인 의미를 지니고 있습니다. 딸이 태어나기 전 복중腹中에서 10달 동안 품고 있다가 출생한 이후에도 계속해서 딸아이의 일거수일투족을 품고 살아가는 것은 마치 천지창조 시에 묘사된 성령의 운행하심의 모습과 비슷합니다. "하나님의 영은 수면 위에 운행하시니라"(창1:2) 여기서 '운행하다'는 '라하프' רָחַף 로서 '알을 품다brood over' 라는 의미를 지니고 있습니다. 우리 인생들에 깊이 관심을 기울이며 끝까지 사랑하시는 하나님의 모습입니다. 그녀는 처해진 환경으로 인해서 어쩔 수 없이 딸에게 더 관심을 기울이며 언제나 딸을 품고 살아야 했습니다. 그러는 가운데 그녀는 예수님의 영적인 의중을 직관적으로 간파할 수 있을 정도의 영적인 더듬이를 소유하게 되었습니다. 제자들이 밤낮으로 예수님을 따라다니며 말씀을 들었음에도 불구하고 예수님의 깊은 뜻을 헤아리지 못했던 것과는 대조가 됩니다. 그동안 딸로 인해서 적잖이 마음고생을 하고 여러모로 감당하기에 벅찬 순간들도 많았지만 오히려 그런 시련으로 인해서 보통사람들과 달리 영적으로 더욱 민감해지고 주님의 뜻을 더 깊이 이해할 수 있게 되었습니다.

예수님이 침묵할 때 제자들은 그러한 태도를 여인에 대한 부정적인 반응으로 이해했기 때문에 성가시게 구는 여인을 쫓아낼 궁리를 했습니다. 그동안 예수님과 함께 다니고 말씀도 많이 듣긴 했지만 그것만으로 영적인 통찰력이 저절로 길러지진 않았습니다. 아무리 말씀을 많이 듣고 예수님의 삶을 지켜보았다고 할지라도 그것은 지식의 차원이기 때문에 한계가 있습니다.

여인은 예수님이 무엇을 원하는지 금방 알아차렸습니다. 그리하여 "그럼 하는 수 없지요"하며 풀이 죽어서 돌아선 것이 아니라, "주여 옳소이다마는 개들도 제 주인의 상에서 떨어지는 부스러기를 먹나이다"라는 말로 응수합니다. 이에 예수님은, "네 믿음이 크도다 네 소원대로 되리라."는 말씀으로 여인의 신앙을 인정하고 원하는 바를 이루어 줍니다.

예수님이 원하시는 믿음의 차원에 이르기까지 여인의 믿음을 끌어올리기 위해서 가장 먼저 사용한 것은 침묵입니다. 이 때 침묵이 담고 있는 의미는 부정도 긍정도 아닙니다. 옳고 그른 선악의 차원도 아닙니다. 예수님은 처음에 침묵을 지켰지만, 여인이 그럼에도 포기하지 않자 그다음 엉뚱한 말로 딴전을 피워보았습니다. 하지만 그것 역시 마찬가지로 여인에게는 침묵의 연장입니다. 그녀의 입장에서 간절히 원하는 바는 딸을 고쳐 주겠다는 말씀인데 그 외에 다른 말은 아무리 많이 들려도 사실상 침묵에 불과합니다.

욥과 가나안 여인에게 공통적으로 침묵이라는 도구가 사용되었고 이로 인해서 더 높은 신앙의 차원으로 그들은 나아갈 수 있었습니다. 이때의 침묵의 의미를 토마스 키팅 Thomas keating은 '신앙의 위기, 사랑의 위기' Crisis of Faith, Crisis of Love에서 다음과 같이 각각 설명하고 있습니다.

예수님의 침묵

"예수님이 침묵하시는 것은, 겸손과 사랑 및 우리가 구하는 것을 얻게 되는 것에 대한 완전한 확신을 우리가 갖도록 일깨우기 위해서 주님이 사용하시는 일반적인 방법이다."

"The silence of Jesus is the ordinary means he uses to awaken in us that perfect confidence that leads to humility and love and to gaining all that we ask."

(침묵의 과정을 거치는 동안) "하나님께 나아가는데 있어서 자기 나름대로 자신의 방식을 고집하고 그것에 의존하고자 하는 마음이 깨어진다."

"What is actually being destroyed is our dependence on our own ways of going to God."

믿음의 틀과 침묵

나름대로 신앙 체계를 갖게 되는 것은 신앙의 성장단계에서 대체로 거치게 되는 과정입니다. 교회생활을 통해서 믿음이 무엇이며 하나님과 어떻게 관계를 맺어야 하는지 나름대로 확신도 서고 남에게 얘기할 수도 있을 정도가 되면, 어느덧 자신도 모르게 하나님을 자신의 믿음의 틀 안에 가두려고 합니다. 자신의 뜻과 방식대로 하나님이 응답하고 행동할 거라는 생각을 갖게 됩니다. 하나님을 마치 전혀 오류 없이 작동하는 기계와 같은 대상으로 여깁니다. 그동안 접하게 된 말씀을 모조리 대입해서 하나님으로부터 결과를 기대합니다.

"사랑의 하나님이니까, 세상 끝날까지 항상 함께하시는 하나님이니까, 졸지 않고 지켜보는 분이니까, 머리가 될지언정 꼬리가 되지 않게 하시는 하나님이니까, 나의 모든 삶을 지켜 보호하시는 하나님이니까,… 반드시 내가 원하는 _____ 것들을 해 주서야 합니다."

이런 식의 기도를 드리게 됩니다.

주님은 우리가 흔히 생각하는 대로 가나안 여인에게 응답하지 않았습니다. 예수님이 몰인정해서도 아니고 그녀를 깔보고 빈정대는 투로 반응한 것도 아닙니다. 가나안 여인과 곁에서 지켜보던 제자들의 믿음의 틀을 깨뜨리기 위함입니다.

믿음의 틀은 마치 새의 둥지와 같아서 스스로 깨뜨리기 어렵습니다. 어미 새가 일일이 진흙과 나무 가지 등을 하나씩 물어 와서 둥지를 짓듯이 믿음의 틀도 마찬가지입니다. 누구에 의해서 강제로 만든 것이 아니라 말씀을 들으면서, 기도 응답의 체험을 하면서, 자신의 경험과 지식과 생각을 덧붙여서 그렇게 스스로 하나씩 쌓아 나온 것입니다. 지금까지 아무런 불편함을 느끼지 않고 그 가운데 살아왔기 때문에 누가 뭐라 해도 흔들리지 않습니다.

하나님의 침묵과 고통과 굴욕을 심각하게 경험하기 전에는 스스로 쌓아 올린 틀을 결코 깨뜨리지 않으려고 합니다. 아무리 애타게 부르짖어도 하나님은 침묵하시고, 그러는 동안 고통이 더해지고 남 보기에 수치스럽고 굴욕감을 느끼게 될 때, 비로소 믿음의 틀은 깨어지게 됩니다. 욥이나 가나안 여인에게 하나님이 침묵하신 것은 바로 그러한 목적이 있었기 때문입니다.

믿음의 틀이 깨어질 때까지, 비록 고통과 수치와 굴욕을 당하는데도 불구하고 믿음을 버리지 않고 끝까지 하나님을 바라보는 것이 바로 야고보 5장 11절에서 말하는 인내의 의미입니다. 단순히 참고, 억누르며 견디는 세상적인 의미가 아니라, 비록 기도의 응답이 지체되고 주님이 늦게 오시더라도 주님을 사모하며 주님의 인도하심에 따라 나아가는 태도를 가리킵니다.

가나안 여인이 주님께로 나아가는 과정에서 귀에 들린 소리들은 모두 용기를 잃게 만드는 것들뿐이었습니다. 그냥 가만히 내버려 둬도 가련한 딸로 인해서 삶이 고달프고 힘든 사람에게 명색이 예수님의 제자라는 사람들이 힘들게 했습니다. 아무리 자신의 신세가 처량하고 보잘 것 없어도 자식이 잘 풀리면 어깨 펴고 남보란 듯이 살아갈 수 있습니다. 하지만 이 여인의 경우는 정반대로 딸이 비정상적인 상태이기 때문에, 여러 사람들 틈에서 얼굴을 들지 못하고 죄인 아닌 죄인으로 살아가고 있습니다. 그런 사정을 예수님이 헤아리고 얼른 고쳐 주셔야지 그러잖아도 부끄러운데 아무런 말이 없고 엉뚱한 말이나 던지고, 희롱하는 것도 아니고 따라서 보통 사람 같으면 홧김에 버럭 고함을 지르고 뛰쳐나왔을 것입니다.

"저 말이에요. 안 고쳐 주셔도 좋아요 지금껏 그렇게 살았는데요 뭘. 하지만 한 마디 해야겠어요. 제자들이야 그렇다손 치더라도 예수님이 이러실 수 있는 거예요? 내가 이 모양 이 꼴로 살고 있다고 지금 날 깔보는 거예요?"

이와 같은 반응은 오늘날 교회 안에서도 많이 들을 수 있습니다.

"시련 가운데 위로를 받고 용기를 얻고 힘이 될까 해서 교회에 나왔습니다. 그런데 교회가 오히려 저를 힘들게 하네요. 집사님들이나 주위 사람들이야 신앙연륜이 얼마 되지 않으니 그럴 수도 있겠구나 하고 백번 이해합니다. 그런데 심지어 목사님마저도 그러니 어쩌면 좋죠? 그럴 수가 있는 거예요? 가서 당장에 따지고 싶어요."

주님을 얼른 만나고 싶지만 너무 늦게 오시고, 얼른 기도의 응답을 바라지만 빨리 응답해 주지 않고, 합당한 설명을 듣고 싶은데 말씀이 없는 것 등은 그럭저럭 견딜 수 있지만 그러는 동안 온갖 모욕과 수치를 경험하고 사태는 더욱더 악화되는 것이 문제입니다. 욥의 경우는 자신의 삶을 지탱하던 가축이 모두 쓰러지고 종들이 죽고 아들이 비명횡사했습니다. 안팎으로 상황이 최악으로 치닫고 있습니다. 설상가상으로 몸에는 지독한 악창으로 괴로워하고 있는데 아내마저 가시 돋친 악담을 퍼붓고 때마침 찾아온 친구들마저 위로가 되기는커녕 마음을 아프게 했습니다.

하던 일이 풀려나가기는커녕 자꾸만 꼬이고 더 어렵게 된 마당에 엉뚱한 말을 듣고 자존심이 상하고 마음이 무너지고 분해서 잠을 이루지 못할 지경에 처하기도 합니다. 하지만 그런 상황을 주님이 활용하셔서 더 깊은 믿음의 세계로 이끌기 위함이라는 깨달음이 가나안 여인에게 없었다면 그녀는 침 뱉고 저주하며 돌아갔을 것입니다. 이런 깨달음이 있었기 때문에 끝까지 주님을 바라며 인내할 수 있었습니다. 욥도 마찬가지로 하나님이 여러 가지 과정을 통해서 깨달음을 얻었기 때문에 시련을 끝까지 통과할 수 있었습니다.

마침내 주님은 태도를 완전히 바꾸어, "네 믿음이 크도다. 네 소원대로 되리라"며 여인의 믿음을 인정해 주셨습니다. 침묵을 통해서 드디어 신앙의 틀이 깨어지고 자신의 방식을 고집하던 마음이 허물어지는 순간에 듣게 되는 음성입니다.

하나님은 한 인물을 택해서 주도적인 역할을 맡기기 전에 침묵을 경험하도록 했습니다. 아브라함을 비롯한 족장들, 이집트에서 동족을 인도한 모세, 통일왕국을 이루었던 다윗을 비롯해서 신약에서는 대표적인 인물로 예수님의 수제자였던 베드로와 바울 등을 예로 들 수 있습니다. 베드로는 예수님 사후에 여러 가지 핍박과 혼란 가운데 교회를 이끄는 중심인물이었고, 바울은 선교활동과 기록을 통해서 교회의 영역을 확장시킨 일꾼입니다.

다른 사람을 섬기는 지도자로 서기 위해서 요구되는 것은 무엇보다도 자신이 갖고 있던 믿음의 틀이 깨어지는 것이며 이때 하나님이 어김없이 사용하신 방편은 침묵이었습니다. 하나님의 침묵은 단순히 사전적인 의미의 말이 없는 상태가 아니라 과정을 뜻합니다. 이것은 마치 도기공이 정성스레 도자기를 만드는 것과 비슷합니다. 무작정 시간이 흐르기만 하면 진흙이 저절로 도자기로 바뀌어지지 않습니다. 도자기를 빚는 과정에는 일체 말이 필요 없습니다. 오락프로그램을 진행하는 연예인의 경우 아무런 말이 없다는 것은 일을 하지 않는다 것을 뜻합니다. 남을 웃기는 말을 하든지, 춤을 추든지 노래를 하든지, 할 말이 없으면 하다못해 남이 말할 때 맞장구라도 쳐주어야 합니다. 하지만 도기공은 말이 없다고 해서 놀고 있는 것이 아닙니다. 일일이 손으로 빚어서 가마에 넣고 장작을 준비하고 바람을 불어

넣어서 일정 온도에 이르도록 가열해야 합니다. 이때의 온도는 밥을 지을 때와는 비교가 안 될 정도로 높습니다. 시뻘겋게 달아올랐다고 해서 금방 불을 꺼버리면 기대했던 작품이 나오지 않습니다. 불의 상태에 유의하면서 밤을 새우며 정성을 다해야 합니다. 하나님이 우리를 침묵가운데 빚을 때도 마찬가지입니다. 루터역 성경에 보면 에베소 2장 8절에서 우리를 가리켜 당신의 작품이라고 했습니다.(우리는 그분의 작품이라 Wir sind sein Werk.) 벽돌을 찍듯이 기성품 중에 하나가 아니라 일일이 고유번호를 매기는 진귀한 명품과 같은 존재라는 것입니다. 하나님의 귀한 작품이기 때문에 더욱 빛이 나도록 거듭나게 하기 위해서 하나님은 침묵의 과정을 거치게 하십니다.

도기공이 불을 세차게 가열하듯이, 하나님은 침묵 가운데 때로 불과 같은 시련을 거치게 합니다.

"사랑하는 자들아 너희를 연단하려고 오는 불 시험을 이상한 일 당하는 것 같이 이상히 여기지 말고"(벧전4:12)

욥과 가나안 여인 모두 평범한 사람들이 겪지 않는 시련을 겪었습니다. 가마에 불을 지폈다가 얼른 끄지 않듯이 시련 또한 일정기간 동안 계속됩니다. 욥이 시련을 겪은 내용을 하나님이 이렇게 살펴보니까 너무나 끔찍해보여서 측은한 마음이 들었다고 해서 그 다음날 바로 회복시켜 주시지 않았습니다.

침묵 가운데 거쳐야 하는 과정

도기를 만들 때에는 볼 수 없는 하나님만의 독특한 과정이 남아 있는데 그것은 바로 수치와 굴욕을 느끼게 하는 것입니다. 올림픽 금메달 리스트를 훈련시킬 때에는 일정 기량을 갖추도록 훈련할 따름이지 따로 그렇게 하지는 않습니다. 드라마를 보면 옛날 깊은 산중에서 도를 닦는 사람의 경우도 스승이 판단해서 학문적인 소양과 덕을 갖추면 하산을 명하지 그러한 과정은 별도로 거치게 하지 않습니다.

성경의 주도적인 인물을 살펴보면 그들은 하나님의 침묵 가운데 거쳐야 하는 수치와 굴욕의 과정을 겪었다는 것을 어렵잖게 확인할 수 있습니다. 모세의 경우 40년 동안 왕궁에서 지내는 동안 학문적인 기초는 모두 갖추었을 것입니다. 40이라는 숫자는 상징적으로 인간의 한계인 동시에 갖추어야 할 모든 것을 구비했다는 것을 의미합니다. 세상의 지도자로 나서기에는 더 없이 훌륭한 조건을 갖추었지만 하나님의 사역자가 되기 위해서는 침묵의 과정을 거쳐야 했습니다. 애굽인을 살해하면서 뜻하지 않은 시련을 겪게 되고 기대했던 것과는 달리 동족으로부터 인정을 받지 못하면서 무안을 당합니다. 너무나 처지가 딱한 나머지 하나님이 바로 회복시켜 준 것이 아니라 왕궁과 완전히 대조되는 광야라는 척박한 환경에 40년 동안 침묵의 남은 과정을 거치도록 했습니다.

시련에 대해서 묵상할 때 일반적으로 견디기 힘들고 어려운 상황과 그것이 생각보다 길어질 수 있다는 것에 대해서는 많이들 생각하지만 수치의 과정이 남아 있다는 것에 대해서는 그다지 의식하지 않습니다. 야곱, 요셉, 다윗 모두 하나님의 침묵 가운데 수치심을 느끼는 과정을 겪었습니다. 남들에게 자신의 모습 그대로 노출시키기에 부끄러운 삶의 내용이 있었습니다.

야곱이 고향으로 돌아올 때 비록 재물을 많이 얻었지만 어쩌다가 여러 명의 아내를 거느리며 절뚝거리는 모습으로 나타나야 했고, 딸이 강간을 당하고, 아들이 어미뻘의 첩을 범한 이러한 모든 삶의 내밀한 이야기는 남에게 쉽게 말할 수 없는 내용이었습니다. 아버지의 사랑을 받으며 채색 옷을 입고 지내던 요셉이 형제들에 의해 미움을 받아 옷이 찢어지며 구덩이에 내동댕이쳐진 상태로 지내다가 이집트에 종으로 팔려가서 우여곡절 끝에 다시 투옥되는 내용 역시 마찬가지입니다. 통일 왕국을 이룬 천하제일의 다윗왕도 시를 짓고 찬양하며 매일 거룩한 모습만 보인 것이 아니라 수치로 얼룩진 인생의 굴곡을 지나야 했습니다. 거짓으로 침을 질질 흘리며 위기를 모면했던 사실, 아들에게 쫓기며 다녀야 했던 일, 지은 죄로 인해서 나단 선지자 앞에서 당했던 일 등, 우리가 다윗이라면 모두 지우고 싶은 부끄러운 기억에 해당합니다.

신약으로 넘어오면 베드로에 대한 기록이 단편적으로 나타나기 때문에 그에 대해서 별로 주의를 기울이지 않는데 기록들을 따로 떼어보면 그 가운데 수치와 굴욕의 과정이 빠짐없이 들어가 있는 것을 볼 수 있습니다. 예수님이 물 위를 걸을 때, 그는 제일 먼저 나섰다가 보기 좋게 물에 빠지고 맙니다. 여기서 우리가 주로 묵상하는 내용이 무엇입니까? 파도를 바라보며 믿음을 잃게 되자 물에 빠진 것이라고 적용합니다. 일면 타당하지만, 다른 한편으로 보면 예수님의 깊은 섭리가 그 속에 담겨 있는데 그것은 바로 수치를 당하도록 하는 것입니다. 그는 신약에 중심인물이기 때문에 다른 제자들과 달리 수치심을 느끼는 빈도가 더 많습니다. "주는 그리스도시요 살아계신 하나님의 아들이시니이다." (마16:16) 라는 위대한 고백으로 제자들 가운데 단연 돋보이는 존재가 되지만 바로 이어서 예수님의 뜻을 깊이 헤아리지 못하고 한 마디 거들다가 그만 면박을 당합니다. 예수님과 숙식을 같이 하면서 누누이 그에게 강조하며 주지시켰지만, 예수님이 십자가에 처형당하면 안 된다고 강변했다가 꾸중을 들었습니다. 그리고 담대하게 자신의 믿음에 대해서 호언장담했지만 예수님을 세 번 부인했습니다. 그것도 로마군병의 위협 가운데 벌어진 것이 아니라 아무런 권세나 위엄이 없는 하녀의 질문에 무너진 것입니다. 예수님이 처형이 임박해지는 가운데 밤에 함께 기도하러 겟세마네 동산에 올라갔을 때에도 그는 이내 잠들어 버렸습니다. 이런 내용들 모두 나중에 교회에서 추앙을 받는 인물로서는 성도들에게 드러내기가 심히 주저되는 것들입니다.

수치와 굴욕을 당할 때 자신에 대한 뿌리 깊은 신뢰가 비로소 허물어지기 시작합니다. 고통스럽고 힘이 들면 믿음의 틀을 깨뜨릴 것 같지만 오히려 그 반대로 이전보다 더욱 단단하게 자신만의 성을 쌓고 틀을 짜고 자신을 지키려고 합니다.

부끄러움을 당하고 벌거숭이가 될 때 받게되는 마음의 상처와 충격은 자신이 감당하기에 너무나 벅차다고 느끼기 때문에 헤어 나오기가 쉽지 않습니다. 자신이 겉으로 당하는 수치 가운데 하나님의 깊은 섭리가 있다는 것을 가나안 여인은 깨달았기 때문에 끝까지 모든 과정을 거칠 수 있었다는 사실을 유념해야 합니다. 자신이 당하는 수치와 굴욕 가운데 하나님의 깊은 섭리가 있다는 사실을 전혀 몰랐다면, 그녀는 자신의 행위를 탐탁지 않게 여기는 제자들을 원망하고 더 나아가서 얼른 고쳐주지 않는 예수님까지 원망하고 아예 믿음 자체를 버리고 말았을 것입니다.

가나안 여인이 나아가는 길에 우호적인 자세를 취하지 않았던 제자들과 예수님이 있었듯이, 우리가 당하는 수치와 굴욕도 마찬가지로 대개 우리의 앞길을 가로막고 상처를 주는 주위 사람들과 연관되어 있는 경우가 많습니다. 그 사람들 너머에 주님의 깊은 뜻이 있음을 알지 못하면 우리는 조건 반사적으로 나에게 해를 입히고 훼방을 놓은 사람을 미워하고 원망하며 보내게 됩니다. 가슴속에 분노의 응어리를 풀지 못하고 불행하게 살아갑니다. 어쩌다 그러한 잘못을 회개하기도 하겠지만 상처는 세월이 흘러도 쉽게 지워지지 않습니다. 남을 사랑하지 못하고 미워했으니 회개하고 관계를 좋게 맺는 것을 가장 큰 문제요 해결해야 할 사건으로 대개 생각합니다. 회개하고 화해하고 그러다 다시 미움이 들면 죄책감을 느끼고 다람쥐 쳇바퀴 돌듯이 굴레에 매여서 괴로운 신앙생활을 하게 됩니다. 그래서 신앙생활의 연조가 오랜 사람의 내면을 살펴보면 이러한 문제에서 자유로운 사람을 만나기가 극히 드뭅니다. 내게 해를 끼치고 수치를 안긴 사람과 얽혀서 헤어 나오지 못하고 마음에는 쓴 뿌리가 가득한 것을 극복하느라 끙끙대는 것을 볼 수 있습니다.

우주선이 발사대에서 힘차게 솟구쳐 오를 때 엄청난 에너지가 소모됩니다. 일단 안전하게 발사되었으니 이제는 목적지에 도달할 일만 남은 것 같지만 그 전에 거쳐야 하는 중요한 과정이 남아 있는데 그것은 바로 대기권을 벗어나는 것입니다. 여기에 엄청난 추진력이 다시 필요합니다. 믿음생활을 시작해서 순항하다가 수치와 굴욕을 경험하는 과정에서 더 이상 나아가지 못하고, 다시 말해서 믿음의 대기권을 벗어나지 못하고 맴돌다가 추락하는 경우가 많습니다. 수치를 경험하는 과정 가운데 주님의 섭리를 깨닫고 믿음의 대기권을 무사히 벗어나면 우리는 목적지에 더 가까이 더 빨리 나아가게 되고 마침내 가나안 여인이 들었던 동일한 주님의 음성을 우리도 듣게 될 것입니다.

"네 믿음이 크도다!"

13. 신명기적 신앙에
머물러 있지 말라!

       하나님에 대한 실망은 곧 분노로 이어지는데 여기에 교회가 한몫을 하게 된 것은 참으로 어처구니 없는 일이 아닐 수 없습니다. 하나님의 참다운 모습을 교회를 통해서 찾지 못하여 실망하게 되고 그것이 하나님에 대한 실망으로 이어지는 것이 문제입니다. 그렇다면 교회를 통해서 하나님의 살아계심을 발견하지 못하는 근본적인 원인이 무엇일까요? 여러 가지로 들 수 있겠지만 그 가운데 신명기적 신앙을 으뜸으로 지적할 수 있을 것입니다.

신명기적 신앙이란?

    신명기적 신앙이란 한 마디로 하나님의 뜻을 따라 순종하면 복을 받고 불순종하면 저주를 받는다고 믿는 것입니다. 이는 복과 저주라는 말로 간단히 요약이 되는데 특별히 신명기에서 뚜렷하게 강조되고 있기 때문에 이를 가리켜 신명기적 신앙이라고 부릅니다.

    신명기를 읽어내려가다 28장에 이르게 되면 복과 저주의 구체적인 내용이 거듭 반복해서 기록되어 있는 것을 볼 수 있습니다. 우리가 유념해야 하는 순종과 불순종의 내용이 무엇이며 또한 그로 인해서 우리가 받게 되는 복과 저주가 무엇인지 구체적으로 눈에 들어오게 됩니다.

"네가 네 하나님 여호와의 말씀을 삼가 듣고 내가 오늘 네게 명령하는 그의 모든 명령을 지켜 행하면 네 하나님 여호와께서 너를 세계 모든 민족 위에 뛰어나게 하실 것이라. 네가 네 하나님 여호와의 말씀을 청종하면 이 모든 복이 네게 임하며 네게 이르리니, 성읍에서도 복을 받고 들에서도 복을 받을 것이며…. 네가 들어와도 복을 받고 나가도 복을 받을 것이니라. 여호와께서 너를 대적하기 위해 일어난 적군들을 네 앞에서 패하게 하시리라 그들이 한 길로 너를 치러 들어왔으나 네 앞에서 일곱 길로 도망하리라.… 여호와께서 너를 위하여 하늘의 아름다운 보고를 여시사 네 땅에 때를 따라 비를 내리시고 네 손으로 하는 모든 일에 복을 주시리니 네가 많은 민족에게 꾸어줄지라도 너는 꾸지 아니할 것이요. 여호와께서 너를 머리가 되고 꼬리가 되지 않게 하시며 위에만 있고 아래에 있지 않게 하시리니…"

전반부에는(1~19절) 이와 같이 순종함으로 받게 되는 복이 나열되어 있고, 이어서 후반부에는(20~68), 불순종함으로써 고통과 저주를 받게 된다는 내용이 담겨 있습니다.

"네가 만일 네 하나님 여호와의 말씀을 순종하지 아니하여 내가 오늘 네게 명령하는 그의 모든 명령과 규례를 지켜 행하지 아니하면 이 모든 저주가 네게 임하며 네게 이를 것이니, 네가 성읍에서도 저주를 받으며 들에서도 저

주를 받을 것이요."(신 28:15)

　어렵고 복잡한 내용이 아니라 복을 받아서 잘되고 남보다 뛰어나게 된다는 말씀이기 때문에 귀가 솔깃해집니다. 어릴 때부터 경쟁사회의 분위기에 짓눌려 살아가는 현대인들에게 이 말씀은 힘이 되고 용기를 북돋워주는 말씀으로 와닿기 때문입니다. 그렇다면 이러한 말씀에 근거한 신명기적 신앙이 왜 문제가 될까요?

　신명기적 신앙에 대해서 가장 먼저 그 한계를 느낀 사람은 오래 전 이스라엘 백성들입니다. 그들이 처음에는 철저하게 신명기적인 신앙 그대로 믿었지만 나중에 바벨론으로 유배시절을 보내면서부터 그러한 신앙의 내용은 흔들리기 시작합니다. 죄를 짓고, 남을 괴롭히고 신앙생활을 제대로 하지 않고도 얼마든지 호의호식하며 지내는 사람이 있는가 하면 성실하게 살면서 죄를 멀리하며 하나님을 찾고 섬기지만 어렵고 힘들게 살아가는 사람들이 수없이 많은 것을 보게 된 것입니다.

　이스라엘 민족의 역사에 있어서 포로생활은 치욕의 상처를 남긴 사건이었지만 한편으로는 신앙의 새로운 눈을 뜨게 된 계기가 되었습니다. 잘 믿으면 복을 받는다는 단세포적이고 일차원적인 단순한 신앙에서 벗어나 더 큰 하나님의 뜻과 섭리를 발견해 나갑니다.

예수님의 비판 : 대체 누구를 위한 신앙인가?

신약시대로 넘어 오면서 당시의 종교지도자들에게 있어서 신명기적 신앙은 자신들의 지위와 종교 체제를 유지하는 데 있어서 절대적으로 필요했습니다. 일반 백성들의 신앙의 필요를 채워주기 위한 것이 아니라, 자신의 지위와 체제를 유지하고 계속해서 헤게모니를 잡는데 필요했던 것입니다. 상대적으로 높은 지위와 부를 누리던 종교지도자들은 이러한 신앙의 내용을 강력하게 지지하며 이를 백성들에게 전파합니다. 로마의 압제에다가 종교와 관습의 무거운 삼중고를 겪어야 했던 일반 대중들이 볼 때 호의호식하던 그들은 복을 받은 것으로 내세울 수 있었습니다. 종교 지도자들의 절대적인 권력과 호사스런 생활이 모두 자연스레 하나님으로부터 신앙을 인정받고 복을 받은 결과가 되어 버립니다. 종교를 내세워 온갖 규정과 관습을 만들어 사람들에게 무거운 짐을 지웠지만 그로 인해 지탄을 받을 필요도 없고 오히려 존경의 대상이 되어 버렸습니다. 종교체제로 인해서 상대적으로 일반백성들 보다 우월한 지위에 오르고 한 걸음 더 나아가 로마 정부와 결탁함으로써 얻게 된 부와 권력까지도 모두 하나님으로부터 복을 받은 결과로 내보일 수 있었습니다. 따라서 은연중에 이로 인해서 자신들의 모든 허물이 도리어 정당성을 부여받게 된 것은 참으로 아이러니가 아닐 수 없습니다.

이스라엘의 영적인 정화운동을 펼치며 예수님의 도래를 미리 선포했던 세례 요한은 지도층의 왜곡된 신앙관을 그대로 묵인하지 않았습니다. "독사의 자식들아 누가 너희를 가르쳐 임박한 진노를 피하라 하더냐?" (마3:7) 사람들 앞에 언제나 겉으로 거룩한 모습으로 나타나 복을 외치지만 결과적으로 가련한 일반 사람들에게 악독을 끼치는 독사와 같은 존재들이라며 그들을 공개적으로 꾸짖었습니다. 세례요한에 이어 등장한 예수님도 마찬가지로 당시의 종교지도자들의 뿌리깊은 잘못된 신앙관을 문제삼았습니다. 당시 사회 지도층에 만연해 있던 잘못된 신앙관을 지적하며 통렬하게 비판합니다. "독사의 자식들"(마12:34), "회칠한 무덤"(마23:27) 등의 표현을 통해서 그 강도를 짐작할 수 있습니다.

신명기적 신앙의 내용을 교묘하게 이용해서 자신의 위치를 공고히 굳히려 하고 그런 관점에서 무리들을 호도하려는 자들을 꾸짖고 동시에 그들로 인해서 잘못된 신앙에 갇혀 지내던 사람들을 바로 깨우치고자 하셨습니다. 그들로 인해 권세와 부를 누리는 것이 하나님을 믿고 복을 받았기 때문이라고 잘못 받아들이는 세상을 향해, 가난한 자가 복이 있다(눅6:20)고 선포합니다. 부자와 가난한 자를 나누어서 가난해야 복이 있다는 식의 이원론적인 시각으로 서로 대립각을 세우는 것이 아니라, 당시에 종교 지도자들에 의해서 왜곡된 시각을 바로 잡고자 한 것입니다.

문둥병을 비롯해서 각종 흉악한 질병을 치료한 것은 그 질병 자체가 워낙 위중해서 인간의 의술로 고칠 수 없는 상태에서 생명이 다하는 순간까지 고통을 당하기 때문이기도 하지만, 그것 이상으로 질병 자체를 바라보는 잘못된 신앙관을 문제삼으셨기 때문입니다. 당사자들은 질병 자체도 괴로운데, 하나님께로부터 저주를 받은 사람이라고 멸시까지 당해야 했습니다. 따라서 그들을 질병의 고통에서 건지고 더 나아가서 잘못된 생각을 교정해 주고자 했습니다. 그리고 고통은 죄와 그로 인한 저주의 결과라고 믿는 저들에게, 죄가 없음에도 불구하고 친히 십자가의 고통을 당함으로써 고통에 대해서 새롭게 이해하도록 하셨습니다.

오랜 기간에 걸쳐 조금씩 화석처럼 굳어진 잘못된 신앙관을 하루아침에 바꾸기란 쉽지 않습니다. 이에 예수님은 처음엔 당시 사람들이 철석같이 믿고 있던 신명기적 사고방식을 따라 그대로 행하심으로써 메시야임을 알게 하셨습니다. 물고기 다섯 마리와 보리 떡 두 개로 수많은 사람들에게 일시에 양식을 공급할 땐 무리들이 많이 따랐습니다. 가난한 무리들이 볼 때 자신들을 부유하게 할 수 있는 능력을 지닌 메시야의 자격을 갖췄다고 보았기 때문입니다. 잇따라 고통과 저주가운데 소외되어 비참하게 살아가던 병자들을 고쳐 주셨습니다. 누가 보더라도 메시야임을 믿을 수밖에 없었습니다. 하지만 계속 그런 식으로 사역을 한다면 신명기적 사고를 사회에 더욱 확고히 뿌리내리게 하고 당시 종교 지도층의 헤게모니를 공고하게 만들어 줄 뿐만 아니라 일반 사람들은 계속해서 빵이나 얻어먹으려고 몰려다니는 계층으로 전락하고 말 것입니다. 신앙은 단지 원하는 것을 구하여 얻고, 아플 때 기도해서 낫는 식의 일차원적인 문제를 해결하는 도구 밖에 되지 않고 그 이상의 하나님의 뜻은 선포되지 못하고 말 것입니다.

십자가의 수난은 신명기적 신앙을 통째로 바꾸어 버리는 계기가 됩니다. 당시 사회 지도층이나 백성들 할 것 없이, 신명기 사고에 물들어 있던 그들은 그토록 끔찍한 고통이 흉악한 죄인에게나 해당되는 것이지 메시야에게 어울리지 않는다고 보았기 때문입니다. 십자가의 형틀에서 잔인하게 고통

가운데 죽어야 한다고 얘기했을 땐 수제자 베드로조차도 이해하지 못하고 만류했습니다.

그 뒤에 교회시대가 열리고 바울을 비롯해서 제자들은 가난과 연약함과 시련 가운데 당하는 고통의 의미를 더욱 새롭게 전개해 나갑니다. 예수님이 하늘 영광 버리고 육신의 몸을 입고 가난하게 된 것은 유대인들이 생각하듯이 복을 받지 못했기 때문이 아니라 우리를 신앙으로 부요하게 하기 위함이라고 해석했습니다. 신자들이 시련을 당하는 것은 복을 받지 못했기 때문이 아니라 그것을 통해서 자아가 죽고 아집을 버리고 더욱 겸손하며 예수 그리스도의 생명력으로 살도록 하는 하나님의 섭리가 있다는 것을 깨우치고 있습니다.

"우리가 사방으로 우겨쌈을 당하여도 싸이지 아니하며 답답한 일을 당하여도 낙심하지 아니하며 박해를 받아도 버린바 되지 아니하며 거꾸러뜨림을 당하여도 망하지 아니하고 우리가 항상 예수의 죽음을 몸에 짊어짐은 예수의 생명이 또한 우리 몸에 나타나게 하려 함이라." (고후 4:8~10)

"우리 주 예수 그리스도의 은혜를 너희가 알거니와 부요하신 이로서 너희를 위하여 가난하게 되심은 그의 가난함으로 말미암아 너희를 부요하게 하려 하심이라." (고후8:9)

"나의 여러 약한 것들에 대하여 자랑하리니 이는 그리스도의 능력이 내게 머물게 하려 함이라." (고후12:9)

"내가 이제 그리스도와 함께 십자가에 못 박혔나니 그런즉 이제는 내가 산 것 아니요 오직 내 안에 예수께서 사신 것이라." (갈2:20)

신명기적 신앙으로 인해 빚어지는 혼란

바벨론 포로생활에서 귀환했을 때 이스라엘 사람들이 신명기적 신앙으로 인해 겪었던 혼란이 영화 밀양에 그대로 나타나고 있습니다. 주인공 신애는 마음 속에 일어나는 갈등을 해소하지 못하고 교회를 떠나 나름대로 자신의 생활방식으로 살아가는 모습을 상징적으로 보여주는 것으로 막을 내립니다. 아들을 죽인 범인이 천연스럽게 회개 운운하면서 뻔뻔스런 모습을 보인 것과 상처 입은 자신을 대하는 목사 일행의 미숙한 대응도 문제를 삼을 수 있겠지만, 그 이전에 약사에게 던진 다음의 질문에서 그녀의 근본적인 의문이 해소되지 못한데서 가장 큰 원인을 찾을 수 있습니다. "하나님이 살아 계신다면 왜 선량한 내 남편과 아들이 죽어야 했나요?"

신애와 같이 안타깝게 절규하는 사람들은 우리 주위에 참으로 많이 있습니다.

"나는 매일 새벽기도 드렸습니다. 십일조도 떼먹지 않고 드렸어요. 그런데 부끄러운 이야기지만 딸아이가 성폭행 당했어요. 뭐가 잘못된 거죠? 그 뒤로 우리 가족은 한 마디로 엉망이 되어 버렸어요. 나름대로 영혼이 잘 되기 위해서 노력했는데…. 사실 이런 얘기는 같은 교인이래도 말 못해요. 분명 나는 믿음이 없고, 복을 받지 못한 사람이 될 테니까요."

"교회에 예배드리러 가는 사람을 하나님은 왜 교통사고 나서 죽게 하십니까?"

"어머니는 새벽기도 나오시다가 치한을 만나서 가방도 빼앗기고 하마터

먼 큰 봉변을 당할 뻔 했어요. 하나님이 깜빡 졸았나 보죠?"

"일 마치고 수요 기도회에 참석하고 이어서 성가 연습까지 하고 오겠다며 나간 사람이 유괴당해 행방을 알 수 없다는 게 도무지 이해가 안 갑니다. 그렇게 열심히 신앙생활하던 사람인데 왜 그런 끔찍한 일을 당하게 하십니까? 집에는 지금까지 행방을 모른 채 두 손 모아 기다리는 남편과 자녀가 있는데…"

"열심히 주일학교에 참석하던 두 어린이가 유괴당해서 죽었습니다. 범인은 그 어린애들을 세상에 성추행하고 토막내어 죽였습니다. 애들이 무슨 죄가 그리 많았나요? 어리고 순진한 애들, 더군다나 열심히 교회에도 다녔다는데, 애들을 왜 그토록 잔인하게 죽게 하시나요?"

"예수 믿는 나라는 모두 부강한 나라가 되었다고 하는데, 일본이나 요즘 한창 떠오르는 중국은 그럼 뭔가요? 그리고 이스라엘이 하나님을 믿어서 세계적으로 유명한 인물도 많이 나고 그런다고 하는데, 그러면 예수님을 안믿어도 된다는 얘긴가요? 사실은 이슬람교도 마찬가지로 같은 하나님을 믿는데, 이건 말이 안되잖아요?"

교회안에 나타나는 신명기적 신앙의 두 가지 얼굴

급속한 경제성장의 그늘에 필연적으로 불평등의 문제가 따라오듯이 한국 교회도 마찬가지입니다. 사실 그동안 신명기적 신앙을 긍정적인 측면에서 보자면 우리나라의 개발시대와 교회성장이 맞물리면서 교회의 외형적인 성장에 견인차 역할을 감당한 것이 사실입니다. 일제침략과 한국전쟁으로 이어지면서 오랜 가난을 숙명으로 여기며 그 분위기에 젖어 살던 우리에게 가장 시급하게 요구되었던 것은 성장이었기 때문에 앞에서 진두지휘하는 목소리 외에는 모두 숨을 죽이며 따라가야 했던 것이 사회적인 정서였습니다. 교회도 마찬가지로 오랜 생명력을 지닌 무속신앙과 불교를 비롯한 타종교의 틈바구니에서 다른 무엇보다도 성장이 요구되었고 그것을 만족시켜줄만한 논리는 신명기적 신앙에 있었습니다. 그 외의 다른 목소리는 일종의 사치로 여겨졌고, 목회현실과 동떨어진 소위 '뭘 모르고 하는 소리' 로 규정지었습니다.

결과적으로 보면 한국교회는 세계 교회사에 유래를 찾아 보기 힘들 정도로 외적인 고속 성장을 이룩했습니다. 교파별로 세계에서 가장 큰 교회들이 한국에 있고 그 신도수를 온 세계에 뽐내기에 이르렀습니다. 신도들이 교회로 많이 모여들어 외형적으로 팽창한 것을 오로지 하나님의 은혜요 축복으로 은연중에 받아들이는 분위기가 한국교회안에 만연해 있습니다. 성도수가 증가한 것은 하나님의 각별한 은혜와 섭리가 작용한 것으로 받아들이기 때문입니다. 하지만 한때 크게 성장했으나 지금은 형체도 없이 사라져 버린 라오디게아 교회를 향한 주님의 말씀에 귀기울여야 할 것입니다.
"나는 부자라 부요하여 부족한 것이 없다하나 네 곤고한 것과 가련한 것과 가난한 것과 눈 먼 것과 벌거벗은 것을 알지 못하는도다." (계3:17)

그렇다고 해서 규모가 큰 교회는 모두 문제가 있다거나 아니면 반대로 작은 교회가 올바른 교회의 모습이라는 식의 판단도 바람직하지 않습니다. 계시록에 나오는 7교회들을 바라보며 내리신 예수님의 평가를 보면 교회는 외적인 규모가 문제되는 것이 아니라 본질에 얼마나 충실하느냐가 더 중요한 것임을 알 수 있습니다.

우리는 이제 선교사들이 와서 복음을 전하던 나라에서 세계에 복음을 전파하는 선교국가로 상황이 역전되었습니다. 이와같은 한국교회의 발전상에 대한 애기가 나올 때마다 우리는 저절로 어깨를 으쓱하며 우쭐하게 됩니다. 이는 마치 예수님 당시에 유대인들이 성전에 대해 자부심을 느꼈던 것과 비슷합니다.

"선생님이여 보소서 이 돌들이 어떠하며 이 건물들이 어떠하니이까?"(막 13:1)

제자들이 볼 때, 로마의 속국으로 형편없는 지경에 처해있지만 그나마 위로가 되고 나름대로 자존심을 세울 수 있는 유일한 것이 있다면 그것은 바로 예루살렘 성전이었습니다. 세상에서 오직 택함을 받은 자신들 만이 예배드릴 수 있는 유일무이한 건축물이기 때문입니다.

하지만 예수님의 반응은 의외였습니다. "네가 이 큰 건물들을 보느냐 돌 하나도 돌 위에 남지 않고 다 무너뜨려지리라."(막13:2) 제자들은 성전의 자랑스런 위용을 보며 예수님과 함께 감탄하며 공감하고 싶었는데 예수님은 너무나 뜻밖의 말씀을 했습니다. 얼마가지 않아서 무너진다는 것입니다.

예루살렘 성전을 바라보며 예수님과 나누는 대화의 장면을 보면 문득 이륙 도중에 폭발해 버린 우주선 챌린저호가 생각납니다. 힘차게 우주를 향하여 솟구쳐 오르는 우주선을 지켜보는 모든 사람들은 일제히 탄성을 지릅니다. 요란한 폭발음을 내며 시뻘건 불꽃을 뒤로한 채 눈 깜짝할 사이에 시야에서 까마득하게 멀어져 버리는 선체 꽁무니를 바라보는 동안, 그 비행체에 문제가 있다고 여기는 사람은 아무도 없었을 것입니다. 수많은 사람들이 지켜보는 가운데 카운트다운을 하는 동안 아무런 이상 징후가 감지되지 않았습니다. 이전에 여러 차례 우주 비행을 했고 성공적으로 임무를 수행한 적이 있기 때문에 이번에도 마찬가지로 아무런 이상이 없을 거라고 모두들 확신합니다. 하지만 얼마 지나지 않아서 우주선은 공중에서 폭발하고 말았습니다. 박수를 치며 탄성을 지르던 사람들의 얼굴에서 흥분이 채 가시기도 전에 이상 폭발음을 내며 형체도 없이 사라져 버렸습니다. 순식간에 전 세계는 엄청난 충격에 휩싸이고 말았습니다. 웬만한 나라에서는 만들지도 못할 정도로 고도의 기술과 자본이 집약된 우주선이 도대체 왜 폭발하게 되었는지 관계자들은 원인규명에 총력을 기울였습니다. 많은 사람들은 사고원인을 우주선체에서 가장 중요한 엔진으로 꼽았습니다. 하지만 나중에 조사결과를 보니 뜻밖에도 선체 외부에 부착된 타일이 문제로 드러났습니다.

힘차게 날아가고 있는 우주선처럼 한국교회는 이제 갓 선교 100년을 지나면서 부흥하며 순항하고 있는 듯이 보입니다. 힘차게 날아오르는 우주선처럼 열기도 뜨겁습니다. 열심히 모이고 전도하는 열심으로 봐선 전혀 문제가 안된다고 생각할 수 있습니다.

그 누구도 예상치 못했던 타일의 결함으로 인해서 속도를 내는 것만큼 마찰력과 열기를 감당하지 못하여 잠시 날아오르다가 주저앉고 말았듯이 교회도 마찬가지입니다. 신명기적 신앙이 그 동안 성장 동력이 되었는데, 그것이 지니는 한계와 약점으로 인해서 하나 둘씩 신앙의 회의를 품고 타일처럼 떨어져 나간다면, 그것이 비록 소수에 해당된다고 해서 계속 무관심할 수 있을까요? 지금까지 교회사에서 한 때 이름을 떨치던 교회들이, 그들의 신앙 열정 속에 가려진 문제들을 간과함으로써 오래 지속되지 못하고 흔적도 없이 폐허로 남아 버렸는데, 우리는 예외적으로 그런 일이 결코 일어나지 않는다고 장담할 수 있을까요?

교회에 대한 실망의 주범

교회가 신명기적 신앙을 넘어서 더 큰 하나님의 뜻을 선포하지 못할 때 교회는 천박해질 우려가 있고 상처입은 개인에게는 더 큰 실망과 좌절감을 안기게 됩니다. 성장은 바람직하지만 성장제일주의는 여러 가지 부작용을 초래할 수 있다는 우려를 하지 않을 수 없습니다. 교회가 전하는 메시지에서 그러한 점은 가장 먼저 두드러지게 나타납니다. 시대가 급속도로 변화됨에 따라 우리가 처한 환경도 이전 보다 더욱 복잡하게 얽혀 돌아가는데 신명기적 신앙으로 마치 그 모든 문제를 풀 수 있는 것처럼 전한다는 것입니다. 옛날 시골 장터에 나타나는 약장수나 교회 설교 내용이나 다를 게 뭐냐고 세상 사람들은 반문합니다. 어떤 증상으로 찾아오든지 간에 언제나 같은 약을 내민다는 것입니다. 옛날 농경시대에는 봄에 씨뿌리고 그 다음에는 하늘 쳐다보면서 열심히 신앙생활하면 어느 정도 통했습니다. 하지만 이제는 자기가 맡은 분야에서 성공하고 그 열매를 통해서 하나님께 영광을 돌리기 위해서 여러 가지 고려해야 할 요소들이 많음에도 불구하고 언제나 똑같은 내용, 즉 열심히 기도하고 정성껏 헌금드리고 교회생활 잘 하면 된다는 식의 말씀은 곤란하지 않느냐는 것입니다.

그 다음으로, 한국 교회는 언제부턴가 예배와 평소의 삶에 있어서 고유의 품격을 잃어버렸다는 것을 세상 사람들은 지적합니다. 많은 교회들이 신명기적 신앙을 바탕으로 개인이 잘되고 교회도 성장부흥하는 것을 목표로 삼는데서 오는 부작용으로 볼 수 있습니다. 성장을 추구하는 과정에서 교회의 품위와 품격을 많이 상실해버렸습니다. 성장하려면 교회 분위기가 뜨거워야 하고 그러기 위해서 열광적인 분위기를 조성하고 각종 성장 이벤트를 실시하며 오직 성장에 초점을 맞춥니다. 모로 가도 서울만 가면 된다는 식으로 어떻게 하든 성장을 최우선적인 목표로 세우다 보니 품위나 품격 따위는 뒷전으로 밀려나게 됩니다.

소득 수준이 높아지면서 사람들은 명품을 찾고 품격이 느껴지는 것을 찾기 시작합니다. 하지만 품위가 아니라 도리어 천박하게 되어 버렸으며 더 큰 문제는 그러한 자체를 의식하지 못하고 있음을 영화 밀양을 통해서 엿볼 수 있습니다. 카센터 사장 일행이 역전에서 찬양하며 전도를 할 때, 지나가던 그의 친구들은 예수 믿고 이상하게 변해 버린 친구의 행태를 보며 손가락질하며 놀려댑니다. 많은 사람들이 오가는 역 앞에서 용기를 내어서 힘껏 찬양을 드리지만 그들의 신앙 열정을 인정받기는 커녕 도리어 비웃음거리가 되고 있습니다. 교회 다니면서부터 이상하게 변해버린 그를 친구들은 한편으로는 손가락질 하며 다른 한편으로는 걱정 어린 시각으로 바라봅니다.

세상 사람들이 오랜만에 계모임에서 놀러갈 때 관광버스 안에서 벌어지는 특유의 분위기가 있었지만 지금은 그것이 사고를 유발할 수 있는 위험이 있다는 이유로 금지되어 있는데 교회 안에 들어가면 그와 유사한 분위기가 그대로 남아 있는 것을 목격합니다. 이미 교회의 분위기에 익숙해 있고 오랫동안 신앙 생활하던 사람들은 이러한 문제제기 자체가 오히려 이상하게 여겨질 수 있습니다. 그리고 다윗의 예를 들어서 그러한 분위기로 나아가야 한다고 말하기도 합니다.

다윗의 여호와의 궤가 성에 들어오는 것을 보고 너무 기뻐한 나머지 하체가 드러나는지도 의식하지 못한 채 부끄러운 줄도 모르고 춤을 추었습니다. (삼하 6:12~23) 이에 다윗의 아내이자 사울의 딸인 미갈이 이를 보고 핀잔을 주었습니다. 지체 높은 왕의 신분으로 더군다나 그냥 춤춘 정도가 아니라 치부를 드러내었으니 아내로서 한 마디 거드는 것은 어쩌면 당연한 것일 수 있습니다. 하지만 이 일로 인해 미갈은 평생동안 아이를 낳지 못하는 중대한 심판을 받게 됩니다. 따라서 찬양할 때에는 다윗처럼 옷이 흘러내려서 아랫도리가 드러나는 것도 모를 정도로 격렬하게 찬양을 해야 한다고 강조하는데 과연 이러한 적용이 온당한 것일까요?

하나님과 다윗 사이에 밀도있는 사랑, 그 사이에 일어나는 모든 일은 남들이 보면 우스꽝스러울 수도 있고, 유치할 수도 있고 비정상적으로 비춰질 수도 있지만 그러한 모습을 놓고서 잘못된 것이라고 판단할 수는 없습니다. 하나님과 나누는 사랑과 은혜가 너무나 커서 자신의 수치 따위는 생각이 나지 않을 정도로 강렬했기 때문입니다. 다만 여기서 우리가 문제 삼고자 하는 것은 인위적으로 그러한 분위기를 만들어야 한다고 생각하는데 있습니다. 성령이라는 말만 나와도 뭔가 경망스럽게 촐싹거리며 그러한 분위기로 들어가야 한다는 선입관을 갖는 것입니다. 평소에 멀쩡한 사람들이 부흥회를 하거나 기도회를 하게 되면 갑작스레 노래방 분위기 모드로 들어가야 소위 은혜가 임하고 성령충만을 받을 수 있는걸까요? 그리고 구원의 대상은 세상인데 그러한 분위기로 인해서 세상 사람들에게 교회의 이미지가 천박하게 각인되고 따라서 그들이 교회를 멀리하게 된다면 그 책임은 누가 져야하는 걸까요?

예배드릴 때 마치 죽은 제물처럼 우리의 몸과 마음을 맡기며 온전히 하나님의 영광만을 바랄 때, 성령의 운행하심에 따라 다윗처럼 춤을 출 수도 있고 다른 사람에게 덕을 끼치는 범위내에서 그 어떤 행위도 제한받을 필요가 없습니다. 성령의 흐름에 따라 자연스럽게 나타나는 행위라면 문제될 것이 없습니다. 다른 사람이 보기에도 너무나 자연스럽고 아름답기 때문입니다. 그와 같은 분위기에 드려진 예배 현장에 예배자로 참여한 적이 있습니다. 수요일 저녁에 수천명의 청년들이 모여서 예배를 드리는 가운데 성령 안에서 자유함과 기쁨을 모두들 마음껏 누렸습니다. 손을 드는 사람, 울음을 터뜨리는 사람, 벅차오르는 기쁨에 어쩔줄 모르는 표정, 아예 바닥에 드러누운 사람… 등. 서로 다른 피부색의 종족이 모여 다양한 자신의 느낌을 표현했지만 그러한 모습들이 무질서하고 혼란스럽게 보이는 것이 아니라 모두 어머니 품안에서 느낄 수 있는 포근함과 자연스런 모습으로 보였습니다. 인도자의 지시에 따라 의도되고 연출된 분위기에 의해 통일된 모습이 아니기 때문입니다.

신명기적 신앙은 설교의 내용뿐 아니라 예배 분위기 등 교회생활 전반에 걸쳐 영향을 끼치는데 한마디로 반지성주의로 귀결이 됩니다. 이에 대해서 장신대 김명용 교수는 2008년 종교개혁주일을 맞아 기독공보 지면을 통해 다음과 같이 따끔하게 일침을 놓고 있습니다.

"한국교회안에 반 지성주의적 사고가 팽배해 있다. 이 반지성주의는 성령, 영성 혹은 보수라는 가면을 쓰고 있는데 이 가면에 덮히면 교회의 지성은 죽는다. 그런데 우리가 유념해야 하는 것은 그들이 말하는 성령은 사이비영이고 그들이 말하는 보수는 가짜 보수라는 점이다. 왜냐하면 성령께서는 지·정·의를 갖추신 인격적인 신이시기 때문이다."

자신의 깊은 상처에 대해서 아무런 해명을 듣지 못한 영화 밀양의 주인공의 입장에서 열광적인 예배 분위기는 더 없이 천박한 것이며 구역질나는 것이었습니다.

"이것은 모두 거짓이며 쇼하는 것이다. 도대체 그러한 광적인 분위기는 무엇을 위한 것이냐?"

이런 생각을 하는 것은 신애 뿐만 아닙니다. 통계를 보면 기독교인의 수가 줄어들고 가톨릭으로 많이들 옮겨가고 있는데, 그 이유 중 하나로 신앙인의 품위를 들고 있습니다. 신앙인으로서의 품격을 잃고 천박한 것으로 세상 사람들에게 보임으로써 장기적으로 전체 한국교회 성장에 문제를 초래할 수도 있다는 점에서 깊이 되새겨 봐야 할 것입니다.

개신교인의 숫자가 줄어든 이유

통계청이 발표한 2005년 인구주택 총 조사 결과에 따르면 지난 10년 간 우리나라 3대 종교 중 불교를 믿는 인구는 3.9%, 천주교는 74.4% 증가한 반면 개신교는 1.6% 감소했다. 왜 개신교 인구는 줄고, 천주교 인구는 크게 늘었을까. 그 원인을 교회를 다니다 성당으로 옮긴 개종자들에게 직접 알아본 연구 결과가 나왔다. … 요약하자면 '교회에 질려서, 가톨릭이 좋아 보여서' 다. 이들은 강요하는 교회, 자리싸움하고 외형에 치중하는 등 세속에 찌든 개신교가 싫다고 답했다. 반면 천주교는 성스러워 보이고, 융통성 있고, 자유롭고 품위 있게 종교생활을 할 수 있는 곳이라고 생각하고 있었다. 개신교에 대한 이들의 반감은 그대로 한국 교회의 일그러진 초상이다. "천주교는 묵상을 강조하는 데 반해 개신교는 덮어놓고 믿으라고 한다." "교회 안에 헌금 그래프까지 그려놓고 헌금을 많이 내라고 강요하더라."

"예배에 한 번 빠지기라도 하면 죄인 취급한다."

"가족 같은 분위기를 강조하며 사생활까지 마구 파고드는 교회가 불쾌하다."

"막무가내 식의 지나친 전도, 자기 교회에만 나오라는 강요 등이 피곤하다" 등등. 이들을 성당으로 이끈 가장 큰 힘은 '천주교는 성스럽다' 는 인상이다. '화려하고 활기차지만 시끄럽고 가벼운' 교회 분위기와 달리 성당은 엄숙해서 그 안에 있으면 감동을 느낀다고 했다.　　　　　　　　　　　2006년 11월 23일 한국일보

교회가 신뢰받기 위해 개선할 점

기독교윤리실천운동 '교회신뢰도 여론조사' 에 따르면 한국 교회를 신뢰하는 성인이 10명 중 2명 꼴도 안 된다는 조사결과가 나왔다. .

교회가 신뢰를 받기 위해 바꿔야 할 점으로는 '교회 지도자들' (25.5%), '교회의 운영' (24.4%), '교인' (17.2%)의 순으로 꼽았다.

개신교회가 신뢰받기 위해 개선할 점으로는 ▲교인과 교회 지도자들의 언행일치(42%) ▲다른 종교에 대한 관용(25.8%) ▲사회봉사(11.9%) ▲재정 사용의 투명화(11.5%) ▲교회의 성장제일주의(4.5%) 등이라고 답했다.

2008년 11월 18일 중앙일보

14. 믿음을 재구성하라

      우리는 지금까지 1부에서 여러 가지 비극적인 사례를 통해 그들과 같은 입장이 되어 하나님을 원망하며 함께 분노를 느꼈고, 2부에서는 그러한 분노의 감정을 처리하는 구체적인 방법을 살펴보았습니다. 이어서 3부에서는 분노가 일어난 상황가운데 하나님의 섭리가 무엇인지 하나씩 살펴봄으로써 믿음을 재구성하며 숨가쁘게 여기까지 달려왔습니다. 과연 복이 무엇이며 시련가운데 하나님이 불합리하게 보이고 침묵하는 의도가 무엇인지, 그리고 계속해서 하나님을 원망하고 분노하는 덫에 걸리게 하는 신명기적인 신앙의 문제점을 짚어 보았습니다. 이 장에서는 이제 믿음의 재구성을 마무리하는 단계에 이르렀습니다. 여기서는 믿음을 재구성할 때 깊이 유념해야 하는 사항들을 덧붙이고자 합니다.

믿음의 재구성이란?

    자신이 느끼는 분노를 비롯한 부정적인 감정을 그대로 인정하고 그것을 긍정적인 방식으로 표현하게 되면 차츰 격앙된 감정이 가라앉고 차분하게 자신이 처한 상황을 돌아보고 그 의미가 무엇인지 해석하고자 하는 마음이 일어납니다. 자신이 경험한 시련과 고통은 어떤 의미를 지니며, 그 가운데 주시는 하나님의 뜻이 무엇인지 신앙 안에서 의미를 찾아나가는 것, 이것이 바로 믿음을 재구성하는 것입니다.

그다지 어렵지 않게 그 의미를 깨달을 수도 있지만 욥의 경우처럼 오랜 시간에 걸쳐서 갈등과 고통을 경험할 수도 있고, 아니면 평생을 두고 찾아나가야 하는 경우도 있을 수 있습니다. 나름대로 의미를 찾았지만 다시 부정적인 감정에 휩싸이고 이러한 상태가 주기적으로 반복될 수도 있습니다. 자신의 감정의 상태를 한번 드러냈다고 해서 단번에 마음이 깨끗하게 정리되지 않을 수도 있습니다. 다시 의미를 되씹으며 신앙 안에서 이해하고 하나님의 섭리에 감사하다가도 다시 울컥하고 솟아오르는 섭섭한 마음과 분노로 인해 괴로워하고 그러기를 수 없이 반복할 수도 있습니다. 그럴 때마다 믿음을 다시 재구성하는 작업이 필요합니다.

믿음을 재구성하게 되면 그동안 하나님을 향해 분노하게 된 것은 모두 오해에서 비롯되었다는 것을 깨닫게 됩니다. 시편기자도 73편 전반부(1-16절)에서 하나님을 향하여 원망과 분노의 감정을 그대로 드러냅니다. 한마디로 하나님이 너무나 불공평하다는 것입니다. 교만하고 폭력을 휘두르는 악한 사람이 심판을 받기는커녕 건강하고 마음의 갈등도 없이 잘 살아가고 있는 것은 자신이 보기에 너무나 불합리하다고 보았습니다. 시인은 자신이 느끼는 바를 하나님 앞에 숨기지 않고 그대로 드러냈습니다. 그러한 과정을 거친 후에 17절부터 분위기가 반전되고 있습니다.

73편 〈사악한 사람이 부자가 될 때〉

1 참으로 하나님은 이스라엘을 선하게 대하시며, 마음이 깨끗한 자들에게는 더욱 그리 하십니다.

2 그러나 이제 나는 그 사실을 믿을 수 없게 되었습니다. 내 믿음을 다 잃어버린 것 같습니다.

3 왜냐하면 악한 사람들이 잘 사는 것을 보고 나는 그런 교만한 사람들에게 질투를 느꼈기 때문입니다.

4 그들은 마음에 갈등도 없고, 몸은 건강하고 강합니다.

5 그들에게는 우리가 겪는 어려움들이 없고, 다른 사람들처럼 불행한 일들도 일어나지 않습니다.

6 그러므로 그들은 교만을 목걸이로 삼고 폭력을 옷으로 입고 있습니다.

7 그들의 굳어진 가슴에는 악한 생각이 들어 있으며, 교만한 생각은 끝이 없습니다.

8 그들은 다른 사람들을 헐뜯고 악한 말을 하며, 거만한 태도로 남을 위협하기도 합니다.

9 입으로는 하늘을 대적하고 혀로는 땅을 두루 다니며 악한 말을 내뱉습니다.

10 하나님의 백성들도 그들을 따르는 무리와 한편이 되어 물을 들이키면서,

11 "하나님이 어떻게 알겠는가? 지극히 높은 하나님이 뭘 알고 계신가?"라고 말합니다.

12 이것이 악한 자들이 사는 방식입니다. 언제나 편안하게 살면서 재산은 점점 더 늘어만 갑니다.

13 내가 무엇 때문에 마음을 깨끗이 하였단 말입니까? 내가 죄를 짓지 않고 성실하게 살려는 것이 무슨 소용이 있단 말입니까?

14 나는 하루 종일 고통을 당하였으며 매일 아침마다 벌을 받고 있습니다.

15 만일 내가 이 일에 대해 말하기로 결심했다면 나는 주의 백성들을 속였을지도 모릅니다.

16 나는 이 모든 일들을 이해해 보려고 무척이나 애썼지만 그것은 너무나 힘든 일이었습니다.

17 그러나 하나님의 성전으로 나아가서야, 비로소 그들에게 무슨 일이 일어날지 깨닫게 되었습니다. ......

28 나의 복은 하나님을 가까이하는 것입니다. 주 여호와는 나의 피난처이십니다. 주께서 하신 모든 일을 내가 전파하겠습니다.

시인은 자신의 편에서 불공평하다고 느낀 점을 그대로 얘기했습니다. 만일 그렇게 하지 않고 불합리하다고 느껴지는 데도 불구하고 습관처럼 처음부터 그냥 감사드렸다면 그의 마음속에 갈등과 끓어오르는 분노는 해소되지 않은 채 계속 남아 있게 되었을 것입니다. 감정의 앙금이 남아 있는 상태에서 어떻게 전폭적으로 하나님을 신뢰하며 진정으로 우러나오는 감사와 찬양을 드릴 수 있겠습니까? 따라서 먼저 마음속에 느낌과 생각을 솔직하게 고백함으로써 해소하는 것이 무엇보다 우선되어야 함을 알 수 있습니다. 그 다음 자연스럽게 믿음을 재구성하는 단계로 넘어갑니다.

믿음을 재구성할 때 깊이 고려할 사항

속단하지 말아야

엘리위젤이 나찌 수용소에서 살아남아 그때의 몸서리치는 기억을 기록한 책이 나오자 주위의 사람들이 다가와서 다음과 같이 말했습니다. "당신으로 하여금 이렇게 기록으로 남기라고 당신에게 기적을 베풀어서 살려 주신 것이다." 하지만 깊이 생각지 않고 순간적으로 판단해서 덕담으로 가볍게 건넨 이 말이 계속해서 그의 마음에 걸렸습니다. 아우슈비츠의 경험을 하지 않은 사람들의 입장에서는 가볍게 말할 수 있지만 당사자의 입장에서는 떠오르는 대로 생각하고 판단할 문제가 아니라고 보았기 때문입니다.

> "이렇게 책으로 기록하도록 하기 위해 내가 살아남은 것이라고 말하는 사람들이 있다. 과연 그런지 나는 확신할 수 없다. 내가 죽지 않고 어떻게 살아남았는지 난 모른다. 살아 돌아왔지만 난 당당하지 못하고 오히려 이렇게 위축되어 있다. 내 자신을 구하기 위해서 스스로 한 일이라곤 아무 것도 없기 때문이다. 사람들은 기적이라고 한다. 과연 그럴까? 나는 확실히 아니라고 본다. 물론 하나님이 나를 위해 기적을 행할 수 있고 또한 그랬다고 볼 수도 있을 것이다. 하지만 여전히 남는 의문은, 나 보다 더 가치있는 다른 사람들에게는 하나님이 왜 그렇게 하지 않았느냐는 것이다."
>
> -엘리위젤의 "밤" 서문중에서
>
> "There are those who tell me that I survived in order to write this text. I am not convinced. I don't know how I survived; I was weak, rather shy; I did nothing to save myself. A miracle? Certainly not. If heaven could or would perform a miracle for me, why not for others more deserving than myself?"

하나님의 섭리는 깊고 오묘하기 때문에 자신을 향한 하나님의 뜻이 단순하지 않다는 것을 믿음을 재구성할 때 유념해야 합니다. 하나님은 우리의 인생전반을 치유하고 바로잡기 위해서 시간을 두고 여러 가지 시련을 허락하기도 합니다. 하지만 우리는 자신이 당한 시련이 어디에 유익했는지 모두 헤아리지 못하는 한계를 지니고 있습니다.

하나님이 우리 인생들을 인도하며 다스리는 방식을 보면 마치 한의원에서 진료받는 것과 비슷합니다. 허리가 아파서 진료실을 찾았는데, 환자를 눕혀놓고는 침으로 발도 찌르고 종아리도 찌르고 여러 군데 고통을 가합니다.

"허리가 아프면 통증이 있는 그 부위를 집중적으로 치료해야 할 텐데 전혀 이상이 없는 다른 부위를 왜 아프게 하는가?"

의학지식이 없는 환자로서는 이처럼 의아스럽게 생각할 수 있습니다. 하지만 전문가로서 많은 지식과 임상경험이 있는 의사는 진맥을 통해서 드러나는 신체의 연약함을 모두 다스리기 위해서 그렇게 하는 것입니다. 한의사가 왜 환자로 하여금 고통을 느끼도록 침으로 이리저리 찌르고 성가시게 하는지 우리는 다 이해하지 못하지만 결과적으로 진료를 받고 돌아가면 자신의 몸이 회복되고 유익이 된다는 것을 알게 됩니다.

환자가 여기 저기 주워들은 지식으로 한의사의 진료내용을 모두 이해한다는 듯이 얘기한다면 참으로 우스꽝스런 일이 아닐 수 없습니다. 함부로 가볍게 하나님의 뜻 운운하는 것은 마치 이와 같습니다. 왜 남의 신체를 침으로 찔러서 아프게 했는지 일반인들이 책 몇 권 사서 읽거나 여기저기 인터넷에 떠돌아다니는 지식으로 그 의도를 모두 이해할 수 없습니다. 이처럼 인간이 아무리 성경을 읽고 신학을 하고 지식을 쌓고 지혜가 많아도 우리의 의원이 되시는 주님의 진료목적과 내용을 모두 이해하기란 불가능합니다. 이 땅에 사는 동안에는 희미하게 어렴풋이 느껴질 따름입니다. 시련을 통해서 얻게 된 유익과 의미를 깨닫는 것도 있지만 모르는 부분이 더 많습니다. 하지만 분명한 것은 결과적으로 유익하게 하기 위해서 하나님이 시련을 허락했다고 하는 믿음입니다. 이러한 인식과 믿음이 바로 믿음을 재구성하는 출발점이 됩니다. 따라서 우리가 궁극적으로 주의를 기울여야 하는 점은 시련에 대한 의미가 아니라 하나님과의 믿음, 즉 관계 설정입니다.

"그러면 앞에서 '하나님을 변호하는 사람들'의 입장과 다를 바가 없잖아요?무슨 차이가 있나요?"

우리는 여기서 자칫하면 혼란에 빠질 수 있기 때문에 이 시점에서 주의를 기울일 필요가 있습니다. 결과적으로 하나님을 변호하는 사람들이 말하는 것과 비슷한 내용이지만, 뚜렷하게 구별해야 할 점은 그들은 지금까지 밝혔던 하나님을 용서하는 과정을 모두 생략하고 바로 말씀을 선포하며 결론을 제시했다는 것입니다.

나에게 고통을 허락하는 이유

불교나 기독교 모두 고통이라는 주제에서 시작되는 것을 볼 때, 이는 결코 가볍게 몇 마디로 끝낼 수 있는 문제가 아님을 알 수 있습니다. 창세기를 펼치면 바로 에덴동산에서 선악과의 문제로 비롯된 가시와 엉겅퀴에 찔리는 고통에 대한 얘기가 나오고 불교 또한 석가모니가 생로병사를 고통으로 받아들이는 것에서부터 시작됩니다. 불교의 고통에 대한 이해는 다음과 같이 요약할 수 있습니다. 즉 새로운 물질과 에너지가 생성될 때, 분자들이 서로 결합하고 분리하는 것처럼 인간의 고통도 그런 관점에서 자연스러운 것으로 보았습니다.

불교의 관점에서 바라보는 고통의 의미

고통은 다름 아닌 우리의 삶과 느낌에 대한 불만족을 뜻한다. 불만족은 자연스럽게 일어나는 것이지 외부의 어떤 사람이나 힘에 의해서 주어지는 것이 아니다. 에너지를 이루는 모든 요소와 형태를 살펴보면, 그 속에서 서로 반발, 충돌, 불균형, 또는 변화가 계속 일어나는 것을 볼 수 있다. 반발, 즉 서로 맞지 않아서 밀어내기 때문에 변화가 일어나며 변화는 또한 삶의 특징에 해당한다. 매 순간 우리가 육체적으로나 정신적으로 경험하는 끊임없는 변화의 상태가 인간의 감정과 갈망과 결합될 때, 우리는 불만족과 고통을 경험하게 된다. 고통의 원인은 몇몇 종교에서 믿는 것처럼 원죄나 저주나 어떤 신, 악마 또는 영의 영향 때문이 아니라, 생존을 위한 우리 자신의 갈망과 욕망에서 비롯된다.

Suffering is nothing more than the unsatisfactoriness regarding our lives and feelings. The causes of unsatisfactoriness are natural and are not created by anybody or any power. In every element and form of energy, friction, clashes, imbalances or changes take place continually, as a result of friction which causes change and change is the characteristic of life. When the state of flux which we experience physically and mentally at every moment is compounded with human emotion and craving, we experience unsatisfactoriness or suffering. The cause of suffering is not the original sin or due to a curse or influence of any god, devil or ghost, as believed by some religion, but by our own craving for existence and sense desires.

(from Buddhism for the Future, by D. Sri Dhammanda. pp.19-20.)

예수님의 구원사역이 인간의 죄로 인한 저주와 고통으로부터 해방되는 것에 집중되어 있음에도 불구하고, 오히려 불교신자들보다 고통에 더 얽매여 있다는 인상을 받는 것은 참으로 아이러니가 아닐 수 없습니다. 기독교인들은 고통 그 자체를 받아들이고 이해하는 것을 매우 힘들어 합니다. 그 이유는 바로 고통에 포함된 다음의 세 가지 요소들이 어떻게 동시에 작용할 수 있느냐는 회의에서 비롯됩니다.

- 하나님의 사랑 God's Love
- 하나님의 권능 God's Power
- 인간의 고통 Human Suffering

하나님이 우리를 사랑하고 능력이 많다면 당연히 고통을 피하게 해주든지 아니면 막아 주어야 한다고 믿고 있는데 갑작스레 어려움에 빠지게 될 때 큰 충격을 받게 됩니다. 하나님의 사랑과 권능에 대한 회의가 일어납니다. 더 나아가서 이로 인해 하나님을 향하여 원망하며 분노하게 되는데 이것은 성경에 나오는 위대한 인물들에게도 그대로 나타납니다.

"그런즉 내가 내 입을 금하지 아니하고 내 영혼의 아픔 때문에 말하며 내 마음의 괴로움 때문에 불평하리이다 내가 바다니이까 바다 괴물이니이까 주께서 어찌하여 나를 지키시나이까 사람을 감찰하시는 이여 내가 범죄하였던들 주께 무슨 해가 되오리이까 어찌하여 나를 당신의 과녁으로 삼으셔서 내게 무거운 짐이 되게 하셨나이까 주께서 어찌하여 내 허물을 사하여 주지 아니하시며 내 죄악을 제거하여 버리지 아니 하시나이까 내가 이제 흙에 누우리니 주께서 나를 애써 찾으실지라도 내가 남아 있지 아니 하리이다." (욥7:11~12, 20~21)

"여호와여 어느 때까지니이까 나를 영원히 잊으시나이까 주의 얼굴을 나에게서 어느 때까지 숨기시겠나이까?" (시13:1)

"내 하나님이여 내 하나님이여 어찌 나를 버리셨나이까 어찌 나를 멀리하여 돕지 아니 하시오며 내 신음 소리를 듣지 아니하시나이까. 내 하나님이여 내가 낮에도 부르짖고 밤에도 잠잠하지 아니하오나 응답하지 아니하시나이다." (시22:1~2)

"사람들이 종일 내게 하는 말이 네 하나님이 어디 있느뇨 하오니 내 눈물이 주야로 내 음식이 되었도다."(시42:3)

"내 반석이신 하나님께 말하기를 어찌하여 나를 잊으셨나이까 내가 어찌하여 원수의 압제로 말미암아 슬프게 다니나이까 하리로다 . 내 뼈를 찌르는 칼 같이 내 대적이 나를 비방하여 늘 내게 말하기를 네 하나님이 어디 있느냐 하도다." (시 42:9~10)

"여호와여 내가 부르짖어도 주께서 듣지 아니하시니 어느 때까지리이까 내가 강포로 말미암아 외쳐도 주께서 구원하지 아니하시나이다." (합1:2)

"주께서는 눈이 정결하시므로 악을 차마 보지 못하시며 패역을 차마 보지 못하시거늘 어찌하여 거짓된 자들을 방관하시며 악인이 자기보다 의로운 사람을 삼키는데도 잠잠하시나이까?" (합1:13)

얼마 동안 시간이 흐르고 감정을 추스르고 나면 나름대로 고통을 해석하기 시작합니다. 도대체 내가 당하는 고통의 의미가 무엇이며 하나님이 나에게 고통을 허락한 이유가 무엇인지 곰곰이 생각해 봅니다. 이때에는 주위의 믿음의 식구들이 찾아와 나름대로 한 마디씩 던지고 갑니다. 그 내용은 대개 다음의 표에 나오는 것들 중에 하나에 속합니다. 하나씩 살펴보면 어느 정도 일리가 있지만 동시에 한계를 지니고 있습니다. 따라서 이 중에 어느 한 가지를 끄집어내어 자신의 고통을 해석하는 데에 적용하기란 쉽지 않다는 것을 느끼게 됩니다.

고통에 대한 해석	내 용	한 계
큰일에만 관심을 가지는 하나님 God is not in the small stuff.	천지창조나 출애굽, 역사의 종말 따위 큰 일에만 신경을 쓰고, 하나님의 관심과 능력이 세밀한 부분에 까지 미치지 않기 때문에 비극적인 일이 일어나고 그중에 나도 고통을 당한다.	"머리털 까지 다 세신바 되었다" (마10:30)는 예수님의 말씀은 어떻게 받아들여야 하는가?
개인의 죄 Individual Sin의 결과	죄를 지으면 형벌로써 고통을 당하게 된다.	순진한 어린 아이가 이웃집 아저씨에 의해서 끔찍한 일을 당한 경우에 과연 본인의 죄의 탓으로 돌릴 수 있는가?
원죄로 인해 빚어진 집단적인 죄 Corporate Sin의 결과	아담 이래로 모든 사람이 죄를 지었기 때문에 그 결과 모든 사람에게 고통이 주어진다. 하지만 열심히 선을 행하고 신앙생활을 잘 하면 금세와 내세에 보상이 주어진다.	위의 사건이 일어나게 된 설명으로서 좀 더 타당한 해석으로 여겨진다. 그럼에도 여전히 미흡하다고 여겨지는 것은, 왜 그런 사건이 하필이면 자신과 가족에게 일어났느냐 하는 것이다.
고진감래 苦盡甘來 Silver Lining	실버라이닝Silver Lining이란 먹구름 위로 태양이 밝게 비치는 부분을 가리킴. 오프라 윈프리처럼 어린 시절 끔찍한 일을 당했지만 나중에 좋은 결과가 주어졌다 "모든 것이 합력하여 선을 이룬다." (롬8:28)	어려움을 당한 사람들에게 심방대원 들이 주로 전하는 메시지의 내용. 하지만 욥의 경우에서처럼 나중에 반드시 회복되고, 시련에 대한 보상이 주어지는가?
시험 Testing	하나님은 토기장이처럼 우리를 새롭게 빚고 성장시키기 위해서 시련을 허락하신다. (약1:2-4), 따라서 시련가운데 기뻐해야 한다. 롬(5:3-4)	아무 이유 없이 또는 단지 믿는다는 이유로 죽어간 수많은 사람들에게 이러한 설명이 타당한가?

욥이 시련을 당했을 때에도 나름대로 경건하다고 자부하는 그의 친구들이 찾아와서 그의 고통을 해석했지만 그것은 정확히 들어맞지 않았습니다. 엎친 데 덮친 격으로 자신의 고통 뿐만 아니라 도대체 그 이유를 알지 못해서 답답해하는 욥의 심정을 누구보다도 하나님은 분명 더 잘 이해할텐데 그럼에도 불구하고 왜 그에게 모든 자초지종을 설명해 주지 않았을까요? 여기서 우리는 시련을 당했을 때 우리가 취해야 하는 자세에 대해서 생각해 보게 됩니다. 자신이 당하는 고통의 의미를 해석하기 위해 골몰한다고 할지라도 결코 하나님의 뜻을 완전히 알 수 없다면 분명 하나님의 다른 의도가 있다고 보아야 할 것입니다. 그것은 바로 우리의 시선을 돌려서 하나님을 바라보아야 한다는 것입니다. 그렇지 않고 끊임없이 자신의 아픔을 되씹고 의미를 캐기 위해서 하나님께 따지고 들 때, 결국 우리는 좌절할 수밖에 없습니다.

자신에게 시련이 닥치면 모든 관심을 온통 자신에게 집중합니다. 욥처럼 처음에는 위대한 고백을 하다가도 얼마 지나지 않아서 점점 신세를 한탄하고 자기 연민에 빠집니다. 자신이 당하는 고통의 이유와 의미를 해석하다 보면 그것으로부터 벗어나는 것이 아니라 오히려 더 깊이 빠져 들어가는 것을 볼 수 있습니다. 따라서 시선을 자신에게로 향하지 말고 반대로 하나님을 향해야 한다는 것을 우리는 바울의 삶과 고백을 통해서 배울 수 있습니다.

신약성경을 보면 바울만큼 시련을 당한 사람도 없습니다. 고린도후서 11장에는 그가 겪었던 시련의 내용이 나옵니다. 누구에게나 흔히 있을 수 있는 그런 내용이 아니라 모두 생명의 위협을 느끼는 것들입니다. 만일 우리 자신이 그런 위기를 맞게 된다면 어떤 생각을 하게 될까요?

"내가 세상을 잘못 살았나? 가문으로 보나 학식으로 보나 남부러울 것이 없는데, 사는 게 이게 뭐야? 지금껏 살면서 시내 요지에 번듯한 집이 있는 것도 아니고 잘난 자식 하나 없이 내가 지금 일신 상의 유익을 위해서 일하는 것도 아니고 복음을 위해서 이렇게 헌신하고 있는데, 내가 왜 이토록 죽을 고생을 해야 하느냐 말이야? 내가 죄가 많은 건가? 복을 못 받은 건가?"

이와 같은 생각들로 인해서 자기연민에서 헤어나기 어려울 것입니다. 하지만 그는 그 모든 시련의 고통 가운데 시선을 주님께로 돌리며 다음의 위대한 고백을 합니다.

"내가 이제 그리스도와 함께 십자가에 못 박혔나니 그런즉 이제는 내가 산 것이 아니요 오직 내 안에 그리스도께서 사신 것이라 이제 내가 육체 가운데 사는 것은 나를 사랑하사 나를 위하여 자기 자신을 버리신 하나님의 아들을 믿는 믿음 안에서 사는 것이라." (갈2:20)

시련의 쓰라린 고통 가운데 주님과 함께 십자가에 못 박힘으로써 하나가 되었다는 고백을 하게 될 때, 비로소 우리는 고통으로 인해서 하나님을 미워하고 원망하고 불평하지 않게 됩니다. 독일 나치 시절 본회퍼Dietrich Bonhoeffer 목사님은 모진 탄압의 고통을 겪었지만 그로 인해 불평하지 않고 도리어 주님과 하나가 되고, 주님을 따른다고 하는 것이 무엇인지 깨닫게 되는 계기로 삼았습니다. 그리하여 다음과 같은 위대한 고백을 합니다.

> "나를 따르라는 명령은 또한 오직 인간으로 오신 예수와 하나가 되는 것이다…
> 주님을 따르는 것은 그리스도와 연합하는 것이다."
> „Der Ruf in die Nachfolge ist also Bindung an die Person Jesu Christi
> allein… Nachfolge ist Bindung an Christus."
>
> -Dietrich Bonhoeffer, Nachfolge-

완전하게 회복시켜 주지 않는 이유

"어떠한 고난이 오더라도 끝까지 인내하고 열심히 신앙생활하다 보면 욥
과 같이 삶이 회복되고 축복을 넘치게 베풀어 주실 줄 믿습니다."

시대가 어려울수록 이런 유의 메시지들이 넘쳐납니다. 이스라엘이 멸망
하기 직전에 활동한 수많은 예언자들도 마찬가지로 번영하고 잘될 것이라
는 메시지를 선포합니다. 이와 반대로 예레미야를 비롯해서 극소수의 선지
자들은 이스라엘이 포로로 잡혀가는 비극적인 종말을 예언했습니다. 따라
서 거짓 예언자들은 가는 곳마다 환영을 받고 스타급 대우를 받았지만, 하나
님의 말씀을 바르게 전하는 자들은 대다수의 백성들과 위정자들로부터 따
돌림을 당하고 핍박과 멸시를 받을 수밖에 없었습니다.

하나님의 말씀을 인용해서 모든 일이 잘 풀리고 하는 일마다 잘된다고 하
는데 그러한 메시지를 굳이 싫어할 사람은 없을 것입니다. 하지만 나름대로
신앙생활을 하면서 지나보니 반드시 그렇지 않다고 느끼는 사람들이 많은
것 같습니다. 힘이 되고 위로가 된다는 사람도 있는 반면, 강하게 거부감을

갖고 인터넷에 소위 악플을 마구 올리기도 합니다.

"공부 좀 더 하고 설교하세요."
"천박해서 못 들어 주겠네요. 약 팔지 마세요."
"욥의 이야기만 나오면 반드시 그런 식으로 결론 맺어야 합니까? 평신도들도 그 정도의 얘기는 다 할 수 있어요."

과연 하나님은 우리가 기도하는 대로 모두 이루어 주실까요? 시련을 당하는 것마다 하나씩 축복으로 매듭지어 주실까요? 그렇다고 믿는다면 우리는 끊임없이 하나님을 빚쟁이로 몰아세웁니다.

"하나님 왜 나에게 빚을 갚지 않습니까? 욥에게 배로 축복했다면 나는 왜 그렇게 안 해 주세요? 꾸준히 기도하고 봉사활동하고 나름대로 열심히 신앙 생활 했는데, 내가 원하고 바라는 대로 왜 응답해 주시지 않는 거죠?"

기도의 소원대로 하나님이 채워주셨다면 감사한 일입니다. 하지만 반대로 기도했음에도 불구하고 바라던 대로 채워지지 않고 회복되어지지 않는 다면 무엇 때문일까요? 넘치는 복을 허락하지 않고 나의 삶을 완전히 회복 시키지 않는 하나님의 의도가 무엇일까요? 피해를 입은 대로 그 이상으로 보상받고, 부서지고 상한 부분은 고침 받고 완전히 회복이 되느냐 하는 것입니다. 그렇지 않다면 무조건 본인의 믿음 탓으로 돌려야 할까요? 하나님의 뜻을 우리가 완전하게 이해하기 어렵기 때문에 그 의도와 목적이 무엇인지 모두 알 수는 없습니다. 다만 그러한 물음에 대해서 일반적인 생각들을 네 가지로 다음과 같이 정리할 수 있을 것입니다.

완전히 회복시켜 주지 않는 이유	내 용
이미, 그러나 아직 아님 Already, but not yet	구원을 비롯해서 모든 약속이 이미 주어졌지만, 아직 모두 실현된 것이 아니기 때문에, "뜻이 하늘에서 이룬 것 같이 땅에서도 이루어지이다" 라고 기도하며 기다려야 한다. 가라지의 비유에서(마13:24-30) 주인은 가라지를 그대로 두었다.
현실 요법 Reality Therapy	하나님은 모든 것을 넘치게 채워 주어서 우리로 하여금 응석받이가 되는 것을 원치 않는다. 완전히 채워주지 않는 부분을 본인 스스로의 믿음과 노력으로 채워서 믿음의 체질을 개선하고 변화되도록 하기 위함이다. 이는 마치 현실요법에서, 아침에 늑장을 부리는 아이의 버릇을 고치기 위해 차를 태워주지 않는 것이 좋다고 여기는 것과 같은 이치이다.
사랑이냐 축복이냐? Love or His gift?	키에르케고르의 "가난한 처녀를 사랑한 왕"이 곧 하나님에 해당한다. 왕은 처녀의 환심을 사기 위해서 온갖 진귀한 선물을 주었는데, 과연 처녀가 좋아하는 대상이 선물인지 아니면 왕 자신인지 확인하기 위해서 변장해서 찾아간다는 내용. 따라서 주어진 환경을 바라보며 원망하고 불평할 것이 아니라 주님으로 인해서 즐거워하고 사랑하는 자세가 필요하다. "비록 무화과나무가 무성하지 못하며 포도나무에 열매가 없으며 감람나무에 소출이 없으며 밭에 먹을 것이 없으며 우리에 양이 없으며 외양간에 소가 없을지라도 나는 여호와로 말미암아 즐거워하며 나의 구원의 하나님으로 말미암아 기뻐하리로다." (합3:17-18)
본향本鄉을 사모하도록 Thinking about the heavenly country	하나님은 자연법칙을 초월하는 큰 기적을 베풀고 온통 일 년 내내 풍성한 복, 아니 물리도록 복을 내려 줄 수도 있지만 그보다 이따금씩 작은 것들을 통해서 잔잔하고 자연스럽게 사랑을 베풀기를 더 원한다. "아버지는 우리의 인생여정에 즐겁게 쉬며 휴식할 수 있는 숙박시설을 여러 곳에 제공해 주셨다. 하지만 그곳에 들어가 쉴 때, 마치 집에 온 것 인양 착각하도록 하지는 않으신다." -C.S. 루이스- Our Father refreshed us on the journey with some pleasant inns, but will not encourage us to mistake for home." The Problem of Pain by C.S. Lewis p.115

야구경기를 보면 아무리 타율이 좋은 선수라고 할지라도 매번 타석에 들어설 때마다 투수가 던지는 공을 받아치는 사람은 아무도 없습니다. 만일 대부분의 타자가 그런 식으로 안타를 친다면 야구라는 경기 자체는 더이상 흥미를 끌지 못하기 때문에 아무도 관람하지 않을 것입니다. 어려서부터 매일 야구에 대해서 공부하고 피나는 연습을 한 끝에 선수로 선발되어 마운드에 오르고 메이저 리그에도 진출하지만 그와 같은 이상적인 경기 결과가 나오지 않습니다.

우리의 삶도 그와 같습니다. 기도하는 것마다 모두 응답되고 일이 척척 풀려나가고, 예수 믿으면 흔히들 잘 인용하는 성경구절처럼 머리가 될지언정 꼬리가 되지 않고 시험에 합격하고 부자 되고…, 그런 식으로 진행되지 않습니다. 삶의 부하가 전혀 걸리지 않고 순풍에 돛단 듯이 나아간다면 이 땅 위에서는 더 이상 삶에 의미를 느끼며 건강하게 살아가지 못할 것입니다. 아무리 기도하고 아무리 경건하게 살아도 풍랑이 일고 이해할 수 없는 시련이 닥치고 기도의 응답이 지체되고 주님은 나에게 늦게 오시고, 안타까운 일을 당해도 주님으로부터 합당한 설명을 듣지 못하는 일이 다반사인 것이, 에덴을 떠난 우리의 삶의 현주소입니다. 우리가 발걸음을 옮길 때마다 가시와 엉겅퀴에 찔리고 다시 믿음으로 제거하며 나아가야 합니다.

진정으로 바라고 사모해야 하는 내용

자신이 기대한 대로 완전히 회복시켜 주지 않고 채워주지 않음에도 하나님과 친밀한 관계를 유지하기 위해서는 시각이 바뀌어야 합니다. 한편으로 보면 믿음이란 보는 것, 즉 시각이 가장 으뜸되는 문제이기 때문입니다. 무엇을 더 중시하고 크게 보느냐 하는 것입니다. 다시 말해서 유행을 좇는 세상 사람들의 세계관으로는 쉽게 드러나지 않고 잘 보이지 않는 하나님의 섭리와 사랑을 세상의 가치보다 더 크게 바라보는 것입니다.

"우리가 주목하는 것은 보이는 것이 아니요 보이지 않는 것이니 보이는 것은 잠깐이요 보이지 않는 것은 영원함이라."(고후4:18)

롯은 바라보는 것에 실패한 전형적인 인물입니다. 고향에서 안정된 삶을 버리고 아브라함을 따라 가나안으로 이주해서 함께 어려움을 감수하며 살아가던 그가 이집트에 내려간 이후에 아마 그의 생각은 많이 흔들렸으리라 여겨집니다. 우여곡절 끝에 다시 그곳으로부터 나오게 되었지만 여전히 그의 마음은 이집트의 풍요에 머물러 있었습니다.

"이에 롯이 눈을 들어 요단 지역을 바라본즉… 애굽땅과 같았더라."(창 13:10).

드디어 요단에 이르러 그의 시야에 이집트와 흡사한 환경이 보이자 주저하지 않고 그것을 선택합니다.

이러한 롯의 선택에 문제가 있다면 무엇일까요? 그는 보이지 않는 신앙의 가치를 크게 볼 수 있는 안목이 부족했습니다. 그 대신 당장 눈에 보이는 세상의 가치관을 선호했습니다. 하지만 그렇게 해서 애써 취한 재물은 노략질 당하고(창14:12), 결국은 자신이 이룬 모든 것을 고스란히 소돔에 그대로 남겨두고 도피해야 했습니다. 아내 역시 풍요로운 소돔 땅에 시선이 빼앗긴 나머지 미련을 버리지 못하고 그곳을 향하여 뒤돌아 보다 소금기둥이 되어 버렸습니다. (창19:26) 이것이 바로 신명기적 신앙이 내포하는 위험성입니다. 하나님으로부터 복을 받아 이 땅에서 잘 되고 번영하는 것은 많은 사람들이 바라는 바입니다. 하지만 그 결과 풍요로운 분위기에서는 소돔과 같은 타락한 풍조가 쉽게 스며들게 됩니다. 주위에서 온통 듣고 보는 것은 모두 세상적인 것들에 관한 것입니다. 그렇다고 해서 세상적인 풍요 자체가 모두 나쁘다고 할 수는 없습니다. 다만 그런 환경가운데 살면서 주님의 나라를 위해 가난해 질 수 없다면 그것은 소돔에서처럼 재앙이 될 수 있다는 것입니다.

아브라함과 롯은 둘 다 기근으로 인해서 어려움을 당했지만, 시각은 판이하게 달랐습니다. 아브라함은 비록 한때 미숙한 판단을 내린 결과 이집트로 내려가서 큰 위기를 당하긴 했지만 롯과의 차이점은 보이지 않는 것을 더 크게 보았다는데 있습니다. 롯처럼 세상적인 것을 추구하는 사람의 시각으로 보면 기근 따위의 어려움도 없어야 하고 언제나 이집트처럼 넉넉하고 풍요로워야 된다고 생각합니다. 그것이 곧 사랑받고 은혜를 입고 복을 받은 증거라고 여깁니다. 이와 반대로 시련을 당하면 신앙으로 이해하고 받아들이는데 어려움을 느낍니다.

세상 모든 사람들은 이 땅 위에서 잘 되기를 원합니다. 풍성한 복 그 자체는 누구나 바라는 바요 기도 제목이 됩니다. 하지만 노아시대에 하나님으로부터 복을 받아 이 땅 위에서 번성의 복을 받은 사람들이 홍수로 심판받기에 이르게 된 점을 유념해야 합니다. 노아의 홍수의 심판에 대한 내용은 번성,

즉 복을 받은 결과에서부터 시작됩니다.(창6:1) 그들은 하나님으로부터 넘치는 복을 받았지만 은혜를 잘 유지하지 못하고 육체의 욕심을 따라 살았습니다. 당장은 그것이 축복을 받은 것처럼 보였습니다. 태어나는 자식마다 시름시름 원인모를 병을 앓는다거나 했다면 뉘우치고 회개하는 계기로 삼았을런지 모릅니다. 하지만 그와 반대로 니므롯, 즉 기골이 장대하고 당대에 유명한 자가 되었습니다.(창6:4) 자녀들이 일류가 되고 니므롯과 같은 존재가 되기를 바라는 마음은 동서고금을 막론하고 모든 부모들이 바라는 바입니다. 그런데 문제는 거기서 한 걸음 더 나아가서 그들은 자신의 능력을 남을 돕고 섬기는 데에 사용한 것이 아니라 남을 억누르고 해치면서까지 자신이 앞서나가는데 사용한 것입니다.

"온 땅이 하나님 앞에 부패하여 포악함이 땅에 가득한지라"(창6:11). 그들이 바라보고 소원한 내용은 복을 받아서 번영하고 자식들도 모두 세상에서 유명하게 되는 것이었습니다. 자신뿐만 아니라 태어나는 자식에게 바라는 것도 섬김과 희생의 표상인 어린 양이 아니라 뿔을 달고 거침없이 이웃을 해치며 깔아뭉개고 나아가는 맹수였습니다. 그들은 진정으로 바라보고 사모해야 할 내용이 무엇인지 망각했습니다.

하나님을 용서하는 문제는 복에 대한 이해와 맞물려 있기 때문에, 여기서 우리는 복의 바람직한 의미를 두 가지 차원으로 정리할 필요가 있습니다. 첫째는 풍성한 복을 받아서 이웃을 섬기는데 사용하는 것이요, 다른 하나는 앞에서 루이스가 지적한 대로 풍성한 복을 받지 못했다고 할지라도 그러한 상황을 통해서 영원한 나라의 본향을 바라보게 하는 하나님의 뜻이 담겨 있다고 믿는 것입니다. 비록 어려움을 당하고 풍성한 것이 주어지지 않을지라도 믿음의 시각으로 이 세상을 바라본다면 더 이상 하나님을 용서해야 하는 일이 계속 반복되지 않을 것입니다.

신앙은 아편이 아니다

믿음의 재구성을 마무리하면서 깊이 되새겨 봐야 할 내용들을 하나씩 살펴보았습니다. 마음 속에 어떤 반응이 일어납니까? 고개를 끄덕이며 수긍하는 사람도 있지만 그렇지 않고 자신이 당하는 시련과 고통에 대해서 뭔가 완벽하게 수긍할 수 있는 말씀을 원하는 사람도 있습니다. 이런 영혼들을 노리고 사이비 이단들은 접근하여 다음과 같이 미혹합니다. 그들은 말씀을 지나치게 알레고리로 풀고 다시 억지로 짜 맞추면서 모든 문제에 딱 맞아떨어지는 듯이 해석합니다. 말씀을 어쩌나 이리 저리 잘도 끼워 맞추는지 그 내용이 너무나 신기하고 듣고 있으면 자신의 모든 문제가 해결되는 것처럼 들립니다. 거기서 그치지 않고 어느덧 자신은 일반 교회에서는 모르는 내용들, 즉 모든 문제를 초월한 진리를 알고 있는 것처럼 스로 생각하기에 이릅니다. 일단 이러한 영적 엘리트 주의, 즉 영적교만이 마음속에 자리 잡게 되면 스스로 바로잡기가 어렵게 됩니다.

자신들끼리 말씀을 나누면서, 마치 모든 문제가 해결된 것처럼 착각합니다. 하지만 현실의 문제는 풀리지 않고 그대로 있는데, 그럼에도 머릿속으로 모든 것이 해결된 것 인양 여기는 것은 따지고 보면 자신에게 최면을 거는 것에 지나지 않습니다. 자신이 당한 시련과 고통이 스스로 풀기 어려우면,

어렵다고 얘기하고 아프면 아프다고 이웃에게 고백하며 나누고 하나님께 함께 기도해야 처한 현실을 바로 보게 되면서 치유가 시작되고 문제가 풀려나갈 수 있는데 아무 일 없다고 해버리니 이것이 가장 큰 문제입니다. 그것은 위대한 신앙이 아니라 자신을 속이며 스스로에게 해를 끼치는 어리석은 행위입니다. 이 책에서 먼저 강조하는 내용도 바로 그것입니다. 하나님은 우리를 지·정·의 골고루 기능하는 인간으로 만드셨는데, 정서적인 측면을 너무나 무시하는 경향이 있기에 그것을 문제 해결의 시발점으로 본 것입니다. 예수님도 "목마르다"라며 절규했는데, 흙으로 지음 받은 질그릇 같은 우리가 모든 것을 초월할 수 있다고 생각하는 것이 과연 가당하기나 한 것일까요?

이 세상 시련의 고통을 깨끗이 잊게 해주는 평안을 찾을 수 있다는 생각 자체는 얼핏 보면 매우 신앙적인 것 같지만 실상은 참으로 위험한 발상이 아닐 수 없습니다. 왜냐하면 세상의 아편만이 그것을 해결해 줄 수 있기 때문입니다. 사이비 이단 역시 위험한 것은 교리적인 측면뿐만 아니라 결국 아편과 같은 효과밖에는 줄 것이 없기 때문입니다. 따라서 건강한 신앙은 "민중의 아편"이 아니라 자신에게 주어진 땅을 경작하며 믿음으로 가시와 엉겅퀴를 걷어내느라 더러 눈물을 흘리며 숨을 헐떡이며 가파른 고개를 넘고 죄와 사망의 음침한 골짜기를 지나기도 하는 것입니다. 그 와중에 때로 예상치 못했던 모진 비바람을 맞기도 하지만 땀 흘리며 묵묵히 수고의 열매를 거두어야 합니다. 훗날, 하나님 아버지 품에 안겨 더 이상 눈물과 고통과 한숨이 없는 그 날이 이르기 까지 그렇게 살아가는 것이 인간의 실존입니다.

"땅이 있을 동안에는 심음과 거둠과 추위와 더위와 여름과 겨울과 낮과 밤이 쉬지 아니하리라." (창8:22)

회복을 위한 마지막 단계에서 드리는 기도와 결단

상처를 입은 자들이 궁극적으로 회복되기 위해서는 어떻게 해야 할까요? 성경에 나오는 시련과 고통의 의미를 해석하고 이해하는 것으로 해결될까요? 아닙니다. 그것만으로 부족합니다. 그 해답은 예수님이 말씀하신 섬김의 삶에서 찾을 수 있습니다.

"인자가 온 것은 섬김을 받으려 함이 아니라 도리어 섬기려 하고 자기 목숨을 많은 사람의 대속물로 주려 함이니라." (막10:45)

섬김은 단지 남을 위해서 좋은 일 하는 차원에서 그치는 것이 아니라 그러한 과정을 통해서 자신의 상처가 치유되는 놀라운 결과가 있음을 많은 사람들이 증언하고 있습니다.

"집에서 웅크리고 있다가 의미 있는 일을 찾아 하면서 마음이 밝아지고 건강도 좋아졌어요. 남편을 먼저 보내고 참으로 괴로웠거든요. 좋은 말씀 들으면 괜찮을까 싶어서 하루 종일 기독교 방송 틀었지만 그 때 잠시 뿐이더군요."

"전에는 돈을 벌기 위해 마지못해 일한다고 생각하니 짜증도 나고 그랬는데, '모든 일을 주께 하듯 하라.' (엡6:7)는 말씀대로 이제는 섬기는 마음으로 하니 삶에 변화가 일어났어요. 나를 통해서 여러 사람들이 기뻐하는 것을 보면서 보람도 느끼고, 피곤하지도 않고 즐겁네요."

섬김은 곧 치유와 회복입니다. 열심히 신앙생활하며 섬김의 삶으로 일관한다고 해서 죽었던 남편과 아들이 차례로 살아서 어느 날 갑자기 돌아오는 것은 아닙니다. 여전히 지나간 상처의 흔적은 그대로 지니고 있습니다. 하지만 이제 그것은 과거처럼 아픔을 가중시키고 자기 연민으로 빠져들게 하는 것이 아니라 그와 같은 상처를 입은 자들을 위해 쓰이는 도구가 됩니다. 그리하여 헨리 나우웬 Henri Nowen의 표현처럼 '상처 입은 치유자' a wounded healer의 삶을 살아가게 되는 것입니다.

그러므로 이제 믿음을 재구성하는 마지막 단계에서 회복을 위해 해야 할 일은 자신의 상처와 그로 인해 빚어지는 아픔을 모두 섬김을 위한 도구로 사용하겠다며 결단하고 기도하며 구체적인 섬김의 삶으로 이어지는 것입니다.

하나님을 용서하는 과정에서 유의할 점

분노가 일어나는 상황에 대한 올바른 인식

하나님을 용서하는 문제에 있어서 반드시 주의를 기울여야 하는 점이 한 가지 있습니다. 가인의 경우에서처럼 자신의 잘못으로 인해 하나님을 향하여 분한 마음을 품고 죄악을 행하고 결국 심판으로 이어지는 것인데, 바로 이 점을 경계해야 합니다. 가인의 제물이 열납되지 않은 것은 스스로 어리석은 행동을 함으로써 빚어진 일입니다. 욥처럼 하나님과의 관계에서 성실한 자세로 임했음에도 불구하고 시련을 당한 것이 아니라 그는 고의로 잘못을 범했기 때문에 하나님으로부터 지적을 받았습니다. 가인이 제물을 드리는 태도와 방식에 있어서 분명 문제가 있었습니다. 믿음으로 아벨은 가인보다 더 좋은 제물을 드렸다고 성경에 기록되어 있고(히11:4), 그 사실을 가인도 잘 알고 있었다는 것을 우리는 다음의 구절에 나오는 하나님의 말씀을 통해 확인할 수 있습니다.

"네가 선을 행하면 어찌 낯을 들지 못하겠느냐?" (창4:7)

제사를 드리기 이전에 충분히 바로잡을 수 있었음에도 불구하고 하나님 앞에서 가인은 자신의 신앙 의무를 성실하게 이행하지 않았기 때문에 심판을 자초한 것입니다.

"스스로 속이지 말라 하나님은 업신여김을 받지 아니하시나니 사람이 무

엇으로 심든지 그대로 거두리라."(갈6:7)

가인의 그릇된 행위는 한 마디로 다음의 구절을 통해서 설명할 수 있습니다.

"사람이 미련하므로 자기 길을 굽게 하고 마음으로 여호와를 원망하느니라.(잠19:3)

이 구절을 다른 번역본에는 이렇게 기록되어 있습니다. "사람들은 어리석은 행동을 함으로써 자신의 삶을 파멸에 이르게 하고는 하나님을 향하여 분노한다. People ruin their lives by their own foolishness and then are angry at the Lord." (NLT)

하나님은 가인으로 하여금 악에 빠지지 않도록 그의 마음 상태가 어떠한지 친히 일러 주었지만, 그는 결국 아우에 대한 반감을 이기지 못하고 살해하고 맙니다. 하나님으로부터 잘못을 지적당했을 때, 세리처럼 "감히 눈을 들어 하늘을 우러러 보지도 못하고"(눅18:13) 통곡하며 회개해야 마땅함에도 불구하고, 오히려 하나님을 향하여 얼굴을 찌푸리고, 아우에게 적개심을 드러내며 끔찍한 행동을 취합니다.

가인은 자신이 드린 제사가 받아들여지지 않자, 자신의 잘못은 돌아보지 않고, 더군다나 하나님이 친히 그로 하여금 스스로 깨닫고 파국으로 치닫지 않도록 말씀했음에도 불구하고 끝내 돌이키지 않았습니다.

하나님과의 관계에서 분노의 감정은 언제든지 다시 일어날 수 있습니다. 하지만 이제는 이전과 달리 변화된 방식으로 대응해야 합니다. 평상시 일이 잘 풀려나가고 기분이 아주 좋을 때와는 달리 분노의 감정이 밀려올 때에는 과거 몸에 밴 육의 습관을 따라 생각하고 행동하기 쉽습니다. 따라서 다음과 같이 자신을 변화시키고자 하는 노력이 필요합니다.

> • 분노가 일어나는 상황에 대한 인식을 바꾸라. Change you perception!
> • 분노를 해소하는 과정을 바꾸라. Change your procedure!
> • 분노에 반응하는 행동방식을 바꾸라. Change your behavior!

분노가 일어나는 상황에 대한 인식을 바꾸어야 합니다. 가인의 경우 제사 드린 결과가 자신이 생각한 것과 달리 좋게 나타나지 않았기 때문에 몹시도 화가 났습니다. 분노의 상태에서는 자신의 생각과 판단이 하나님 보시기에 올바르지 않을 가능성이 매우 높다는 점을 유념하고 상황판단을 해야 합니다. 가인의 경우 화가 나는 상태에서 제대로 주어진 상황을 파악하지 못하고 두 가지 잘못된 판단을 내리게 됩니다. 하나님의 말씀에 귀를 기울이며 잘못을 뉘우치지 않고 다른 하나는 곧바로 밖으로 나가 아우를 처치함으로써 악한 방법으로 분노를 폭발해버렸습니다.

분노 해소과정에서 유의할 점

가인의 경우에 분노를 해소하는 과정에 문제가 있습니다. 분노의 감정을 마음속에 담아 두고 억누르며 살아가는 것이 성숙한 신앙인의 태도가 아니라는 점은 누차 강조했습니다. 이미 앞에서 소개한 대로 분노를 해소하되 올바른 과정을 거쳐서 건강한 방법으로 진행되어야 합니다. 가인이 분노를 해소한 과정을 정리해 보면 다음과 같습니다.

가인의 분노해소 과정

- 제사 드렸으나 열납되지 않음
- 분노가 일어남
- 하나님의 말씀에 귀 기울이지 않음
- 아우를 살해함

우리가 가인의 입장이 된다면 어떻게 해야 할까요? 내가 왜 가인이 되냐며, 불쾌한 표정을 짓는 사람도 간혹 있습니다. 우리도 가인과 마찬가지로 남이 잘 되는 것을 보면 그대로 넘어가지 못하고 시기하고 질투하고 마음으로 살인하며 끔찍한 죄를 저지르는 자임을 인정해야 예수님의 구원의 은혜가 나에게 임할 수 있습니다. 가인처럼 심판을 받는 입장에 처하지 않기 위해서는 변화된 가인이 되어 다음의 사항을 참조해서 바람직한 분노의 해소과정이 무엇인지 깊이 고려해 봐야 합니다.

바람직한 분노 해소 과정

- 삶의 기복으로 인해 제사준비에 소홀할 때도 있음
- 제물이 열납되지 않음
- 분노가 일어날 수 있음
- 건강한 방법으로 분노의 감정 해소
- 하나님의 세미한 음성을 들음

자신의 생각대로 일이 진행되지 않을 때 우리는 분노의 감정을 갖기도 하는데, 그것은 자연스러운 현상입니다. 분노하는 것이 문제가 아니라, 그것을 어떻게 처리하느냐가 관건이 됩니다. 건강한 방법으로 해소하게 될 때, 엘리야처럼 하나님의 임재를 경험하며 세미한 음성을 듣게 됩니다.

예배에 대한 말씀

악인의 제물은 본래 가증하거든 하물며 악한 뜻으로 드리는 것이랴?(잠21:27)

만군의 여호와가 이르노라 너희가 눈 먼 희생으로 드리는 것이 어찌 악하지 아니하며 저는 것, 병든 것으로 드리는 것이 어찌 악하지 아니하냐 이제 그것을 너희 총독에게 드려보라 그가 너를 기뻐하겠느냐 너를 가납하겠느냐?(말1:8)

만군의 여호와가 이르노라 너희가 또 말하기를 이 일이 얼마나 번폐스러운고 하며 코웃음하고 토색한 물건과 저는 것, 병든 것을 가져왔느니라 너희가 이같이 헌물을 가져오니 내가 그것을 너희 손에서 받겠느냐 여호와의 말이니라 (말1:13)

그러므로 형제들아 내가 하나님의 모든 자비하심으로 너희를 권하노니 너희 몸을 하나님이 기뻐하시는 거룩한 산제사로 드리라 이는 너희의 드릴 영적 예배니라 (롬12:1)

믿음으로 아벨은 가인보다 더 나은 제사를 하나님께 드림으로 의로운 자라 하시는 증거를 얻었으니 하나님이 그 예물에 대하여 증거하심이라 저가 죽었으나 그 믿음으로써 오히려 말하느니라 (히11:4)

후손에게도 영향을 끼치는 문제

가인의 제사 사건으로 인해서 하나님으로부터 심판받는 사건으로 일단락된 것이 아니라 그의 후손의 삶의 내용을 통해서 계속 이어집니다. 족보를 훑어보면 그의 후손 중에서 라멕이 나오는데, 그 다음 장(5장)에도 하나님을 경외하는 셋의 후손 중에 역시 라멕이라는 같은 이름이 등장하는 것이 눈에 띕니다. 동일한 이름이기 때문에 마치 양과 염소처럼 겉으로 보기에는 구별이 잘 안됩니다. 하지만 삶을 들여다보면 뚜렷하게 대조됩니다. 가인의 후손 라멕은 자신의 상처와 복수를 노래하는 반면에(창4:23), 셋의 후손인 라멕이 부르는 곡조의 주제는 하나님의 위로와 평안입니다.(창5:29) 전자의 경우 하나님 앞에 분노를 올바르게 해소하지 못한 결과 거듭되는 상처와 분한 마음에서 급기야 보복의 피를 흘리지만, 후자의 경우에는 비록 어려운 상황에 처하게 됨에도 불구하고 그것이 상처로 남아 있지 않고 또한 받은 상처를 남에게 갚는 악순환으로 이어지지 않고 하나님의 위로와 평안을 노래하는 성숙한 태도를 보이고 있습니다.

"여호와께서 땅을 저주하시므로 수고롭게 일하는 우리를 이 아들이 안위하리라." (창5:29)

라멕이라는 같은 이름이 가인과 셋의 후손 가운데 각각 존재했다는 것은, 경우에 따라 우리가 의로운 셋의 후손이 되거나 아니면 악한 가인의 후손이 될 수도 있다는 것을 암시하고 있습니다. 우리의 삶은 한결같지 않기 때문에 거룩한 상태를 유지할 때도 있지만, 반대로 가인처럼 제사 준비를 소홀히 하고 하나님 앞에서 나태와 불순종의 모습을 보일 때도 있습니다. 하나님의 처사에 대해 완전히 수긍하고 인정하지 못하는 경우가 생길 수 있습니다. 하나님에 대한 용서가 제대로 이뤄지지 않게 될 때, 가인의 후예들처럼 상처 가운데 자신의 마음속에도 평안이 없고 다른 사람과도 화목하지 못하고, 관계하는 사람들에게 상처를 주고받는 라멕이 됩니다. 비록 신앙의 상태에 따라 일시적으로 가인의 라인에 서게 된다 할지라도 하나님 앞에서 분노를 올바르게 처리함으로써 바른 관계를 회복할 때 우리는 더 이상 가인의 후예가 아니라 셋의 라인에 서있게 될 것입니다.

성경에는 곳곳에 족보를 기록하고 있습니다. 우리의 신앙생활 태도가 단순히 한 순간의 문제로 그치는 것이 아니라 자손 대대로 영향을 미칠 수 있다는 것을 보여 주고 있습니다. 어떻게 결단하고 행하느냐에 따라 라멕이라는 우리의 이름이 가인과 셋 중 어느 한 쪽에 기록이 되고 그것에 따라 후손의 삶의 바뀌어질 수 있습니다. 하나님에 대한 분노와 용서의 문제 역시 어떻게 대처하느냐에 따라 후손에게 그 영향이 미치게 됩니다.

"Be careful how you think; your life is shaped by your thoughts." (Pr. 3:23, G.B)

"애야, 함부로 가볍게 생각하지 말아라! 생각에 따라 삶이 결정되기 때문이란다." (잠 3:23 의역)

References

Bonhoeffer Dietrich. Nachfolge. Müchen: Kaiser Verlag. 1937.

Carlson Dwight L. Overcoming Hurts & Anger. Eugene, Oregon: Harvest House. 1977.

Christ, Carol P. "Expressing Anger at God." Anima 5(1):pp.3-10 (1978).

Compaan, Arlo. "Anger, Denial and the Healing of Memories." Journal of Psychology and Christianity 4 (2):pp.83-85 (1985).

Covey Stephen R. The 8th Habit. New York: Free Press. 2004.

Crabb Larry. Understanding People. Grands Rapids Michigan: Zondervan. 1987.

Elkin Allen. Stress Management. Forster, CA. IDG Books. 1999.

Frankl, Viktor. E. The Will to Meaning. New York: Penguin Books USA. 1988.

Gaultiere, William J. "A Biblical Perspective on Therapeutic Treatment of Client Anger at God." Journal of Psychology and Christianity 8 (3): pp. 38-46 (1989).

Fleck J. Roland & Carter John D. Psychology & Christianity. Nashville, Tennessee: Abingdon, 1981.

Hayman Ronald. A Life of Jung. New York: W. W. Norton & Company, 1999.

Keating Thomas. Crisis of Love, Crisis of Faith. New York: Continuum, 1996.

Lerner, Harriet. The Dance of Anger. New York: Harper Perennial, 1997.

Lewis, C. S. A Grief Observed. New York: Bantam Books, 1961.

Lewis, C. S. Mere Christianity. New York: Macmillan, 1962.

Lewis, C. S. The Problem of Pain. New York: Macmillan, 1962.

Mowbray, Thomas L. "The Function in Ministry of Psalms dealing with Anger: The Angry Psalmist." The Journal of Pastoral Counseling 21: pp. 34-39 (1986).

Michele Novotni & Randy Petersen. Angry with God. Colorado Springs: Pinon. 2001.

Norman C. Habel. The Book of Job. London: SCM Press. 1985.

Philips Bob. Controlling Your Emotions. Eugene, Oregon: Harvest House. 1977.

Smedes, Lewis. Forgive and Forget: Healing the Hurts We Don't Deserve. New York: Pocket Books, 1984.

Stanley Charles. The Gift of Forgiveness. Nashville, Tennessee: Thomas Nelson. 1991.

Tavris Carol. Anger; The Misunderstood Emotion. New York: A Touch Stone Books. 1982.

Westermann Claus "The Two Faces of Job," Job and The Silence of God New York: The Seabury Press. 1983.

Wiesel Elie, Night (New York: Hill and Wang, 2006)

Wolff, Pierr. May I Hate God? New York: Paulist Press, 1979.

Wright H. Norman. Will My Life Ever Be the Same? Eugene: Harvest House Publishers. 2002.

Wright H. Norman. Making Peace with Your Past. Grands Rapids, MI: Baker Book House. 2001.

Wright H. Norman. Recovering From the Losses of Life. Grands, Rapid. MI: Baker Books House. 1993.

Wubbolding Robert E. Using Reality Therapy. New York. Harper & Row. 1988.

Yancey, Philip. Disappointment with God. Grand Rapids, MI: Zondervan, 1988.

Notes

1) Charles Stanley, The Gift of Forgiveness
   (Nashville, Tennessee: Thomas Nelson, 1991), p.2.

2) Francis Brown, S. R. Driver, Charles A. Briggs, A Hebrew and English Lexicon of the Old
   Testament (Oxford: Clarendon Press, 1978), pp.406-407.

3) Ibid., pp.1020-1021.

4) Lewis B. Smedes, Forgive & Forget (New York: Pocket books, 1986), pp.119-123.

5) Norman C. Habel, The Book of Job (London: SCM Press, 1985), p.96.

6) Francis Brown, S. R. Driver, Charles A. Briggs, pp.138-139.

7) Ronald Hayman. A life of Jung (New York: W.W. Norton & Company, 1999), p.410.

8) Arthur S. Reber and Emily S. Reber, The Penguin Dictionary of Psychology (New York: Penguin
   books. 2001), p.35.

9) Harriet Lerner, The Dance of Anger (New York: Harper Perennial, 1997),p.1.

10) William J. Gaultire, "A Biblical Perspective on Therapeutic Treatment of Client Anger at God,"
    Journal of Psychology and Christianity 8 (3): p.38(1989)

11) Pierre Wolff, May I hate God? (New York: Paulist Press, 1979), pp.1-2.

12) H. Norman Wright, Will My Life Ever Be the Same? (Eugene: Harvest House Publishers, 2002),
    p.46.

13) Viktor E. Frankl, The Will to Meaning (New York: Penguin Books USA inc., 1988), p.83.

14) H. Norman Wright, Making Peace with Your Past (Grands Rapids, MI: Baker Book House,
    2001), p.9.

15) Claus Westermann, "The Two Faces of Job," Job and The Silence of God (New York: The
    Seabury Press, 1983), p.15.

16) Allen Elkin, Stress management (Forster, CA: IDG Books, 1999), p. 167.

17) Ibid., p. 160.

18) Elie Wiesel, Night (New York: Hill and Wang, 2006), p. 19.